Anton Ochsenkühn

iPad

Handbuch+ Videokurs

Version iPadOS 17

PREMIUM Videobuch

amac-buch Verlag
PREMIUM Videobuch

amac BUCH VERLAG

Anton Ochsenkühn

iPad Handbuch+Videokurs

Version iPadOS 17

PREMIUM Videobuch

ISBN 978-3-95431-095-1

Hergestellt in Deutschland

Trotz sorgfältigen Lektorats schleichen sich manchmal Fehler ein.
Autoren und Verlag sind sehr dankbar für Anregungen und Hinweise!

amac-buch Verlag
Erlenweg 6
D-86573 Obergriesbach
E-Mail: info@amac-buch.de
http://www.amac-buch.de
Telefon +49(0) 82 51/82 71 37
Telefax +49(0) 82 51/82 71 38

Inhaltsverzeichnis

Kapitel 8 – Das Allroundtalent 169

Kapitel 9 – Datenaustausch 207

Kapitel 10 – Sicherheit und Datenschutz 223

Kapitel 11 – Energie und Troubleshooting 235

Index 247

Vorwort

!

In diesem **PREMIUM-Videobuch** finden Sie viele nützliche Lernvideos, die Sie ganz einfach über den QR-Code in den jeweiligen Kapiteln aufrufen können. Aktivieren Sie die Kamera auf Ihrem iPad und positionieren Sie diese über dem QR-Code. Sogleich wird auf dem iPad-Displays ein Hinweis (am oberen Bildschirmrand bzw. ein gelber Sticker unterhalb des Codes) erscheinen, den Sie antippen. So gelangen Sie auf die Webseite, die eigens für dieses iPad-Videobuch erstellt wurden. Jeder QR-Code bringt Sie zu dem dazugehörigen Video, das Sie aktuell auf der aufgeschlagenen Buchseite sehen möchten. Wir haben die Videos für die Browser Safari und Firefox hergestellt. Sie können also z. B. auch einen Windows-PC nehmen und mit einem der beiden Browser diese Videos geniessen. Sollten Sie Safari nutzen, so achten Sie bitte darauf, dass der Reader-Modus deaktiviert ist, wenn Sie diese Seite aufrufen.
Übrigens, alle Videos finden Sie unter:

http://ipados2023.amac-buch.de

Ein iPad ist ein sehr faszinierendes Gerät. Es ist wenige Millimeter dick, wiegt nur einige Hundert Gramm und ist dennoch so leistungsfähig wie ein Computer.

Darüber hinaus ist es unkompliziert in der Bedienung. Zahlreiche nützliche Apps sind bereits vorinstalliert, und alles andere steht im App Store bereit. Möchten Sie in E-Books schmökern oder Filme bzw. Musik auf dem iPad genießen? Kein Problem – auch das ist möglich, denn über den Book- bzw. iTunes Store können Sie diese Inhalte beziehen und ganz einfach auf Ihr iPad herunterladen.

Sofern Sie ein iPad Pro bzw. die Modelle aus 2018 oder neuer besitzen, können Sie über den optional erhältlichen Apple Pencil fein aufgelöste Zeichnungen und Skizzen erstellen. Mit einer Zusatztastatur (per Bluetooth oder in Form des Smart oder Magic Keyboards) verwandelt sich Ihr iPad vollends in einen Computer mit allen Finessen. So können Sie nicht nur mühelos Texte eingeben, sondern mithilfe von Tastenkombinationen besonders effizient auf Ihrem iPad arbeiten.

Und wenn Sie es noch bequemer haben möchten, dann aktivieren Sie einfach Siri, den Sprachassistenten. Siri steht Ihnen nicht nur bei der Texteingabe per

Diktat umgehend zur Verfügung, sondern kann in Sekundenbruchteilen auch eine Fülle von Antworten auf Ihre Fragen hervorzaubern.

Mit der neuen iPadOS-Betriebssystem-Version vom Herbst 2023 wird ihr iPad noch deutlich leistungsfähiger. Nutzen Sie beispielsweise die Dateien-App, um ganz einfach externe USB-Datenträger mit ihrem iPad zu verwenden. Selbst der Zugriff auf Server ist für die App mit iPadOS kein Problem mehr. Safari am iPad verhält sich nun so, als würden Sie an einem Computer sitzen – inklusiv Download-Manager und vielem mehr. Noch mehr Multitasking bringen die Funktionen Split View und Slide Over. Haben Sie ein geeignetes iPad, dann sollten Sie unbedingt den Stage Manager ausprobieren.

Nutzen Sie das Kontrollzentrum, um noch effizienter oft benötigte Funktionen aufzurufen. Und natürlich können Sie das Kontrollzentrum Ihren Wünschen entsprechend gestalten. Ebenso pfiffig ist der Einsatz der Heute-Ansicht mit den Widgets. Damit können Sie auf einen Blick viele wichtige Informationen finden.

Via E-Mail, Nachrichten, FaceTime etc. bleiben Sie in Kontakt mit Freunden und Familie. Dabei gibt es viele nützliche Zusatzfunktionen zu entdecken, die allesamt in diesem Buch präsentiert werden.

Datenschutz ist für Apple ein hohes Gut. Deshalb gibt es in den Einstellungen den gleichnamigen Menüpunkt. In diesem Buch zeige ich Ihnen, wie Sie Ihr iPad konfigurieren sollten, damit Ihre Daten auch bei Ihnen bleiben.

Ich habe dieses Buch geschrieben, damit Sie das Potenzial Ihres iPads effektiv einsetzen können. Von der optimalen Installation und Konfiguration bis hin zu Details in der Nutzung der Standard-Apps – hier finden Sie auf alles eine Antwort. Die Themen Sicherheit und Troubleshooting werden ebenfalls ausführlich behandelt.

Ich wünsche Ihnen viel Freude bei Ihrer Entdeckungsreise mit Ihrem iPad und diesem Buch.

Anton Ochsenkühn, Oktober 2023

Kapitel 1 Erster Kontakt

Sie möchten auf ein neues iPad-Modell umziehen? Sie wollen von einem Android-Gerät zum iPad wechseln? Sie haben bisher noch kein Tablet gehabt und wollen nun das iPad nutzen? Wenn Sie eine dieser Fragen mit „Ja" beantworten können, dann sind Sie in diesem Kapitel genau richtig. Hier erfahren Neueinsteiger, wie sie das iPad einrichten können, und „alte Hasen" lernen, wie sie ihre Daten und Einstellungen auf das neue iPad übertragen.

Das erste Mal ein iPad

Wenn Sie bisher noch kein iPad hatten, dann werden Ihnen die folgenden Seiten beim erstmaligen Einrichten des Geräts behilflich sein. Es gibt einige Einstellungen, die beim ersten Einschalten des iPads konfiguriert werden müssen.

Schalten Sie nun das iPad ein, indem Sie ca. drei Sekunden lang die Stand-by-Taste (an der oberen Kante) des iPads drücken. Das iPad startet, und der Einrichtungs-Assistent führt Sie Schritt für Schritt durch die Konfigurationen. Als Erstes werden Sie nach dem Land gefragt.

▶❙ Installation eines iPads 01_01

http://ipados2023.amac-buch.de/#01_01

Bevor das iPad einsatzbereit ist, muss es optimal installiert werden. Was dabei zu beachten ist, sehen Sie in diesem Video.

! Wenn Sie während des Einrichtens einige Punkte übersprungen haben, z. B. Siri, Touch ID oder die Apple-ID, werden Sie in der App **Einstellungen** daran erinnert, die Konfiguration abzuschließen. Wenn Sie auf diese Option tippen, werden die entsprechenden Assistenten gestartet und Sie können Siri bzw. Touch ID oder Face ID ganz bequem einrichten.

Elemente, die während des Einrichtens übersprungen wurden, können nachträglich ganz leicht konfiguriert werden.

Von iPad zu iPad

Wenn Sie als Besitzer eines alten iPads zu einem aktuellen Modell wechseln wollen, dann müssen Sie natürlich das neue iPad nicht manuell konfigurieren. Sie können mit allen Apps und Einstellungen vom alten iPad auf das neue umziehen. Dazu können Sie zwei Methoden verwenden.

Umzug via iCloud

Die Voraussetzung für einen Umzug via iCloud ist natürlich ein vorhandenes iCloud-Konto. Falls Sie noch keines besitzen, können Sie sich eines kostenlos unter icloud.com besorgen. Der erste Schritt besteht darin, ein Backup via iCloud von Ihrem alten iPad zu machen. Dazu öffnen Sie auf dem alten iPad *Einstellungen –> Ihr Name (Apple-ID, iCloud, Medien & Käufe) –> iCloud*. Schalten

Sie *iCloud-Backup* ein und tippen Sie dann auf *Backup jetzt erstellen*. Je nach Menge der Apps bzw. Daten kann es mehrere Minuten dauern, bis das Backup fertig ist.

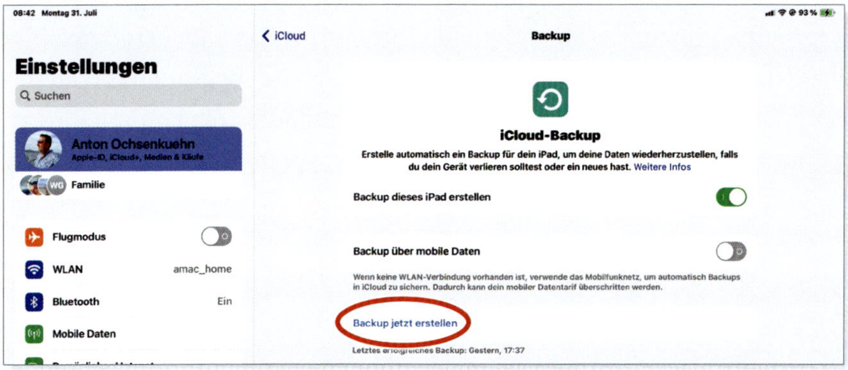

Zuerst müssen Sie auf dem alten iPad ein iCloud-Backup erstellen.

Nun schalten Sie das neue iPad ein und lassen den Einrichtungs-Assistenten durchlaufen (siehe vorherigen Abschnitt). Nach der Angabe des Entsperrcodes beim Einrichten haben Sie dann die Möglichkeit, das neue iPad aus einem iCloud-Backup wiederherzustellen.

! Falls Sie Ihr iPad bereits eingerichtet haben und den Assistenten benötigen, müssen Sie unter **Einstellungen –> Allgemein –> iPad übertragen/ zurücksetzen** die Option **Alle Inhalte & Einstellungen löschen** auswählen. Dadurch wird das iPad in den Auslieferungszustand zurückversetzt und der Assistent automatisch gestartet.

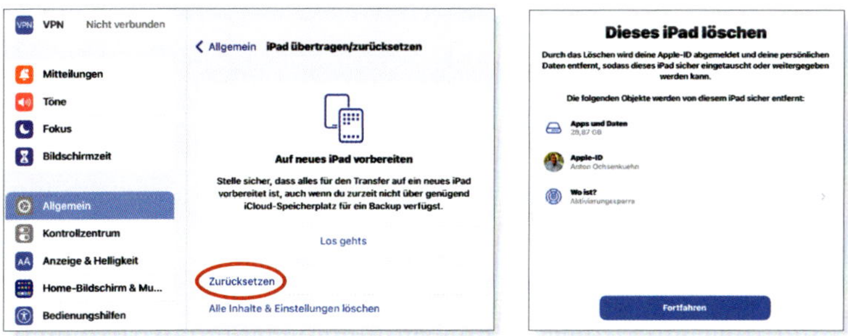

Damit Sie den Einrichtungs-Assistenten aufrufen können, müssen Sie den Inhalt des iPads komplett löschen.

Tippen Sie beim Assistent also auf die Option *Aus iCloud-Backup wiederherstellen* und geben Sie anschließend Ihre Apple-ID ein. Nach kurzer Zeit werden alle Backups angezeigt, die auf der iCloud verfügbar sind. Nun müssen Sie nur noch das Backup von Ihrem alten iPad auswählen, und schon beginnt das Gerät damit, die Einstellungen und Apps herunterzuladen und zu installieren. Das kann je nach Menge der Apps und der Qualität Ihrer Internetleitung einige Minuten Zeit in Anspruch nehmen. Daher sollten Sie Ihr iPad an das Ladegerät anschließen.

Sobald der Home-Bildschirm wieder angezeigt wird, beginnt das iPad im Hintergrund die Apps aus dem App Store herunterzuladen. Sie können dies an den Bezeichnungen *Warten* und *Laden* unterhalb der Apps erkennen. Außerdem sind die Apps dunkelgrau markiert.

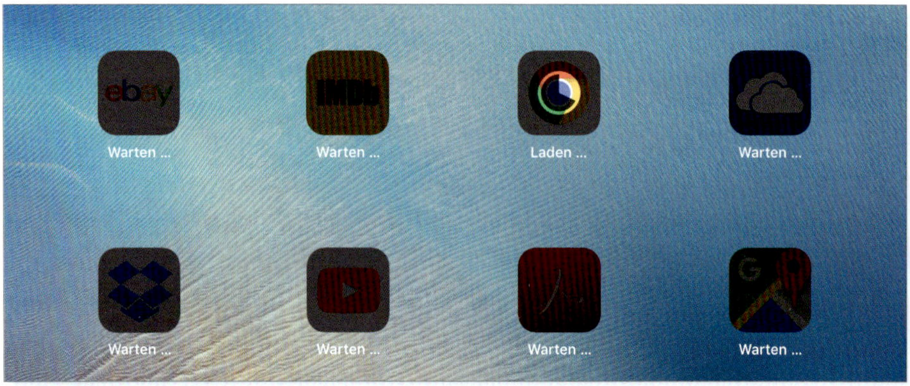

Die Apps müssen noch heruntergeladen werden.

Umzug via Computer

Der zweite Weg, um die Daten vom alten iPad auf das neue zu bekommen, führt über das Programm *iTunes*. Auch mit iTunes können Backups des iPads gemacht werden. Aber anstatt die Daten bei iCloud zu speichern, werden diese lokal auf Ihrem Rechner abgelegt. Für diese Methode benötigen Sie also keinen iCloud-Zugang.

Der Weg über iTunes hat noch einen weiteren Vorteil: Sie können die Passwörter des iPads für die E-Mail-Postfächer und WLAN-Netzwerke mitsichern und dann wiederherstellen lassen. Eine erneute Eingabe der Passwörter auf dem neuen iPad wird dadurch überflüssig.

!

Wenn Sie einen Mac-Rechner mit macOS Catalina oder neuer verwenden, dann finden Sie all diese Funktionen im **Finder** und zwar in der **Seitenleiste** bei **Orte**, sobald das iPad per USB-Kabel mit dem Rechner verbunden ist. Am Windows-Rechner ist iTunes (bzw. Apple-Geräte) zu verwenden, ebenso wie bei Macs mit älteren macOS-Versionen.

Zunächst müssen Sie ein iTunes-Backup von Ihrem alten iPad machen. Dazu öffnen Sie iTunes auf Ihrem Rechner und wechseln dort zur Anzeige des iPads. Je nach Konfiguration des iPads erscheint es automatisch in iTunes (WLAN-Synchronisation), oder Sie müssen es per USB-Kabel an den Rechner anschließen.

In den iPad-Optionen in iTunes finden Sie dann bei *Übersicht* den Bereich *Backups*. Dort wählen Sie die Option *Dieser Computer* und zusätzlich *Lokales Backup verschlüsseln* aus. Damit werden die Passwörter für die E-Mail-Postfächer mitgesichert. Klicken Sie dann auf die Schaltfläche *Backup jetzt erstellen*. Anschließend müssen Sie noch ein Passwort für die Verschlüsselung des Backups definieren.

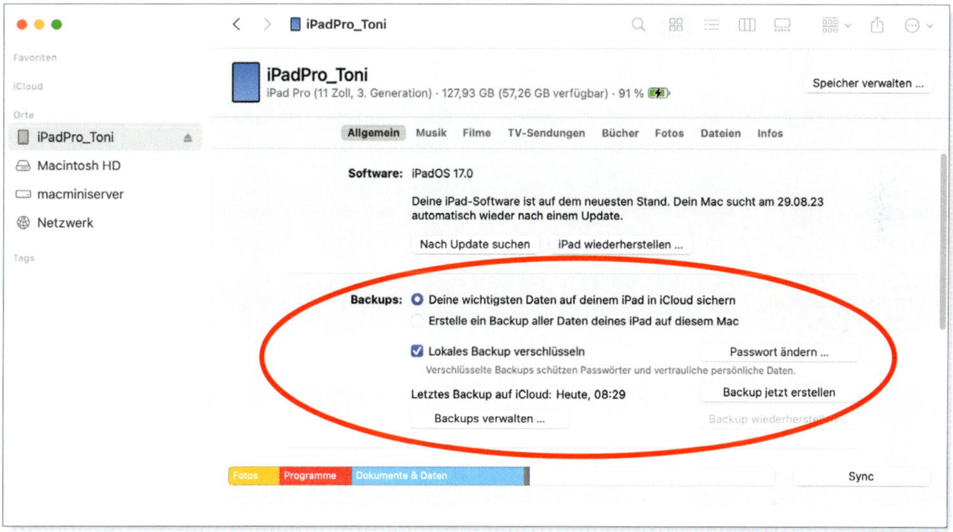

Das Backup für das alte iPad wird am Rechner erstellt.

Wenn das Backup vom alten iPad fertiggestellt ist, starten Sie auf dem neuen iPad den Einrichtungs-Assistenten (siehe den vorigen Abschnitt) und führen ihn bis zum Punkt *Apps & Daten übertragen* aus. Dort wählen Sie dann die Option *Von Mac oder PC* und schließen das iPad per USB-Kabel an den Rechner an. In iTunes sollte nun automatisch eine Seite erscheinen, auf der Sie das Backup auswählen können, mit dem das iPad bestückt werden soll.

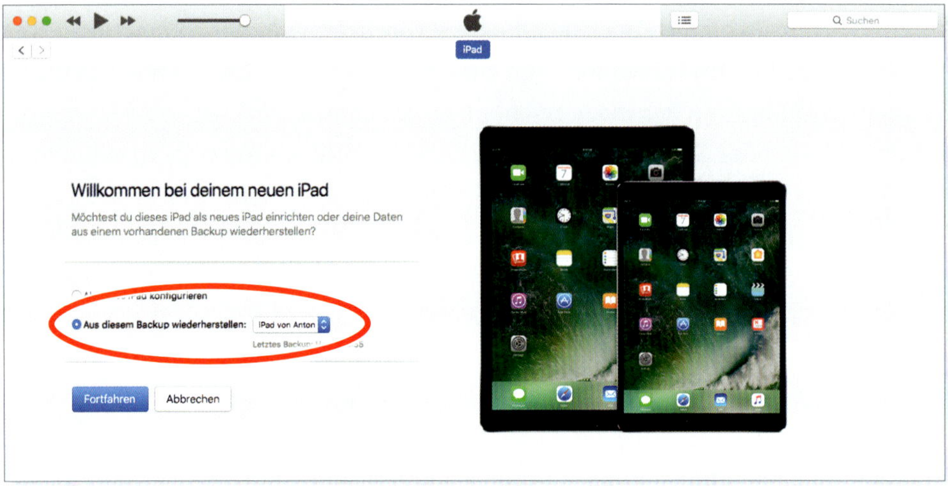

Das iPad wird mit dem Backup von iTunes wiederhergestellt, das in iTunes ausgewählt werden muss.

Je nach Größe des Backups bzw. je nach Anzahl der Apps, die installiert werden müssen, kann es wieder einige Zeit dauern, bis das Backup aufgespielt ist. Nach einem automatischen Neustart des iPads sehen Sie den Home-Bildschirm. Sie können das neue iPad nun benutzen.

!

In iTunes gibt es auch noch eine andere Möglichkeit, ein Backup aufzuspielen: Wenn das neue iPad bereits fertig eingerichtet ist, können Sie in iTunes auf die Schaltfläche **Backup wiederherstellen** klicken. Damit lässt sich ein Backup sofort aufspielen, ohne den Einrichtungs-Assistenten auf dem iPad starten zu müssen.

Das Backup kann auch ohne Einrichtungs-Assistent auf das iPad übertragen werden.

Umzug via Schnellstart

Noch schneller und wohl einfacher geht der Umzug via *Schnellstart*. Diese Option wird Ihnen während der Installation ebenfalls angeboten. Dazu sollten beide iPads nah beieinander liegen. Es kann übrigens auch ein iPhone sein :-)

Diese Meldung erscheint auf Ihrem bisherigen Gerät.

Tippen Sie nun auf *Weiter* und dann muss noch eine gesicherte Verbindung zwischen diesen beiden Geräten hergestellt werden - Sie werden staunen, wie Apple das macht. Mehr möchte ich an der Stelle nicht verraten. Sodann können die Daten ebenfalls vom bisherigen Gerät auf das neue via iCloud oder - was schneller wäre - mit einem Kabel übertragen werden. Dazu sind beide Geräte mit dem passenden Kabel zu verbinden, um die schnellste Art von Neuinstallation durch Datenübernahme eines bestehenden Gerätes vorzunehmen.

Daten von Android übertragen

Falls Sie bisher im Besitz eines Android-Geräts waren und nun zu einem iPad wechseln, können Sie die Daten von Android auf Ihr neues iPad übernehmen. Apple stellt dafür eine kostenlose App für Android-Geräte zur Verfügung. Diese hat den Namen *Auf iOS übertragen*. Wenn Sie nach diesem Begriff im Google Play Store suchen, werden Sie sehr schnell fündig.

> **!** Voraussetzung für die Übertragung der Daten von Android zu iPadOS ist, dass sich die beiden Geräte im gleichen WLAN-Netzwerk befinden.

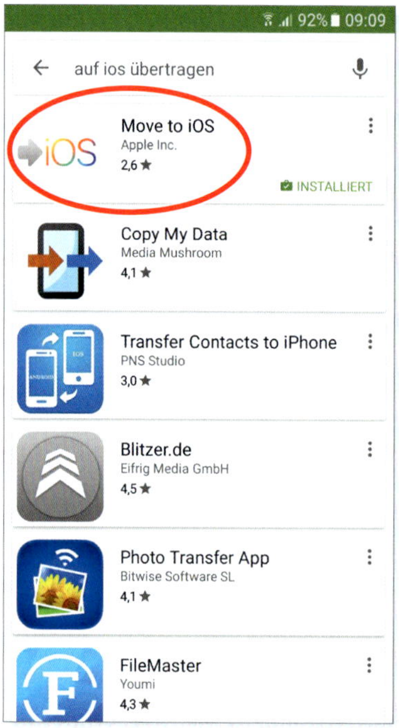

Mit einer speziellen App für Android-Geräte können Sie die Daten und Einstellungen auf ein iPad übertragen.

Um die Übertragung zu starten, müssen Sie auf dem iPad zuerst die Funktion *Daten von Android übertragen* auswählen und danach auf *Fortfahren* tippen, genauso wie auf dem Android-Gerät, wenn Sie die App gestartet haben.

Wenn auf beiden Geräten die Funktionen gestartet sind, erhalten Sie auf dem iPad einen Zifferncode angezeigt, den Sie dann auf dem Android-Gerät eingeben müssen. Auf diese Weise werden die beiden Geräte gekoppelt und es wird verhindert, dass eine andere Person die Daten während der Übertragung abfängt.

Nach kurzer Zeit haben sich die beiden Geräte verbunden, und Sie müssen dann auf dem Android-Gerät auswählen, welche Daten übernommen werden sollen. Ist dies geschehen, kann die Übertragung beginnen. Je nach Datenmenge dauert das Überspielen einige Minuten. Ist der Vorgang beendet, können Sie das iPad weiter einrichten und auf dem Android-Gerät die App beenden.

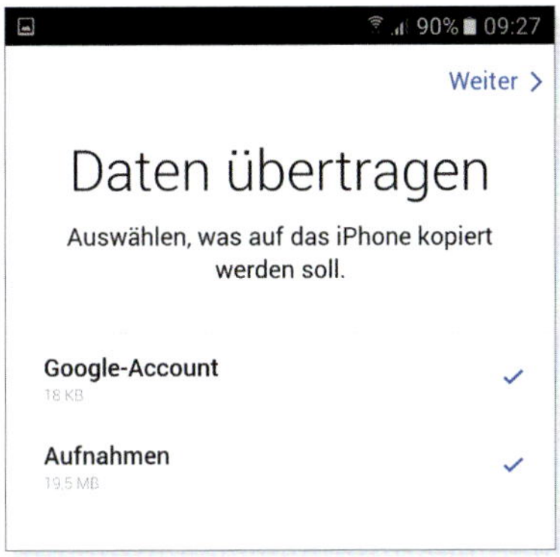

Nach dem Auswählen der Daten kann die Übertragung beginnen.

Haben Sie das iPad fertig eingerichtet, können Sie noch entscheiden, ob die Apps, die Sie auf dem Android-Gerät hatten, nun auch auf dem iPad installiert werden sollen. Alle kostenlosen Apps, die es auch für iPadOS gibt, werden dabei automatisch installiert.

Und da beim Überspielen keine Passwörter übertragen werden, sollten Sie unbedingt noch das Passwort für Ihr Google-Konto in den *Einstellungen* bei *Accounts & Passwörter* eingeben. Erst dann können Sie die E-Mails von dem Konto abrufen und Kontakte, Kalender und Notizen mit Ihrem Google-Konto synchronisieren.

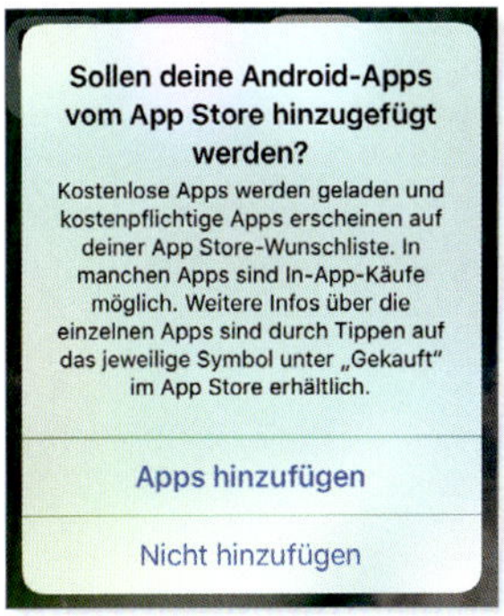

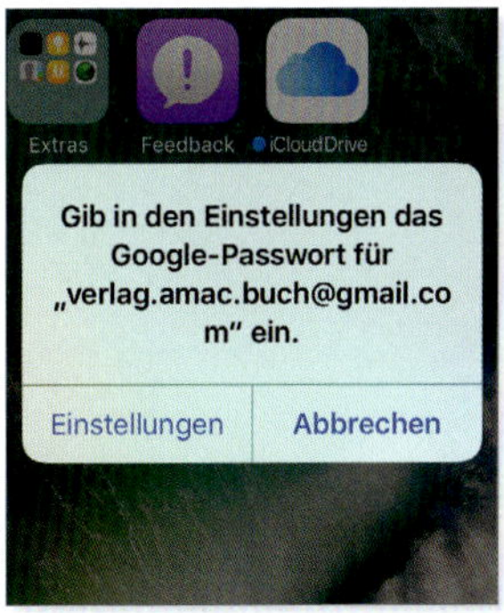

Auf dem iPad können die gleichen Apps wie auf dem Android-Gerät installiert werden (links), sofern sie auch für iPadOS verfügbar sind. Das Passwort für Ihr Google-Konto wird benötigt, damit E-Mails, Kalender, Kontakte und Notizen synchronisiert werden (rechts).

iPad mit Cellular

Wenn Sie ein iPad mit Cellular haben, können Sie unterwegs ohne WLAN auf das Internet zugreifen und alles nutzen, was in diesem Buch beschrieben wird.

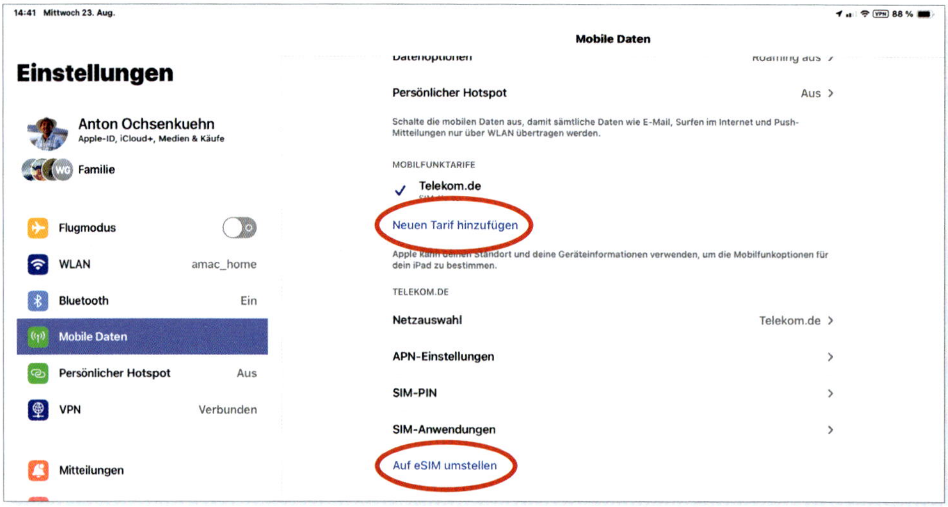

Die physische SIM-Karte kann nach „auf eSIM umstellen" entfernt werden.

Sind Sie beispielsweise im Ausland unterwegs und Ihr Mobilfunktarif ist dort nicht anwendbar, dann können Sie einen *Neuen Tarif hinzufügen*.

Weitere Infos zur Verwendung mobiler Daten mit dem iPad finden Sie hier: *https://support.apple.com/de-de/HT20309*

Kapitel 2 Einstellungen

Bevor Sie das iPad für Ihre alltäglichen Aufgaben nutzen, sollten Sie sich ein bisschen Zeit nehmen und das Gerät nach Ihren eigenen Bedürfnissen konfigurieren. Dazu gehört nicht nur das Einstellen der Töne für Nachrichten, E-Mails etc., sondern auch das Auswählen des Hintergrunds oder das Einrichten der Touch ID bzw. Face ID. Dieses Kapitel hilft Ihnen, Ihr iPad richtig einzustellen und es dadurch noch effektiver zu nutzen.

Die App „Einstellungen" finden Sie auf dem iPad-Bildschirm und damit können Sie vielfältige Grundkonfigurationen vornehmen.

! Bevor Sie richtig loslegen, sollten Sie Ihrem iPad noch einen Namen geben: **Einstellungen –> Allgemein –> Info –> Name**. Unter **iPadOS-Version** sehen Sie übrigens Ihre OS-Version. Es sollte die Version 17.x sein, damit Sie alles im Buch genau so nachvollziehen können.

Die Tasten

Damit Sie das iPad effektiv bedienen können, ist es wichtig, die Funktionen der Tasten zu kennen. Wir sehen uns also zuerst die Tasten am Gehäuse des iPads an. Das iPad hat insgesamt drei bzw. vier Tasten mit unterschiedlichen Funktionen:

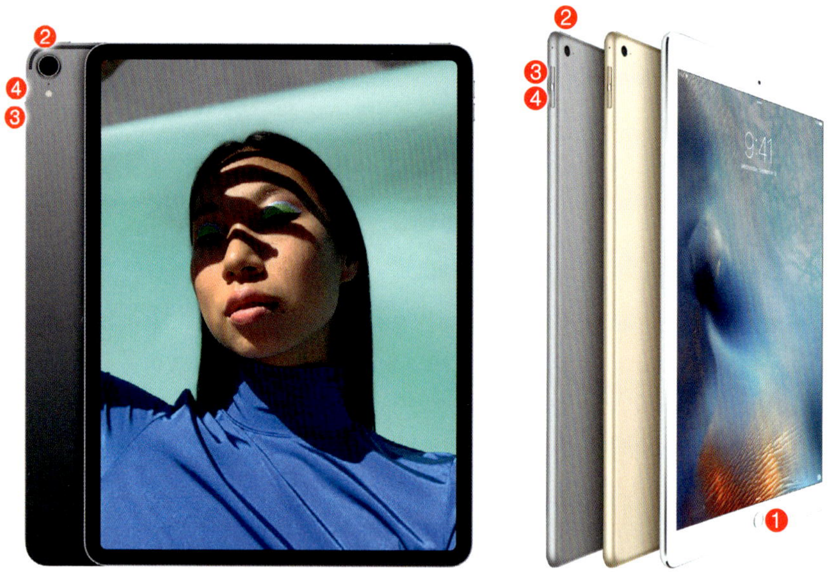

Die drei bzw. vier verschiedenen Tasten der iPad-Modelle. (Fotos: Apple)

❶ Bei vielen Modellen ist die *Home-Taste* nach wie vor eine sehr prominente Taste. Sie enthält nicht nur den Sensor für die Touch ID zum Entsperren per Fingerabdruck, sondern wird zum Aufwecken des iPads und zum Aufrufen des Home-Bildschirms verwendet. Jedes Mal, wenn Sie diese Taste drücken, verlassen Sie die aktuelle App und gelangen zum Home-Bildschirm zurück. Ein zweifaches Drücken hintereinander öffnet die Multitaskingleiste (bzw. den sogenannten App-Umschalter) zum Wechseln der App bzw. zum Beenden einer App. Sie sehen, die Taste hat es wirklich in sich. Die iPad-Pro- und Air- bzw. mini-Modelle (Abb. links) verfügen über keine Home-Taste mehr. Dafür aber haben Sie am unteren Rand mittig eine Linie erhalten. Ziehen Sie diese ein wenig nach oben, um die Funktion der Home-Taste auch hier zu erhalten. Weitere Details finden Sie nachfolgend im Buch.

❷ Die zweite wichtige Taste ist die *Stand-by-Taste*. Diese Taste haben Sie bereits in Kapitel 1 kennengelernt. Damit wird das iPad ein- und ausgeschaltet sowie in den Stand-by-Modus versetzt und auch wieder aufgeweckt.

! Beim iPad Air 2020, iPad mini und neuer befinden sich dort übrigens ebenfalls die Touch ID. Diese ist damit sehr platzsparend und pfiffig in das iPad-Modell integriert.

❸/❹ Die Tasten *Lauter* und *Leiser* befinden sich auf der linken Seite. Sie regeln natürlich die Lautstärke (Nachrichtenton, Musik, sonstige Töne) des iPads. Allerdings werden sie auch beim Fotografieren verwendet und ersetzen in der App *Kamera* die Funktion des Auslösers. Mithilfe dieser beiden Tasten können Sie beim Fotografieren ganz bequem nur eine Hand verwenden.

Touch ID, Face ID und Sperrcode

Das Erste, was Sie bei Ihrem iPad konfigurieren sollten, ist der Sperrcode und die Touch ID bzw. Face ID. Alle drei können bereits bei der Installation des Systems konfiguriert worden sein (Siehe Kapitel 1).

Mit dem Sperrcode können Sie Ihr iPad automatisch sperren, sobald es in den Ruhezustand geht. Außerdem wird der Sperrcode für einige Sicherheitsfunktionen des iPads verwendet. Sollte Ihr iPad einmal gestohlen werden oder verlorengehen, kann der Dieb bzw. Finder es nur mit dem richtigen Sperrcode entsperren und nutzen.

Zusätzlich zum Sperrcode kann auch die Touch ID/Face ID zum Entsperren verwendet werden. Viele iPads besitzen im Home-Button einen Fingerabdrucksensor und iPad Air-Modelle bzw. aktuelle iPad minis in der Standby-Taste. Falls Sie dies noch nicht eingerichtet haben, sollten Sie es jetzt unbedingt nachholen. Ist Touch ID eingerichtet, reicht es aus, mit dem Finger auf den Home-Button zu tippen, um das iPad zu entsperren. Möchten Sie das iPad entsperren, ohne den Button zu drücken, sollten Sie die Funktion *Zum Öffnen Finger auflegen* aktivieren (*Einstellungen –> Bedienungshilfen–> Home-Taste*).

Bei den iPad Modellen mit Face ID schauen Sie das iPad einfach an und schon wird es entsperrt. Denn das iPad erkennt Ihr Gesicht, sobald Sie es über Face ID konfiguriert haben.

Außerdem kann die Touch ID/Face ID auch zum Einkaufen im iTunes-, App- und Book-Store verwendet werden. Der Sperrcode und die Touch ID/Face ID können in den *Einstellungen* bei *Touch ID/Face ID & Code* konfiguriert werden.

> **!** Falls Sie beim Einrichten des iPads bereits einen Code vergeben haben, müssen Sie diesen nun hier eingeben, um die Funktionen zu öffnen bzw. die Einstellungen zu ändern.

Haben Sie beim Einrichten des iPads weder einen Code noch Touch ID eingerichtet, gelangen Sie sofort zu den *Einstellungen*. Zuerst wollen wir einen Code konfigurieren.

▶❙ Sperrcode 02_01

http://ipados2023.amac-buch.de/#02_01

Um das iPad vor fremdem Zugriff zu sichern, ist ein Sperrcode dringend empfohlen. Alternativ kann der Code durch Touch bzw. Face ID ergänzt werden. Damit können Sie statt der Codeeingabe das iPad mit Ihrem Fingerabdruck bzw. Gesichtsscan entsperren. Zudem kann der Code Ihren Bedürfnissen angepasst werden. Wie das alles funktioniert, sehen Sie in diesem Video. Übrigens: Sollte sich ein Dieb Ihres iPads bemächtigen, dann können Sie das automatische Löschen aller Daten des Gerätes ebenfalls definieren **(Einstellungen –> Touch / Face ID & Code –> Daten löschen).**
Und geben Sie noch an, nach welcher Zeit, der Code angefordert wird bzw. nach welcher Zeitspanne das iPad sich automatisch sperrt. (**Einstellungen –> Touch / Face ID & Code –> Code anfordern bzw. Einstellungen –> Anzeige & Helligkeit –> Automatische Sperre**)

Touch ID

Touch ID ist eine Sicherheitsfunktion von iPadOS, um das iPad zu entsperren oder Einkäufe in den Stores durchzuführen. Falls Sie beim Konfigurieren des iPads Touch ID nicht eingerichtet haben oder einen zweiten Fingerabdruck verwenden wollen, müssen Sie die *Einstellungen* und dort *Touch ID & Code* öffnen. Dort finden Sie dann die Option *Fingerabdruck hinzufügen*. Jetzt müssen Sie nur noch die Anweisungen auf dem Display befolgen.

Face ID

Verfügt Ihr iPad über diese Eigenschaft, dann kann eine 3D-Gesichtserkennung eingelesen werden und zum Entsperren des iPads genutzt werden. Genauso wie

die Touch ID ist dieses Erkennungsmerkmal extrem sicher. Die Daten werden zudem nur auf dem iPad abgelegt und nicht in das Internet übertragen.
Haben Sie eine Face ID erfolgreich eingelesen, können Sie via *Alternatives Erscheinungsbild konfigurieren* ein zweites Gesicht einlesen. Das kann z. B. bei Kinder-iPads eine gute Idee sein.
Und probieren Sie die beiden Funktionen *Aufmerksamkeitsprüfung für Face ID* und *Aufmerksamkeitssensible Funktionen* mal aus. Vor allem ersteres sollte deaktiviert werden, sobald Sie oftmals mit Brillen oder Sonnenbrillen das iPad nutzen.

Darstellung der Oberfläche

Ein wichtiger Punkt bei der Nutzung des iPads ist das Aussehen der Oberfläche. Das Aussehen umfasst nicht nur die Auswahl des Hintergrundbildes, sondern auch die Helligkeit und die Anzeigegröße von Text.

▶❙ Darstellung der Oberfläche 02_02

http://ipados2023.amac-buch.de/#02_02

Bevor das iPad einsatzbereit ist, muss es optimal installiert werden. Was dabei zu beachten ist, sehen Sie in diesem Damit das iPad sich so darstellt, wie Sie es haben wollen, gibt es eine Fülle wichtiger Einstellungsparameter:

- **Textgröße** und optional **fetter Text** sowie **Größerer dynamischer Tex**t
- Helligkeit des Displays bzw. via **True Tone**
- **Anzeigezoom (Einstellungen –> Anzeige & Helligkeit –> Anzeigezoom)**
- **Night Shift**
- **Erscheinungsbild (Hell oder Dunkel)**

Übrigens: Die Größe der App-Icons sind mittlerweile in den Menüpunkt **Einstellungen –> Home-Bildschirm & Multitasking –> Große App-Symbole verwenden** verschoben worden :-).

▶I Hintergrund und Töne 02_03

http://ipados2023.amac-buch.de/#02_03

Ein schönes Hintergrundbild bzw. ein geeignetes Foto auf dem Sperrbildschirm sind schnell eingerichtet und machen damit das iPad noch angenehmer und persönlicher. Dazu dienen auch die Hinweistöne, die individualisiert werden können. Seit iPadOS 17 können zudem mehrere Hintergründe definiert werden, die wiederum inhaltlich mit Widgets angereichert sein können.

! Übrigens finden Sie in den **Einstellungen –> Bedienungshilfen –> Audio/ Visuelles –> Hintergrundgeräusche**. Ab und an kann das nützlich sein. Probieren Sie doch mal Ozean aus :-)

WLAN Raffinessen

WLAN-Passwort von anderem Gerät übernehmen

Wenn Sie sich mit Ihrem iPad in ein neues WLAN einloggen wollen, benötigen Sie meistens ein Passwort, das Sie manuell eintippen müssen. Seit iOS 11 können Sie allerdings ein WLAN-Passwort von einem anderen Gerät automatisch übernehmen. Dazu bedarf es einiger Voraussetzungen.

Das zweite Gerät muss ein iPhone, iPad oder Mac sein, das mit dem WLAN verbunden ist, in das Sie sich einloggen wollen. Außerdem müssen Ihre Kontaktdaten auf dem zweiten Gerät in der App *Kontakte* hinterlegt sein. Das zweite iPhone/iPad muss übrigens mit iOS 11 oder neuer arbeiten und der Mac mit macOS High Sierra oder neuer. Wenn diese Voraussetzungen erfüllt sind, dann wählen Sie unter *Einstellungen –> WLAN* das Netzwerk aus, mit dem Sie sich verbinden wollen. Sie werden aufgefordert, das Passwort einzugeben. Legen Sie das zweite Gerät in die Nähe Ihres iPads. Auf dem zweiten Gerät erscheint nun eine Anfrage nach dem WLAN-Passwort. Wird die Anfrage bestätigt, überträgt das zweite Gerät automatisch das Passwort auf das iPad.

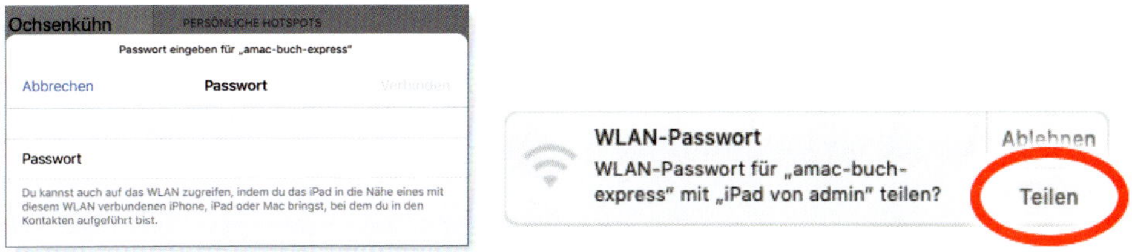

Das Passwort für ein WLAN (links) lässt sich mithilfe eines zweiten Geräts (rechts) auf Ihr iPad übertragen.

Automatisch verbinden

Das Handling von WLAN-Netzwerken wurde mit jeder iPadOS-Version verbessert. Normalerweise verbindet sich das iPad automatisch mit WLAN-Netzwerken, die Sie in der Vergangenheit einmal benutzt haben, sobald sie in Reichweite sind. Besonders in der Stadt ist das manchmal ein Problem, wenn man Dutzende von populären WLANs streift. Aus diesem Grund können Sie seit iOS 11 das automatische Verbinden mit WLAN-Netzwerken blockieren.

Unter *Einstellungen –> WLAN* tippen Sie auf das blaue Info-Symbol **A**, um die Eigenschaften des aktuellen WLANs zu öffnen. Dort finden Sie dann die Option *Autom. verbinden* **B**, die Sie nun ausschalten müssen.

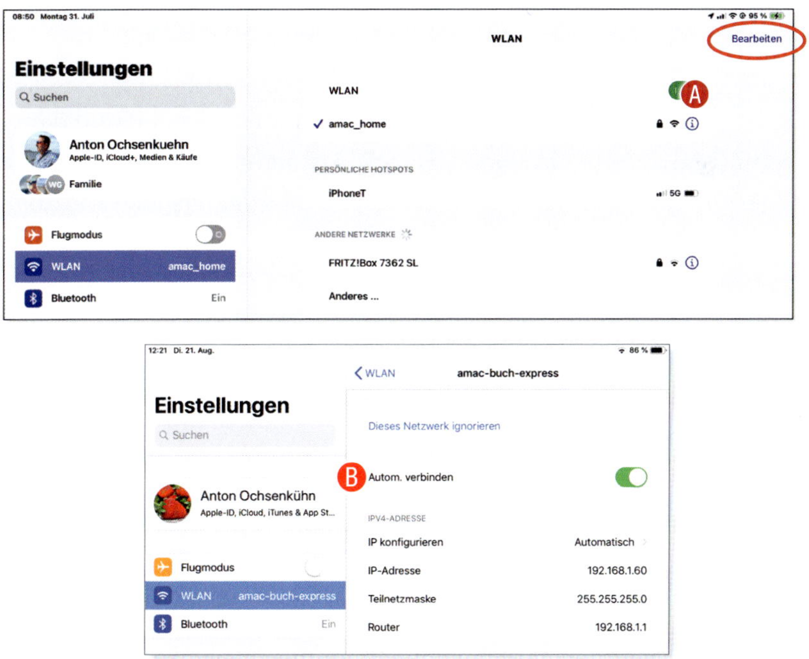

Der automatische Verbindungsaufbau zum WLAN kann ausgeschaltet werden.

! Tippen Sie auf **Bearbeiten** im linken Bildschirmfoto, um alle WLAN-Netze zu sehen, mit denen das iPad bislang verbunden war. Dort können Sie nicht mehr benötigte Netzwerke entfernen.

Persönlicher Hotspot

Das iPad bietet noch einen besonderen Service für Apple-Geräte, die über kein eigenes mobiles Netzwerk verfügen. Dazu zählen die iPad-Modelle mit WLAN, alle Macs und auch die Apple Watch. Normalerweise müssen sich diese Geräte in einem WLAN befinden, um iMessages senden und empfangen zu können. Wenn Sie unterwegs sind und kein WLAN zur Verfügung haben, dann sieht es bei diesen Geräten schlecht aus. Diese Probleme können Sie umgehen, wenn Sie ein iPad mit mobilem Datennetz (Cellular) besitzen. Sie können Ihr iPad so konfigurieren, dass auch ein anderes iPad, ein Mac und die Apple Watch iMessages empfangen bzw. senden können.

Für iMessages benötigen die anderen Geräte eine mobile Internetverbindung, die sie aber nicht besitzen, wie z. B. der Mac. Daher können Sie Ihr iPad jetzt als *WLAN-Hotspot* aktivieren, um die Nutzung des mobilen Internets für die anderen Geräte freizugeben. Öffnen Sie *Einstellungen –> Persönlicher Hotspot* und aktivieren Sie die Funktion. Ab sofort wird das iPad als WLAN-Router verwendet. Sie können sich nun mit den anderen Geräten via WLAN beim iPad anmelden (Passwort nicht vergessen!) und das mobile Internet und damit auch iMessage nutzen. Sobald ein anderes Gerät auf dem iPad angemeldet ist, wird dieser Umstand durch einen blauen Balken am oberen Displayrand angezeigt.

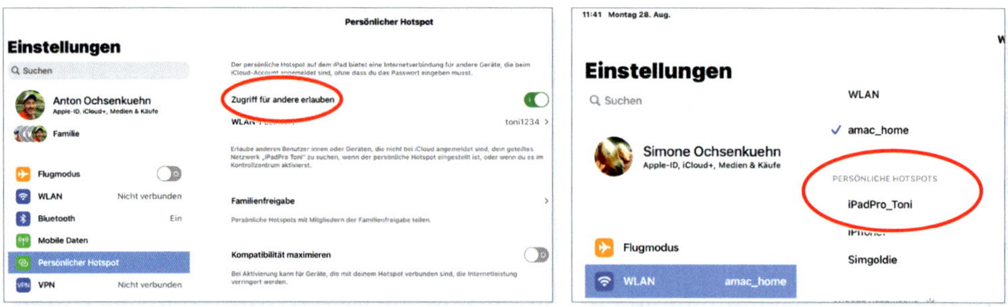

Ist der persönliche Hotspot – „Zugriff für andere erlauben" – aktiviert (links), kann z. B. ein anderes iPad den Internetzugang per WLAN nutzen (rechts).

Haben Sie auf Ihrem iPad, iPhone oder Mac die gleiche Apple-ID wie auf dem iPad, und zusätzlich WLAN und Bluetooth aktiv, dann meldet sich das freigegebene iPad von selbst – auch ohne die Aktivierung des Persönlichen Hotspots.

Über den sogenannten „Instant Hotspot" meldet sich das iPad im Regelfall automatisch am Mac.

Es geht aber auch umgekehrt: das iPad kann das mobile Datennetz eines iPhones nutzen. Dazu muss auf dem iPhone der persönliche Hotspot aktiviert sein. Auf dem iPad erscheint dann das iPhone in den WLAN-Einstellungen.

Das iPhone kann am iPad für den Zugang zum mobilen Internet genutzt werden.

!

Wenn Sie mit dem iPad viel und oft unterwegs sind, dann könnte es nützlich sein, sich auf WLAN-Hotspots hinweisen zu lassen (**Einstellungen –> WLAN –> Auf Netze hinweisen**). Haben Sie Ihr iPhone ebenfalls immer dabei, dann könnten Sie die Verbindung stets automatisch herstellen lassen: **Einstellungen –> WLAN –> Autom. mit Hotspots verbinden**. Zudem könnte es sinvoll sein, den **Datensparmodus** zu aktivieren, um das Datenkontingent des iPhones nicht allzu sehr zu strapazieren.

Fokus und Nicht stören

Vielleicht kennen Sie ja folgende Situation: Es ist 23 Uhr, Sie liegen im Bett und sind gerade kurz vor dem Einschlafen, als plötzlich ein lauter Ton vom iPad Sie wieder wachrüttelt. Was ist passiert? Sie haben eine neue E-Mail erhalten! Und weil Sie vergessen haben, das iPad stummzuschalten oder leiser zu machen, werden Sie durch den Nachrichtenton aufgeschreckt.

Solche Situationen lassen sich vermeiden, wenn Sie die Funktion *Nicht stören* einschalten. Dies ist eine spezielle Funktion, die automatisch innerhalb eines bestimmten Zeitraums alle Anrufe , Nachrichten und Mitteilungen stummschaltet. Somit werden Sie nachts nicht aus dem Schlaf gerissen oder aber während einer Besprechung nicht mit Anrufen belästigt.

▶I Nicht stören und Fokus 02_04

http://ipados2023.amac-buch.de/#02_04

Und ab und an braucht man auch etwas Ruhe und dafür kann die Funktion **Nicht stören** verwendet werden. Diese ist über die App **Einstellungen** und über **Fokus** erreichbar. Wenn Sie die Einstellungen individueller haben möchten, dann erstellen Sie einen neuen **Fokus**, um zu definieren, welche **Apps** bzw. welche **Personen** Ihnen Mitteilungen zustellen dürfen.

Sofern Sie iCloud nutzen, werden die Fokus-Einstellungen vom iPad auf das iPhone und auch auf den Mac übertragen. Voraussetzung ist, dass das iPhone iOS 15 oder neuer installiert hat und der Mac mindestens macOS Monterey nutzt. Ist das der Fall, können dort ebenfalls Fokus-Profile erstellt werden, die dann wiederum auf das iPad übernommen werden.

Das Kontrollzentrum

Das Kontrollzentrum wurde schon mehrfach erwähnt. Es ist eine zentrale Schnittstelle, die einen schnellen Zugriff auf einige der am häufigsten verwendeten Funktionen und Einstellungen bietet. Um z. B. Bluetooth ein- bzw. auszuschalten, müssen Sie sich nicht zu der App *Einstellungen* begeben, sondern können dies sehr schnell und bequem über das Kontrollzentrum tun.

Das Kontrollzentrum folgendermaßen eingeblendet werden: Schieben Sie mit einem Finger die Akku- und WLAN-Anzeige in der rechten oberen Ecke nach unten. Dabei sollten Sie mit dem Wischen außerhalb des Displays beginnen.

! Sie können den Zugriff auf das Kontrollzentrum innerhalb einer App auch beschränken. Dazu müssen Sie unter **Einstellungen –> Kontrollzentrum** die Option **Zugriff in Apps erlauben** ausschalten. Damit haben Sie nur über den Home-Bildschirm Zugriff auf das Kontrollzentrum.

▶I Kontrollzentrum starten und konfigurieren 02_05

http://ipados2023.amac-buch.de/#02_05

Über das Kontrollzentrum sind viele nützlichen Dinge im sofortigen Zugriff – jederzeit und von überall her. Zudem kann das Kontrollzentrum personalisiert werden. Wie das alles geht, sehen Sie in diesem Film.

Kontrollzentrum anpassen

Wenn alle Funktionen eingeblendet sind, dann sieht das Kontrollzentrum wie folgt aus:

Das Kontrollzentrum mit allen Funktionen.

❶ *Flugmodus* ein- oder ausschalten: Bei eingeschaltetem Flugmodus wird jegliche Kommunikation unterbunden.

❷ *AirDrop* dient zum Datenaustausch zwischen Apple-Geräten (siehe Kapitel 9 ab Seite 207).

❸ *WLAN* bis zum nächsten Tag ein- und ausschalten.

❹ *Bluetooth* ein- und ausschalten, ansonsten gilt das Deaktivieren genauso wie bei WLAN nur bis zum nächsten Tag.

❺ *Musiksteuerung*

❻ *Rotationssperre:* Wenn Sie die Rotationssperre aktivieren, wird die Darstellung des iPads fixiert. Wenn Sie es vom Hoch- ins Querformat drehen, wird das Display nicht neu ausgerichtet.

7 *Fokus*
8 Die *Display-Helligkeit* steuern und *Night Shift, Erscheinungsbild* und *True Tone* ein- und ausschalten
9 *Lautstärkeregler*
10 Die *AirPlay*-Funktionen für die Display-Synchronisation ein- und ausschalten bzw. das Ausgabegerät auswählen (siehe Kapitel 9 ab Seite 210)
11 *Stummschalten*
12 *Stromsparmodus* (Siehe Kapitel 11)
13 Die *Notizen* öffnen
14 Die *Kamera* öffnen
15 Die Steuerung für das *Apple TV* öffnen. Damit lässt sich ein verbundenes Apple TV steuern.
16 Die *Bedienungshilfen-Kurzbefehle* öffnen
17 *Bildschirmaufnahme* erstellen
18 Die Funktion *Geführter Zugriff* öffnen
19 *HomeKit*-Steuerung
20 Hiermit wird die Funktion *Hören* aktiviert, wobei das iPad als externes Mikrofon dient und die Töne und Geräusche auf angeschlossenen AirPods überträgt. Das iPad dient damit im Zusammenhang mit AirPods als Hörgerät.
21 *Zoom-Funktion* der *Bedienungshilfen* öffnen
22 Damit wir die *Kamera* geöffnet, um sofort *QR-Codes* einzulesen.
23 Die App *Sprachmemos* öffnen
24 Die *Stoppuhr* öffnen
25 Die *Schriftgröße* ändern
26 Den *Timer* öffnen
27 Den *Wecker* öffnen
28 *Dunkelmodus*: iPadOS kann entweder hell oder dunkel erscheinen (*Einstellungen –> Anzeige & Helligkeit*). Das betrifft auch viele Apps, die auf dem Gerät installiert sind.
29 *Geräuscherkennung*: Das iPad kann Geräusche erkennen. Weitere Details sind hier einzustellen: *Einstellungen –> Bedienungshilfen –> Geräuscherkennung*.
30 *Schnellnotiz*
31 *Musikerkennung*: Wird beispielsweise ein Lied im Radio abgespielt, dann kann diese Funktion Ihnen den Namen des Stücks und des Interpreten nennen.

- 32 *Mitteilungen ankündigen*: Siri kann damit eingehenden Mitteilungen vorlesen.
- 33 *Stage Manager*: iPads mit geeigneter Hardware können zudem den Stage Manager im Kontrollzentrum aufrufen.
- 34 *Tastaturhelligkeit*
- 35 *Taschenlampe*

! Bei einigen Icons im Kontrollzentrum können Sie weitere Unterpunkte aufrufen, in dem Sie mit dem Finger etwas länger auf das Icon tippen.

Halten Sie mit Finger etwas länger auf das Symbol für die Bildschirmhelligkeit, um von dort aus direkt auf den „Dunkelmodus“ oder „Night Shift“ zugreifen zu können (rechts). Links sehen Sie die erweiterten Einstellungen, Sie länger auf das Flugmodus-Icon tippen.

Querformat

Bei einigen Apps bekommen Sie durch das Drehen des iPads ins Querformat eine andere Darstellung als im Hochformat. Zwei Apps haben im Querformat auf iPads mit großem Display sogar eine dreispaltige Darstellung, die natürlich die Nutzung der jeweiligen App erleichtert:

- Notizen inkl. Ordner (siehe Bildschirmfoto)
- Mail inkl. Postfächer

Bei den anderen Apps können Sie die Dreispaltigkeit durch Antippen der entsprechenden Begriffe kurzfristig ebenfalls herstellen. Und diese Apps besitzen eine zweispaltige Darstellung, die auf jedem iPad zum Einsatz kommen kann:

- Einstellungen
- Nachrichten
- Erinnerungen
- Kontakte

In der dreispaltigen Darstellung der Notizen-App auf dem iPad Pro hat man noch mehr Übersicht.

! Die dreispaltige Funktionalität gibt es nicht, wenn der Anzeigezoom **Vergrößert** eingestellt ist (**Einstellungen** –> **Anzeige & Helligkeit** –> **Anzeigezoom**).

Gesten

Es gibt eine Fülle nützlicher Mehrfingergesten, mit denen Sie Ihr iPad ganz einfach bedienen können:

▶I Gesten 02_06

http://ipados2023.amac-buch.de/#02_06

Mit Hilfe von Gesten mit einem, zwei, drei, vier oder gar fünf Finger können viele Funktionen deutlich schneller ausgeführt werden. Dieses Video zeigt alle wichtigen Gesten im Überblick. Und Sie werden staunen, was hier alles möglich ist. Sollten die Gesten bei Ihnen nicht funktionieren, dann prüfen Sie in **Einstellungen –> Multitasking & Gesten**, ob diese aktiviert sind.

Bildschirmzeit

Die Nutzung von mobilen Endgeräten wie Smartphone und Tablet, kann zu einer Sucht werden. Man nimmt unbewusst das Tablet in die Hand und sieht nach, ob es eine neue Nachricht oder eine E-Mail gibt. Man weiß eigentlich gar nicht, wie oft man das Gerät in der Hand hat bzw. wielange man es am Tag nutzt. Damit Sie etwas mehr Kontrolle haben, hat Apple seit iOS 12 die *Bildschirmzeit* eingeführt.

▶I Bildschirmzeit einrichten 02_07

http://ipados2023.amac-buch.de/#02_07

Über die Bildschirmzeit kann man sehen, was man so die ganze Zeit über am iPad tut. Über Limits **(App-Limits, Beschränkungen** und **Kommunikationlimits)** kann die Zeit mit Apps beschränkt werden, was für Kinder-iPads sehr interessant ist. Zudem kann die Zeit geräteübergreifend mit den dem eigenen iPhone bzw. Computer geteilt werden, so dass man einen umfassenden Überblick erhält.

▶❙ Bildschirmzeit im Detail 02_08

http://ipados2023.amac-buch.de/#02_08

Wenn Sie die Bildschirmzeit aktiv haben, wird alles dokumentiert, was Sie an Ihrem iPad getan haben. Das ist bisweilen sehr interessant. Weitere wichtige Details sehen Sie in diesem Video.

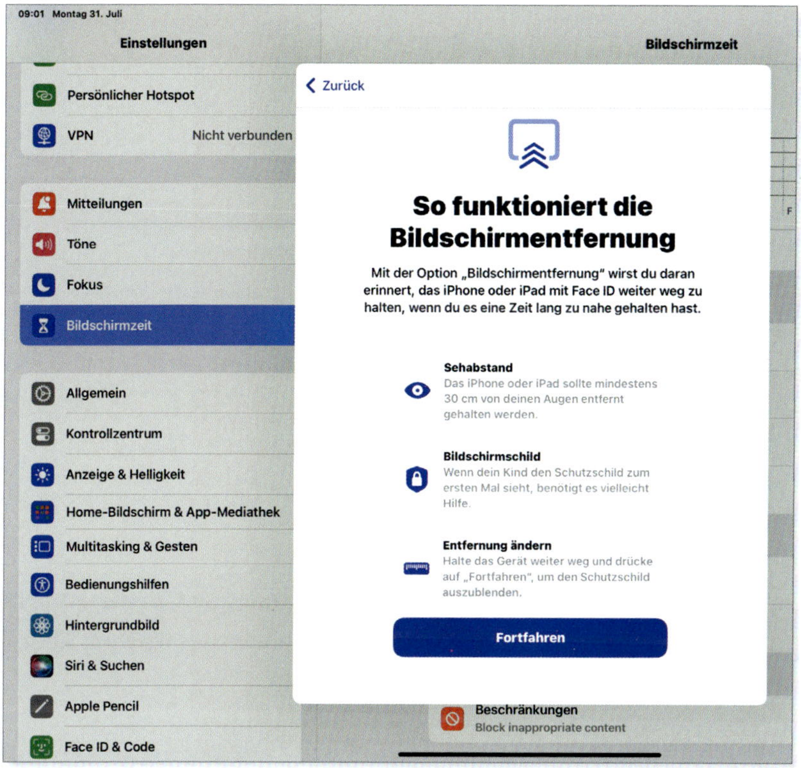

Seit iPadOS 17 bzw. iOS 17 können Sie zudem die „Bildschirmentfernung" konfigurieren.

Bedienungshilfen

Das iPad hat neben dem Kontrollzentrum noch weitere Gadgets, die Ihnen bei der Bedienung des Geräts helfen können. In den *Bedienungshilfen* finden sich Funktionen, die nicht nur für Personen mit Handicap nützlich sind. In diesem Abschnitt lernen Sie noch weitere Hilfen kennen, die Ihnen die Nutzung des iPads erleichtern können.

! Die Funktionen der Bedienungshilfen finden Sie unter **Einstellungen -> Bedienungshilfen**.

▶❙ Bedienungshilfen 02_09

http://ipados2023.amac-buch.de/#02_09

In **Einstellungen -> Bedienungshilfen** gibt es einen ganzen Blumenstrauß sinnvoller Funktionen wie z. B.:

- **Tastenformen**
- **Ein/Aus-Beschriftungen**
- Display-Anpassungen, **Kontrast** und **Transparenz**
- **Lupe**
- **Gesprochene Inhalte**

Sicher haben Sie es schon bemerkt: Mittlerweile gibt es die App *Lupe* auf Ihrem Home-Bildschirm und damit kann diese ohne den Umweg über die *Einstellungen* direkt gestartet werden.

AssistiveTouch

Eine der besten Bedienungshilfen ist der *AssistiveTouch*. Dadurch können Sie viele Funktionen (z. B. das Öffnen des Kontrollzentrums oder die Rotationssperre) mit einem Fingertipp erreichen, ohne sich mühsam durch irgendwelche Menüs oder Einstellungen zu quälen.

▶❙ AssistiveTouch einrichten 02_10

http://ipados2023.amac-buch.de/#02_10

AssistiveTouch ist leicht einzurichten und extrem nützlich. Wie es funktioniert, zeigt dieser Film.

Maus bzw. Trackpad am iPad verwenden

!

Im Bereich **Assistive Touch** finden Sie den Bereich **Zeigegeräte**. Ja – richtig, Sie können ab sofort eine Maus am iPad nutzen. Diese ist entweder per Bluetooth oder Kabel (inkl. Adapter) mit dem iPad zu verbinden und dann kann es losgehen. Und wenn Sie die Funktion **Aktive Ecken** vom Mac her schon kennen, dann können Sie diese hier ebenfalls nutzen. Damit ist definierbar, dass das Bewegen des Mauszeigers in eine Bildschirmecke eine bestimmte Funktion auslösen kann. Und es stehen vier Ecken zur Verfügung.

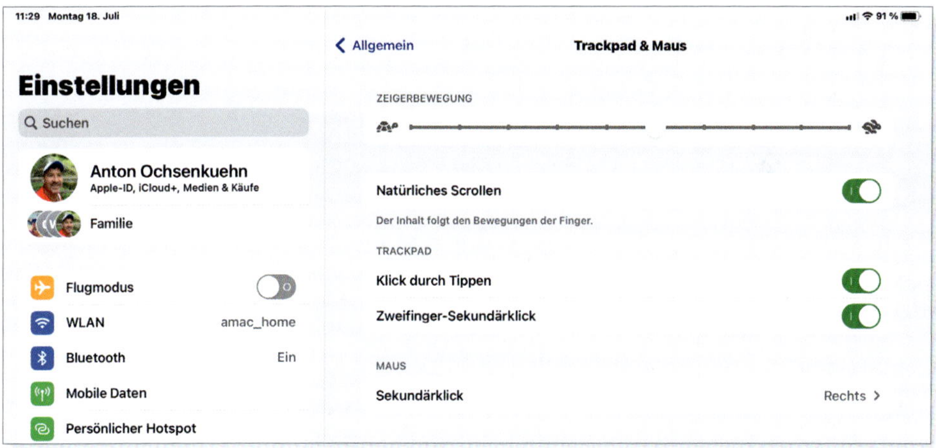

Über „Einstellungen –> Allgemein –> Trackpad & Maus“ können Sie noch Feinheiten justieren wie die Mauszeigergeschwindigkeit oder das Scrollverhalten.

Und noch ein Letztes zu den Einstellungen für den Maus- bzw. Trackpad-Zeiger: Unter *Einstellungen –> Bedienungshilfen –> Zeigersteuerung* kann der Zeigerstil und dessen -größe noch eingestellt werden.

Zum Widerrufen schütteln

Ihnen ist wahrscheinlich bekannt, dass man in fast allen Computerprogrammen (z. B. in Word) den letzten Arbeitsschritt rückgängig machen kann. Auch das iPad besitzt eine solche Funktion. Damit sie auch funktioniert, muss *Bedienungshilfen –> Tippen –> Zum Widerrufen schütteln* eingeschaltet sein. Wenn Sie nun den letzten Arbeitsschritt, z. B. die Texteingabe bei einer E-Mail, widerrufen wollen, müssen Sie Ihr iPad nur etwas schütteln. Eine Sicherheitsabfrage gewährleistet, dass Sie nicht unabsichtlich etwas rückgängig machen.

Durch einfaches Schütteln kann der letzte Arbeitsschritt rückgängig gemacht werden. Diese Funktion ist zudem unter „Einstellungen –> Multitasking & Gesten" zu finden.

Eigene Stimme und unterstützender Zugriff

Noch zwei interessante Funktionen der Bedienungshilfen möchte ich Ihnen nicht vorenthalten:

a) *Unterstützender Zugriff:* Diese Funktion vereinfacht die Bedienung des iPads ganz enorm und ist damit vielleicht für kleine Kinder nützlich. Sie definieren, welche Apps auf dem Display erscheinen und sichern das Ganze mit einem Code ab.

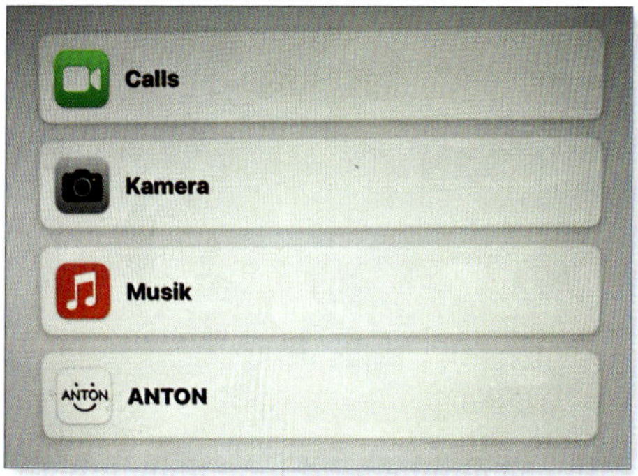

So sieht eine extrem einfache iPad-Bedienung aus.

b) *Eigene Stimme:* Damit erstellen Sie ein digitales Abbild Ihrer Stimme, die dann in verschiedensten Apps zum Einsatz kommen kann. Das ist sozusagen Ihr stimmlicher Avatar. Damit das souverän klappt, müssen zunächst 150 Sätze eingesprochen werden.

Tastatur

Wenn Sie das iPad in die Hand nehmen, fragen Sie sich vielleicht, wie Sie etwas eintippen können, da das Gerät offensichtlich keine Tastatur besitzt. Das iPad verwendet eine Bildschirmtastatur, die bei Bedarf eingeblendet wird. Dabei bietet die Tastatur einige zusätzliche Funktionen, um Ihnen die Texteingabe so leicht wie möglich zu machen.

! Verwenden Sie das iPad im Querformat, dann sind die Tasten größer und etwas einfacher zu bedienen. Oder Sie koppeln eine externe Bluetooth-Tastatur mit Ihrem iPad.

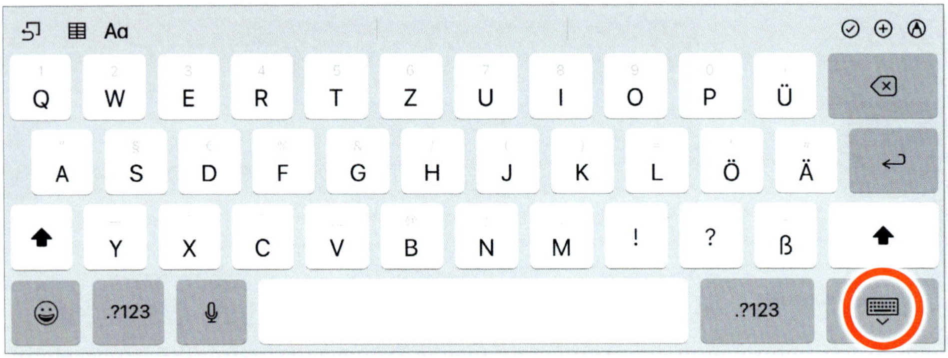

Die Tastatur im Querformat ist größer in der Darstellung und damit einfacher zu bedienen.

Sicher haben Sie in der rechten unteren Ecke das kleine Icon schon erkannt. Durch Antippen dieses Icons verschwindet die Tastatur wieder von Ihrem Bildschirm. Ein erneuter Fingertipp irgendwo im Dokument bringt die Tastatur wieder zum Vorschein.

Die Tasten

Die Tastatur wird automatisch eingeblendet, sobald eine Texteingabe erforderlich ist. Sie kann sowohl im Hochformat als auch im Querformat genutzt werden. Je nach verwendeter App werden oberhalb der Tastatur noch zusätzliche Funktionen eingeblendet wie z. B. in der App Mail, wo Sie über der Haupttastatur auch Funktionen für E-Mail-Anhänge oder Schriftstile finden.

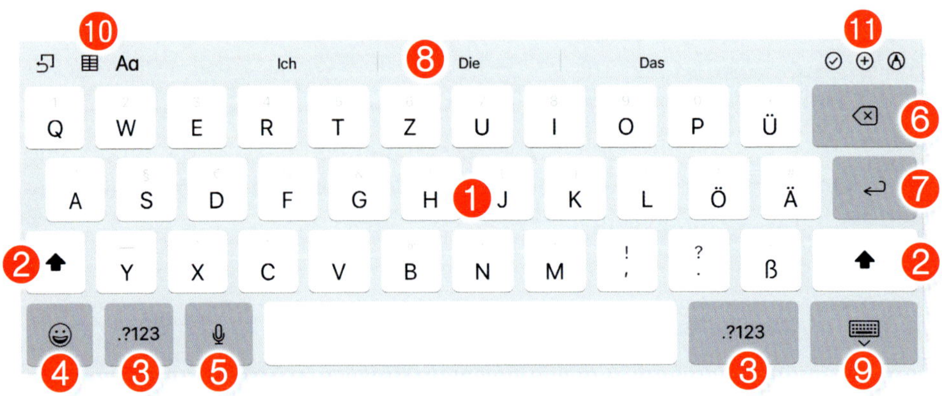

Die Bildschirmtastatur im Hoch- und Querformat.

Die Tastatur hat einige spezielle Tasten:

❶ Das ist der Hauptbereich der Tastatur, der die Buchstaben, Ziffern und Sonderzeichen für die Eingabe enthält.

❷ Das ist die *Shift*-Taste zum Umschalten auf die Großbuchstaben. Wollen Sie permanent Großschreiben, dann tippen Sie zweimal auf die Taste. Damit wird „Capslock“ aktiviert und Sie können nur noch Großbuchstaben eingeben. Ein erneutes Tippen auf die Taste deaktiviert Capslock.

❸ Seit iOS 11 gibt es mehrere Möglichkeiten, um die Ziffern und Sonderzeichen zu erreichen. Vielleicht haben Sie bereits bemerkt, dass auf der Tastatur über den Buchstaben zusätzliche Zeichen abgebildet sind. Diese Tasten haben eine Mehrfachbelegung, die Sie erreichen können, wenn Sie mit dem Finger nach unten ziehen. Wenn Sie also z. B. die Ziffer 6 benötigen, dann reicht es aus, mit dem Finger den Buchstaben Z nach zu ziehen. Eine einfache und effiziente Möglichkeit Sonderzeichen einzutippen. Alternativ dazu können Sie auch auf eine andere Tastaturdarstellung umschalten. Wenn Sie auf die Taste ❸ tippen. Damit werden im Hauptbereich der Tastatur andere Zeichen eingeblendet. Wenn Sie z. B. die Ziffern eingeblendet haben, können Sie die Sonderzeichen durch die Taste Ⓐ erreichen. Die Buchstaben erreichen Sie wieder, wenn Sie die Taste Ⓑ antippen.

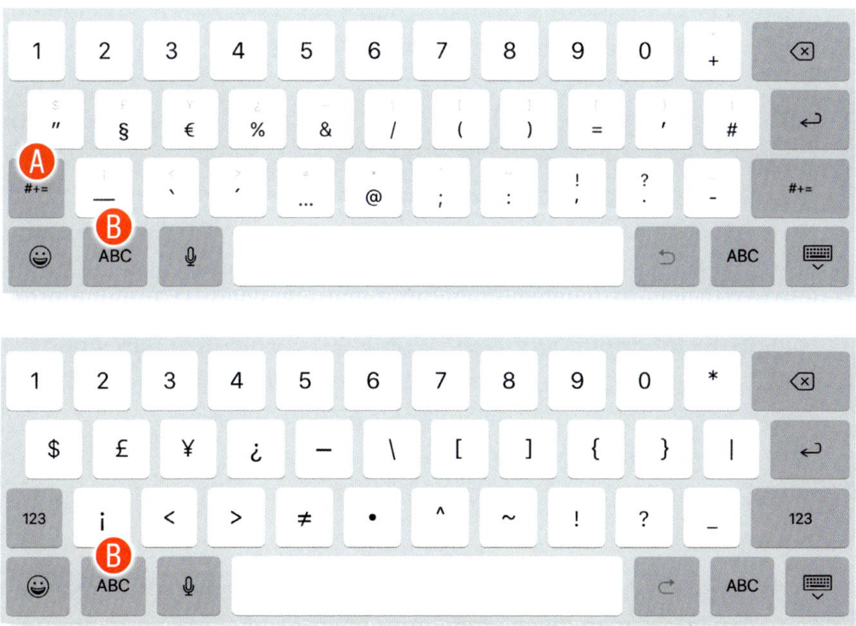

Die Ziffern (oben) und die Sonderzeichen (unten).

4 Mit dieser Taste lassen sich andere Tastaturlayouts wie z. B. die Emojis einblenden. In der Emoji-Tastatur können Sie im unteren Bereich C zwischen den verschiedenen Kategorien wechseln. Zur normalen Tastatur zurück kommen Sie mit der Taste D. Nutzen Sie zudem die Suchfunktion E, um bestimmte Emoji-Symbole zügig ausfindig machen zu können.

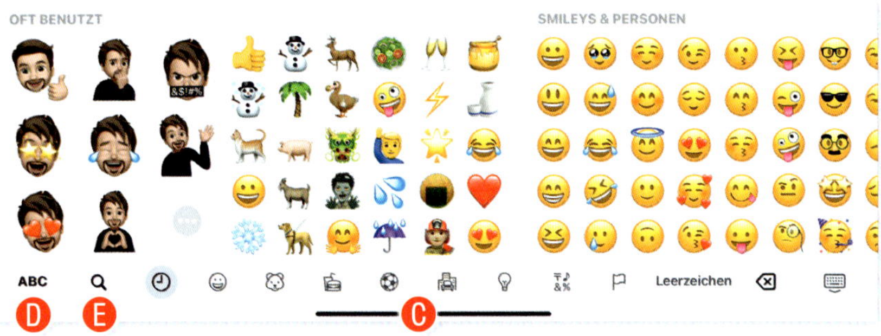

Die Emoji-Tastatur.

5 Das Mikrofon wird zum Diktieren verwendet. Damit müssen Sie den Text nicht mehr tippen, sondern können ihn ganz einfach diktieren. Der gesprochene Text wird automatisch in bearbeitbaren Text umgewandelt. Voraussetzung dafür ist, dass Sie unter *Einstellungen –> Allgemein –> Tastatur* die Diktierfunktion aktiviert haben und dass eine Internetverbindung per WLAN oder Mobilfunk besteht. Haben Sie iPadOS 13.4 und neuer, dann können Sie mittlerweile auch Offline diktieren.

> ! Vor iPadOS 15 war die Diktierfunktion auf ca. eine Minute beschränkt. Nunmehr gibt es kein Zeitlimit mehr. Und seit iPadOS 16 wird während des Diktats die Tastatur weiterhin eingeblendet, so dass Sie sowohl diktieren als auch Text eintippen können. Sie stoppen das Diktat, in dem Sie erneut auf das Mikrofon-Symbol tippen. Und wenn Sie keine Lust haben, Satzzeichen zu diktieren (**Einstellungen –> Allgemein –> Tastatur –> Automatische Interpunktion**), dann überlassen Sie das ebenfalls Ihrem iPad. Weiterhin sind folgende Kommandos sicher interessant für Sie: Via „Neuer Absatz" bzw. „Neue Zeile" gelangen Sie an den Anfang der nächsten Zeile. Und probieren Sie mal „Zwinker Emoji" aus 😉.

Sofern Sie unter *Einstellungen –> Tastatur –> Tastaturen* weitere Sprachen hinzugefügt haben, achten Sie beim Diktat zudem darauf, welche Diktiersprachen aktiv sind. Beste Ergebnisse erzielen Sie immer dann, wenn nur eine Diktiersprache eingeschalten ist (*Einstellungen –> Tastatur –> Diktiersprachen*).

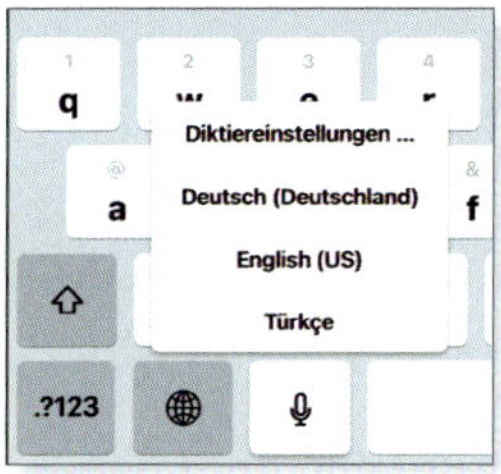

Sie können durch kurzes Getippthalten des Mikrofonsymbols ebenfalls die Diktiersprache einstellen.

6 Mit dieser Taste wird der Text links vom Cursor gelöscht. Die Taste heißt auch *Backspace*-Taste. Wenn Sie die Taste etwas länger drücken, wird nicht buchstaben- sondern wortweise nach links gelöscht.

7 Die *Return*-Taste dürfte jedem bekannt sein: Mit ihr wird eine Zeilenschaltung eingefügt („Neue Zeile").

8 In diesem Bereich werden die Korrektur- und Textvorschläge für die Eingabe anzeigt. Mit dieser Funktion werden wir uns anschließend beschäftigen.

9 Damit lässt sich die Tastatur vorübergehend ausblenden. Um sie wieder sichtbar zu machen, müssen Sie nur den Textcursor wieder im Dokument platzieren. Ein einfacher Fingertipp auf das Display reicht dazu meistens aus.

10 Hier finden Sie Funktionen zum *Rückgängigmachen* bzw. *Wiederherstellen* des letzten Arbeitsschrittes und zum Einfügen vom Inhalt der Zwischenablage. Wenn Sie einen Text ausgewählt haben, werden die Tasten durch die Funktionen *Ausschneiden* und *Kopieren* ersetzt.

11 In diesem Bereich befinden sich die speziellen Funktionen der jeweiligen App, wie in diesem Beispiel die Funktionen von Mail oder Notizen.

Die Funktionen 10 und 11 nennt Apple *Kurzbefehle*. Diese können bei *Einstellungen –> Allgemein –> Tastatur* auch ausgeblendet werden.

> **!** Wenn Sie aus einem anderen Tastaturlayout nur ein Zeichen – z. B. das @-Zeichen – benötigen, dann können Sie das zeitsparender so durchführen: Sie tippen auf die Taste 123 und halten sie gedrückt. Ziehen Sie nun den Finger zum gewünschten Zeichen und heben Sie jetzt erst den Finger vom Display. Sogleich wird das Zeichen erscheinen und Sie sind wieder im vorherigen Tastaturlayout.

Sollten Ihnen die akustischen Rückmeldungen während des Eintippens nicht gefallen, dann können Sie sie unter *Einstellungen –> Töne –> Tastaturanschläge* deaktivieren.

▶❙ Tastatur 02_11

http://ipados2023.amac-buch.de/#02_11

Die virtuelle Tastatur am iPad kann vielseitig genutzt werden. So sind andere Tastaturlayouts möglich, ebenso kann über Spracheingabe „getippt" werden. Diese und viele weitere Funktionen sehen Sie in diesem Film.

!

Es gibt noch eine Funktion in Bezug auf die Texteingabe und die Korrekturleiste. Wenn Sie z. B. in der Nachrichten-App ein Wort eintippen und es dafür ein entsprechendes Emoji gibt, dann können Sie das getippte Wort über die Korrekturleiste durch das Emoji austauschen lassen. Der manuelle Wechsel zur Emoji-Tastatur entfällt dadurch.

▶❙ Text markieren, formatieren, editieren etc. 02_12

http://ipados2023.amac-buch.de/#02_12

Ist ein Text geschrieben, soll er z. B. formatiert werden. Dazu muss er vorher markiert werden. Wie das funktioniert und was dabei noch möglich ist (wie das Nachschlagen im Lexikon) zeigt dieser Film. Ebenso kann Text zwischen verschiedenen Apps ausgetauscht werden (Kopieren, Einsetzen, etc.). Das geht über die Zwischenablage oder per Drag & Drop und Split View oder mit Gesten. Lassen Sie sich überraschen.

Sofern Sie eine Maus mit dem iPad verbunden haben bzw. über ein Magic Keyboard verfügen, dann können Sie den Cursor via Mauszeiger (eben wie an einem Computer) an jede beliebige Textstelle bringen und hinklicken. Auf der virtuellen Bildschirmtastatur tippen Sie am besten auf die Leertaste und halten diese für ca. 1,5 Sekunden und bleiben weiterhin aufgedrückt, dann verwandelt sich die Tastatur in ein Feld und nun ziehen Sie auf diesem Feld den Finger an eine beliebige Textstelle.

Bluetooth-Tastatur

Per Bluetooth *(Einstellungen –> Bluetooth)* lässt sich sehr einfach eine externe Tastatur mit dem iPad verbinden. Wer mit der Softwaretastatur nicht so recht klarkommt, kann so das Problem lösen und mit einer „richtigen" Tastatur schreiben.

Besonders sinnvoll ist, dass Sie mit der kabellosen Apple-Tastatur eine Reihe von hilfreichen Funktionen in Zusammenarbeit mit dem iPad bekommen:

- Die *CD-Auswurftaste* blendet die Tastatur ein und aus.
- *F10* stellt den Ton ab, mit *F11* verringern Sie die Lautstärke, mit *F12* erhöhen Sie sie.
- *F1* und *F2* machen das Display dunkler beziehungsweise heller.
- Besonders dann gut, wenn Sie am iPad Musik hören: *F8* steht für Play und Pause, drücken Sie zweimal *F7*, rufen Sie darüber den Track davor (einmal Drücken springt zum Anfang des Liedes) und mit *F9* rufen Sie den Titel danach auf. Wenn Sie *F7* oder *F9* gedrückt halten, spulen Sie schnell zurück oder nach vorne.
- Mit der *Tabulatortaste* springen Sie beim Erstellen einer neuen E-Mail der Reihe nach die einzelnen Eingabefelder an. Beim Ausfüllen eines Webformulars gelangen Sie damit ebenfalls zum jeweils nächsten Feld. In reinen Textfeldern erstellen Sie damit einen Einzug.
- Die *Cursortasten* können dazu verwendet werden, die Einfügemarke zu verschieben. Wird zusätzlich die Shift-Taste gedrückt gehalten, wird der Text zeichenweise, bei Navigation nach oben oder unten zeilenweise markiert.
- Haben Sie eine Bluetooth-Tastatur mit Ihrem iPad verbunden, halten Sie in den Apple-eigenen Apps doch mal die *cmd*-Taste gedrückt. Dann informiert Sie das System über nützliche Tastenkürzel, die Ihnen das Leben mit dem iPad noch einfacher machen.

Diese und weitere wichtige Shortcuts ausgewählter Apps finden Sie in den nachfolgenden Tabellen:

App-übergreifende Tastenkürzel	
Spotlight-Suche aufrufen	cmd + Leertaste
Homescreen zeigen	cmd + H
Zwischen den Apps wechseln	cmd + Tab bzw. cmd + Shift + Tab
Suche aktivieren in Safari, Notizen, Karten, Pages, Keynote, Numbers etc.	cmd + F
Markierten Text formatieren z. B. in Notizen, Pages, Numbers, Keynote, etc.	cmd + B (Fett) , cmd + U (Unterstrichen), cmd + I (Kursiv)
Aktion abbrechen	esc
Cursor bewegen	Cursortasten
Entfernen-Taste (buchstabenweise nach rechts löschen)	fn + Backspace

Via „cmd + Tab" kann man – wie bei macOS – die App wechseln.

Safari	
An den Anfang bzw. das Ende der Webseite springen	cmd + Cursor nach oben bzw. nach unten
Neue URL eintippen	cmd + L
Neuen Tab öffnen	cmd + T
Zweites Fenster in Split View öffnen	cmd + N
Tab schließen	cmd + W
Zwischen Tabs wechseln	ctrl + Tab bzw. ctrl + Shift + Tab
Reader-Ansicht öffnen bzw. verlassen	cmd + Shift + R
Internetseite neu laden	cmd + R

! In Safari gibt es noch viel mehr Tastenkürzel als die hier aufgelisteten. Halten Sie einfach die cmd-Taste in Safari gedrückt und Sie haben fünf Fenster voller Shortcuts im Überblick.

Mail

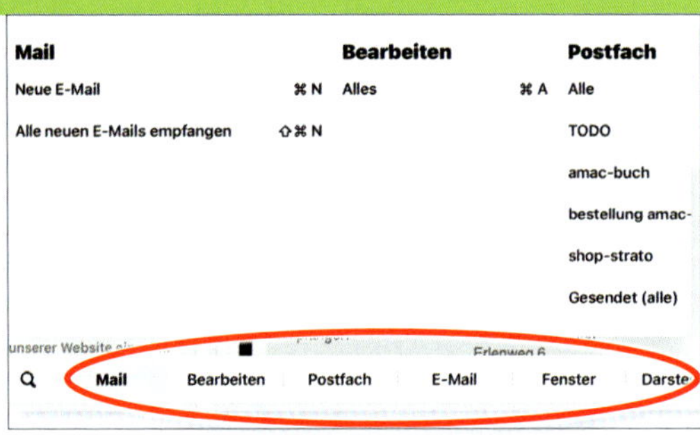

Neben „cmd + N" (Neue E-Mail) gibt es eine Reihe von weiteren Tastenkürzeln, die Sie am unteren Rand durch Antippen einblenden können.

Kalender	
Tages-, Wochen-, Monats- oder Jahresansicht	cmd + 1, cmd +2, cmd + 3, cmd +4
Den heutigen Tag anzeigen	cmd + T
Neuen Termin erstellen	cmd + N

Notizen	
Checkliste erstellen	cmd + alt + L
Checklistenpunkt abhaken	cmd + Shift + U
Text als Überschrift bzw. als Titel formatieren	cmd + alt + H bzw. T

> **!** Unter **Einstellungen -> Allgemein -> Tastatur -> Hardwaretastatur -> Sondertasten** können Sie, falls notwendig, ihre Tastatur den Bedingungen des iPads anpassen.

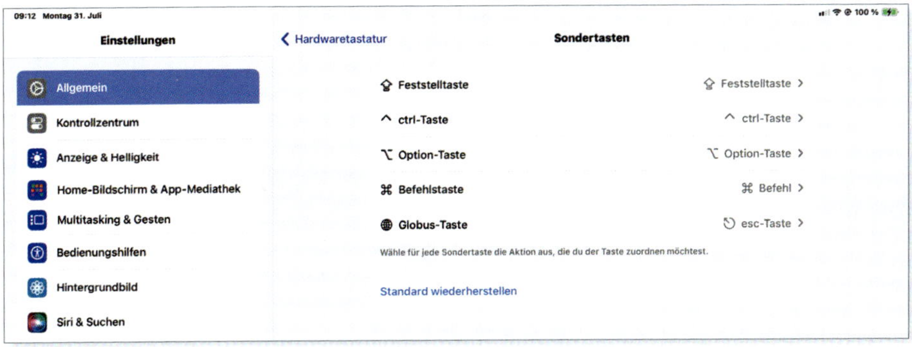

Via Sondertasten kann die Tastenbelegung wichtiger Funktionen definiert werden. Viele Anwender nutzen so die Globus-Taste als esc-Taste.

Smart Keyboard bzw. Magic Keyboard

Alle Funktionen, die bis hierher für eine Bluetooth-Tastatur beschrieben wurden, gelten auch für das Smart Keyboard bzw. das Magic Keyboard.

Es gibt lediglich drei relevante Unterschiede:

1. Diese Tastaturen wird nicht über Bluetooth mit dem iPad Pro gekoppelt, sondern über die drei Anschlusspins (Smart). Darüber wird das Keyboard mit Strom versorgt, und zugleich laufen hierüber auch die Daten.

Das Smart Keyboard benötigt kein Bluetooth.

2. Auf der Tastatur des Smart Keyboards finden Sie ganz links unten ein Weltkugelsymbol, mit dem Sie sehr einfach zwischen verschiedenen Tastaturen wechseln können.

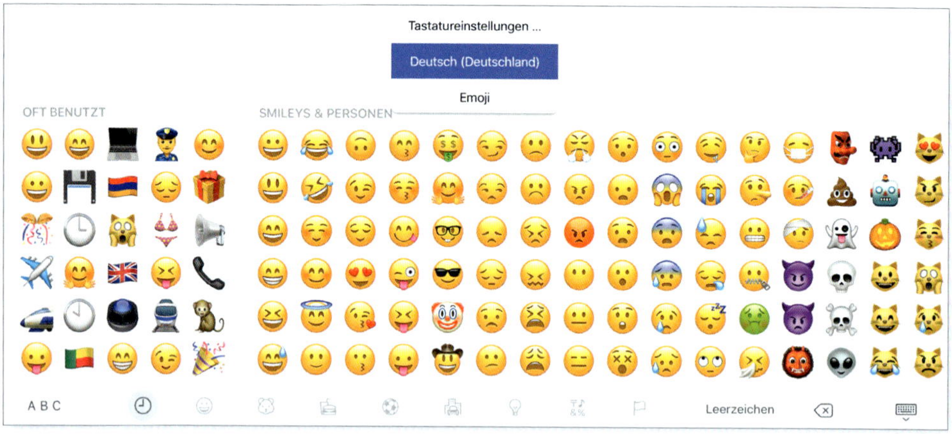

Über die Taste mit dem Weltkugelsymbol können Sie rasch zwischen verschiedenen Tastaturen wechseln.

3. Das Smart Keyboard bzw. Magic Keyboard besitzen leider keine Funktionstasten, so dass einige der vorhin erwähnten Tastenkürzel hier nicht verwendbar sind.

Apple Pencil für das iPad

Wie ist der Apple Pencil mit dem iPad zu verbinden? Ganz einfach:

Stecken Sie den Pencil in den Lightning-Anschluss des iPad. Daraufhin sollte Bluetooth aktiviert werden, um die Kopplung herzustellen.

Den Apple Pencil der zweiten Generation müssen Sie einfach nur auf die lange Kante des iPads legen. Sofort wird der Pencil a) geladen und b) gekoppelt

▶I Apple Pencil 02_13

http://ipados2023.amac-buch.de/#02_13

Natürlich kann man mit dem Apple Pencil zeichnen. Doch noch besser sind die Funktionen **Bildschirmfoto** und **Anmerkungen**. Wie das geht, sehen Sie in diesem Video.
Und über ein **Widget** kann der Ladezustand des Pencils eingesehen werden. Seit iPadOS 14 sieht das Batterien-Widget anders aus, erfüllt aber die gleiche Funktionalität.

Sind Apple Pencil und iPad verbunden, dann können Sie direkt loslegen. Sie können mit dem Apple Pencil alles das tun, was Sie auch mit einem Finger tun können: Scrollen, Antippen, den Wackelmodus starten etc.

Aber der Pencil kann noch mehr. Voraussetzung hierfür ist die Verwendung geeigneter Apps wie Notizen, Paper, Adobe Comp CC, Microsoft Office für das iPad. Alle diese und viele weitere Apps für erlauben das Skizzieren und Zeichnen auf dem iPad. Da der Apple Pencil auf Druck und Neigung reagiert, können Sie ganz einfach auch unterschiedlich starke Linien zeichnen, Objekte schraffieren und vieles mehr tun. Abhängig von den Zeichenwerkzeugen der App lässt sich so mit dem Apple Pencil sehr kreativ und intuitiv arbeiten.

! Achten Sie im App Store darauf, dass die gewünschte App explizit die Zusammenarbeit mit dem Apple Pencil anbietet. Denn es gibt für das iPad auch andere Stifte, die verwendet werden können, aber nicht den Funktionsumfang und die Genauigkeit des Apple Pencils aufweisen.

Die App „Paper" (https://apps.apple.com/de/app/paper/id506003812) ist ein prima Werkzeug, um den Apple Pencil auszutesten.

Aber auch die Apple-eigenen Apps wie Notizen, Freeform oder Mail funktionieren prima in Zusammenarbeit mit dem Apple Pencil.

▶I Handschrift mit dem Apple Pencil 02_14

http://ipados2023.amac-buch.de/#02_14

Seit iPadOS 14 und der Kritzeln-Funktion können Sie nun nahezu überall Text mit dem Pencil handschriftlich eintragen. Dieser wird dann als Text erkannt und weiter verarbeitet. Zudem kann Text durchgestrichen und damit gelöscht werden. Wenn Sie geometrische Objekte zeichnen und nach Vollendung noch einen Moment am Endpunkt verweilt, versucht das iPad die Form zu erkennen und korrekt zu zeichnen. Was noch alles möglich ist, sehen Sie in diesem Film.

! Während Sie mit dem Apple Pencil zeichnen, ist es übrigens kein Problem, den Handballen auf das iPad abzustützen. Das iPad erkennt das automatisch und interessiert sich dabei nicht für Ihren Handballen.

Zudem kann der Apple Pencil neben dem Erstellen von Bildschirmfotos auch für die Schnellnotizen verwendet werden *(Einstellungen –> Apple Pencil –> Stiftgesten)*.

iCloud

Apple bietet seit Herbst 2011 einen Cloud-Dienst mit dem Namen *iCloud* an. Dieser Dienst steht jedem iPad-, iPhone-, Mac- oder Windows-Anwender kostenlos zur Verfügung. Der iCloud-Account umfasst 5 GByte kostenlosen Speicherplatz für Mails, Dokumente und Backups. Die gekauften Musiktitel, Apps, Bücher und TV-Sendungen werden nicht auf den Account angerechnet. Er reicht also aus, um eine ganze Menge Bilder, Videos, E-Mails und Dokumente in der Cloud zu speichern. Bei Bedarf kann zusätzlich kostenpflichtiger Speicher erworben werden, der zu den kostenfreien 5 GByte hinzugefügt wird.
Die Konditionen sehen zur Zeit (Stand: Oktober 2023) so aus:

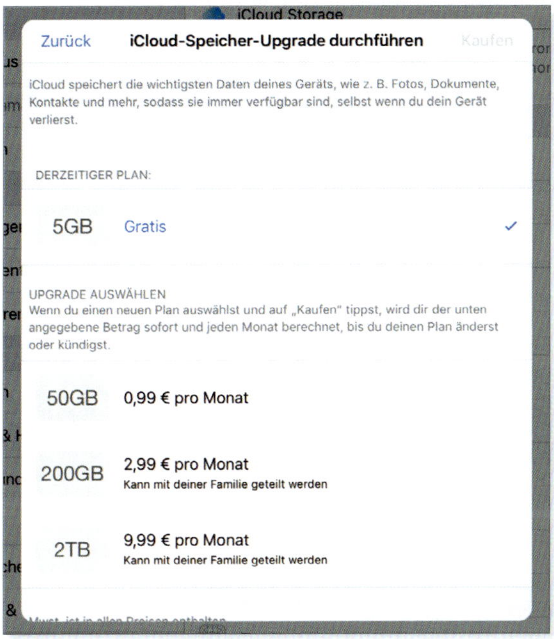

Zusätzlicher Speicherplatz für iCloud ist nicht kostenlos.

Voraussetzung für iCloud ist eine gültige Apple-ID. Wenn Sie eine besitzen, müssen Sie sich damit in den *Einstellungen* bei *iCloud* anmelden. Nach erfolgreicher Aktivierung von iCloud lassen sich die einzelnen Funktionen einschalten.

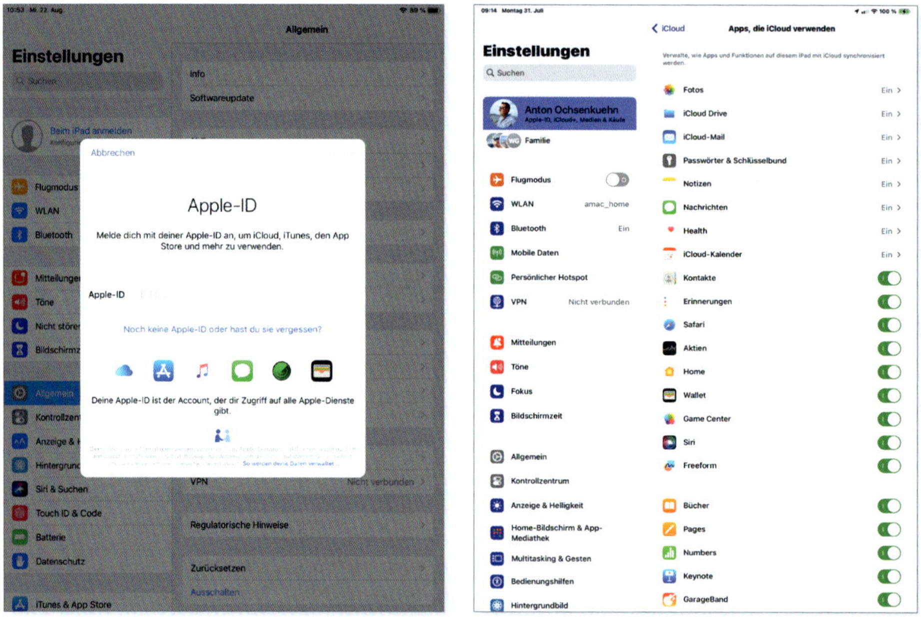

Der Zugang zu iCloud ist sehr schnell eingerichtet, wenn Sie Ihre Apple-ID angeben.

Da das Thema iCloud sehr umfangreich ist und den Rahmen dieses Buches sprengen würde, empfehle ich Ihnen das Buch „iCloud & Apple-ID“. In diesem Buch wird ausführlich über die Vorzüge, Möglichkeiten und Einstellungen der Apple-ID und iCloud berichtet.

iCloud & Apple-ID, ISBN 978-3-95431-085-2, € 22,50, amac-buch Verlag

Accountwiederherstellung für iCloud

Wenn Sie die iCloud verwenden, dann werden darin sehr viele Ihrer Daten verwaltet. Sollten Sie Ihr Passwort oder den Gerätecode mal vergessen haben, dann hilft Ihnen ein *Wiederherstellungsschlüssel* und/oder eine Kontaktperson.

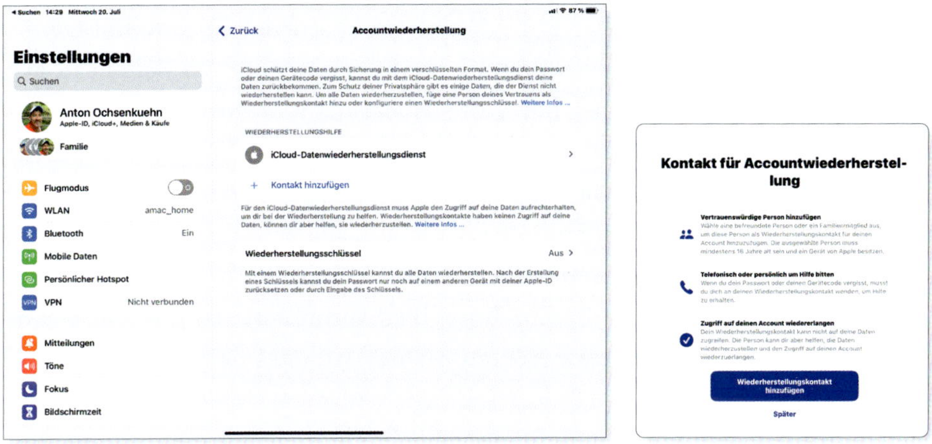

Via „Einstellungen –> Ihr Name (Apple-ID, iCloud, Medien & Käufe) –> Anmeldung & Sicherheit –> Account-Wiederherstellung" können Sie einen Schlüssel und/oder eine Kontaktperson benennen.

Die Kontaktperson muss zwingend ein Apple-Produkt besitzen.

> **!** Unterhalb der **Accountwiederherstellung** gibt es zudem den **Nachlasskontakt**. Die hier angegebene Person darf nach Ihrem Ableben auf Ihre iCloud-Daten zugreifen.

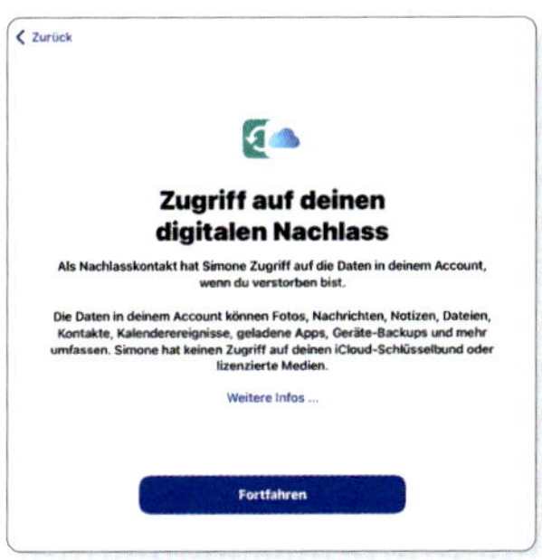

Auch darum sollte man sich im digitalen Zeitalter kümmern.

Weitere Informationen hierzu finden Sie auf dieser Webseite:
https://support.apple.com/de-de/HT212360

AirPods

Sie sehen nicht nur extrem schick aus, sie überzeugen auch durch ihren Tragekomfort und begeistern durch eine hohe Akkulaufzeit: die kabellosen AirPods. Die Air Pods verbinden sich per Bluetooth faktisch mit jedem Gerät – also auch mit dem iPhone, dem iPad, der Apple Watch und natürlich mit Ihrem Mac.

Ist die Kopplung vollzogen, genügt es, die Kopfhörer aus der Schale zu nehmen, ins Ohr zu stecken und schon kann es losgehen. Sie erhalten zudem eine kurze akustische Rückmeldung, dass die AirPods bereit sind und sich erfolgreich mit einem Gerät verbunden haben. Die Schale lädt übrigens die Kopfhörer während des Nichtbenutzens automatisch wieder auf. Die Schale selbst verfügt über einen Lightning-Anschluss und kann über ihn aufgeladen werden.

Wollen Sie die AirPods z. B. mit einem iPad verbinden, dann öffnen Sie die Schale in der Nähe des Geräts. Achten Sie darauf, dass beim iPad Bluetooth eingeschaltet ist.

Tippen Sie auf „Verbinden" und halten Sie die Taste auf der Rückseite der AirPod-Schale gedrückt. Schwups ist die Verbindung hergestellt.

Sobald die Verbindung steht, sollten Sie noch in die *Einstellungen -> Bluetooth* navigieren. Tippen Sie dort das *i* hinter den AirPods an, um einige Feinheiten konfigurieren zu können. Alternativ verwenden Sie die schnellere Möglichkeit, direkt links in der Leiste Ihre AirPods anzutippen.

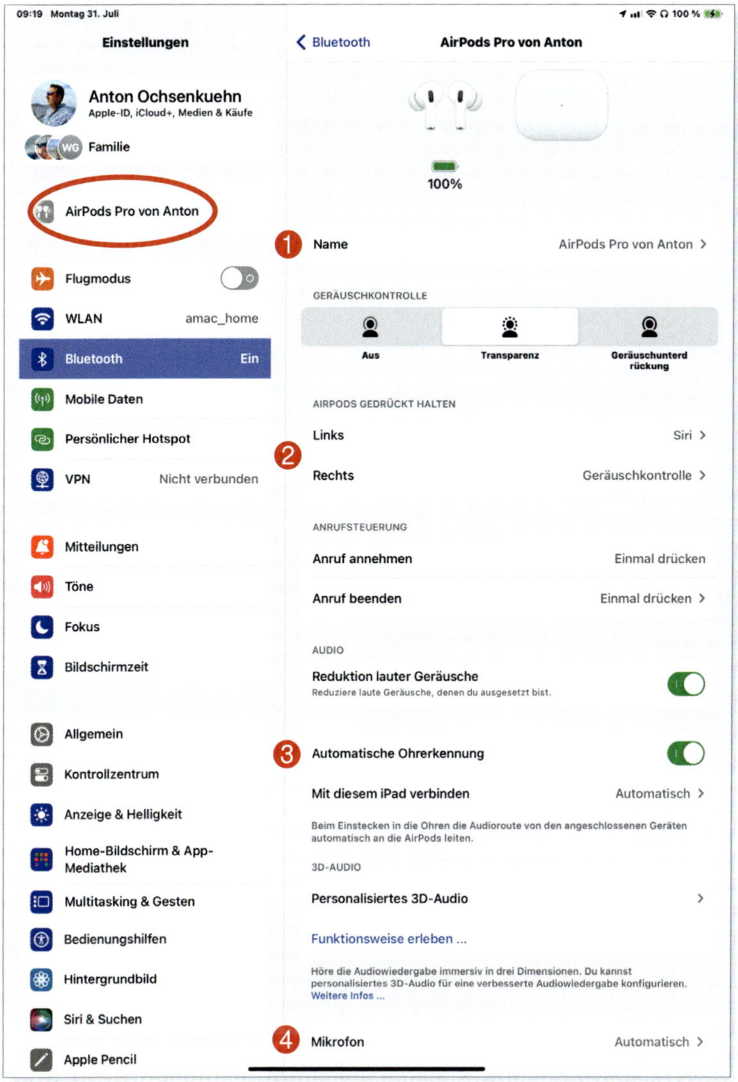

Über die Bluetooth-Einstellungen können Sie die AirPods noch detaillierter anpassen.

Natürlich können Sie Ihren AirPods einen eigenen Namen geben ❶. Dieser Name wird dann auch verwendet, wenn Sie die AirPods beispielsweise mit der Apple Watch koppeln.

Interessant sind die Einstellungen bei *Auf AirPod doppeltippen bzw. AirPods gedrückt halten* ❷. Dort können Sie getrennt für die beiden Kopfhörer definieren, was bei einem Doppeltipp passieren soll. Zur Verfügung stehen: *Siri, Wiedergabe/Pause, Nächster Titel, Vorheriger Titel, Deaktiviert*. Ich verwende *Siri* auf dem rechten AirPod und *Nächster Titel* auf dem linken.

Die *Automatische Ohrerkennung* ❸ habe ich bereits erwähnt: AirPods aus der Schale nehmen, in beide Ohren stecken und schon geht's los. Und zu guter Letzt können Sie noch angeben, ob der linke oder der rechte AirPod sein Mikrofon für z. B. Siri zur Verfügung stellen soll oder beide aktiv sind ❹.

Wenn Sie nun Musik hören, können Sie über das Kontrollzentrum relativ einfach auf die AirPods oder andere Lautsprecher umschalten. Um die erweiteren Funktionen der Musiksteuerung zu öffnen, müssen Sie sie etwas länger antippen. Anschließend tippen Sie rechts oben auf das AirPlay-Symbol.

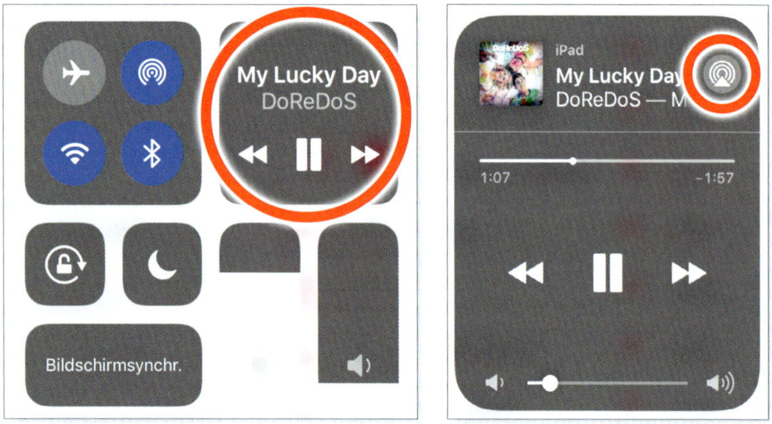

Über die Musiksteuerung im Kontrollzentrum gelingt das Umschalten auf die AirPods im Handumdrehen.

Sogleich erscheinen alle potenziellen Wiedergabegeräte. Tippen Sie dann auf die AirPods, und schon hören Sie Musik etc. bequem über diese innovativen Kopfhörer. Die Lautstärke regeln Sie dabei am iPad.

Kapitel 3 Nichts verpassen

Das iPad ist nicht nur ein einfaches Tablet, sondern vielmehr eine Schaltzentrale für das tägliche Leben. Mit ihm können Termine verwaltet, Nachrichten verschickt und empfangen, Orte gesucht und Neuigkeiten erhalten werden. Die Informationen, die dadurch fast minütlich auf dem iPad angezeigt werden, können manchmal nervig werden. Es stellt sich auch sehr schnell das Gefühl ein, etwas zu verpassen, wenn man nicht alle fünf Minuten auf das Display sieht. Aber keine Sorge – auf dem iPad verpassen Sie nichts! Alle Informationen von den verschiedenen Diensten und Anwendungen werden gesammelt und können zu jedem beliebigen Zeitpunkt abgerufen und auch durchsucht werden.

In diesem Kapitel erfahren Sie, welche Möglichkeiten und Funktionen das iPad bietet, um z. B. Mitteilungen anzuzeigen oder um etwas auf dem iPad, im Internet oder an bestimmten Orten zu finden. Des Weiteren lernen Sie die Widgets kennen, mit deren Hilfe Sie sich die Informationen der verschiedenen Apps gesammelt und übersichtlich anzeigen lassen können.

Mitteilungen

Was sind Mitteilungen? Dabei handelt es sich nicht um SMS-Nachrichten oder iMessages, sondern vielmehr um Benachrichtigungen von einzelnen Apps, z. B. von der App FaceTime, dass Sie einen Anruf verpasst haben. Die Mitteilungen lenken Ihre Aufmerksamkeit also durch kleine Nachrichten auf die diversen Apps, bei denen gerade etwas passiert ist. Die Mitteilungszentrale wiederum sammelt alle diese Nachrichten der Apps. Dort können Sie dann jederzeit die Mitteilungen in Ruhe durchsehen und natürlich auch entfernen.

Wer darf Mitteilungen erzeugen?

Bevor wir uns die Mitteilungszentrale genauer ansehen, sollten Sie zuerst kontrollieren, welche Apps überhaupt das Recht haben, Mitteilungen zu generieren bzw. Ihre Mitteilungen in der Zentrale darzustellen. Die Darstellungsart legen Sie bei *Einstellungen –> Mitteilungen –> Anzeigen als (Anzahl, Stapel, Liste)* fest.

Dazu müssen Sie *Einstellungen –> Mitteilungen* öffnen. Dort sind alle Apps aufgelistet, die eine Mitteilung machen können. Sie können nun in den Apps individuell einstellen, in welcher Art und Weise eine Mitteilung erfolgt und ob sie auch in der Mitteilungszentrale aufgelistet werden soll. Wenn Sie eine App antippen, z. B. *Erinnerungen*, können Sie anschließend die Einstellungen einsehen und ändern.

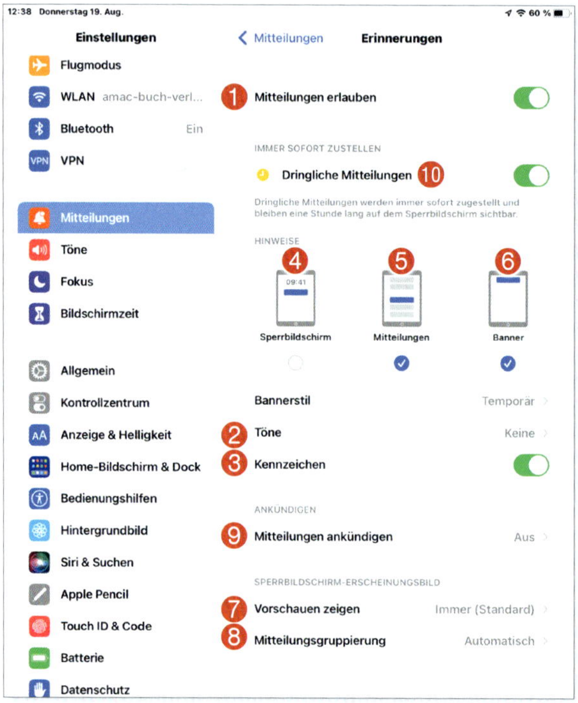

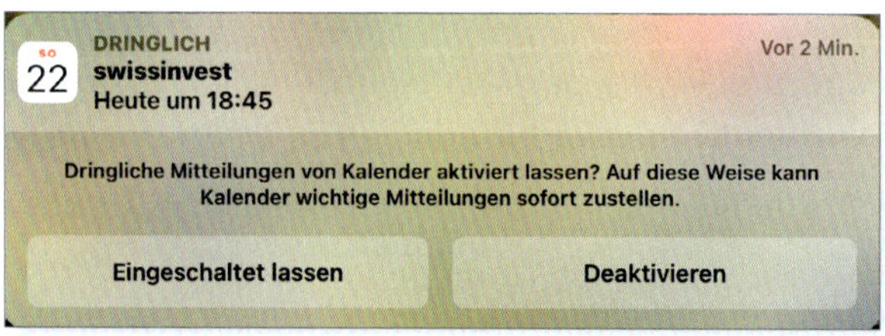

Unter „Einstellungen –> Mitteilungen" sind alle Apps aufgelistet, die Mitteilungen generieren (oben). „Dringliche Mitteilungen" 10 werden stets zugestellt (unten).

❶ *Mitteilungen erlauben:* Mit diesem Regler können Sie festlegen, ob die jeweilige App Mitteilungen machen darf oder nicht. Wenn Sie den Regler auf *Aus* stellen, sind die darunterliegenden Funktionen ausgeblendet.

❷ *Töne:* Auf jede neue Mitteilung wird nicht nur visuell, sondern auch akustisch hingewiesen. Welcher Hinweiston dabei ertönt, können Sie hier definieren.

❸ *Kennzeichen:* Das sind die kleinen weiß-roten Ziffern, die bei den App-Symbolen auftauchen, wenn es z. B. eine neue E-Mail oder Nachricht gibt. Anhand der Ziffern können Sie dann erkennen, wie viele neue Nachrichten oder E-Mails es gibt. Wenn die Ziffern Sie stören, schalten Sie diese Funktion aus.

❹ *Sperrbildschirm:* Wenn diese Funktion aktiviert ist, werden die Mitteilungen nicht nur auf dem Home-Bildschirm angezeigt, sondern auch auf dem Sperrbildschirm, falls das iPhone gesperrt ist.

❺ *Mitteilungen:* Mit dieser Option gestatten Sie der App ihre Mitteilungen auch im Nachrichtenverlauf des Sperrbildschirms bzw. Deckblattes aufzulisten. Dadurch werden also auch ältere Mitteilungen noch aufgelistet.

❻ *Banner* und *Bannerstil:* Hier können Sie noch festlegen, ob die Mitteilung als Banner auf dem Display erscheinen soll, und wie lange. Direkt darunter bei *Bannerstil* stellen Sie ein, auf welche Art und Weise das Banner erscheinen soll. Die Option *Temporär* lässt das Banner nur einige Sekunden eingeblendet, während die Option *Dauerhaft* das Banner solange sichtbar lässt, bis der Anwender auf die Mitteilung reagiert.

! Bei Nachrichten, Mail, Kalender, Erinnerungen, WhatsApp etc. kann zudem noch eingestellt werden, ob die Mitteilungszentrale nur den Hinweis auf eine eingegangene E-Mail bzw. eine erhaltene Nachricht anzeigt oder auch einiges aus dem Inhalt **(Vorschauen zeigen ❼)**.

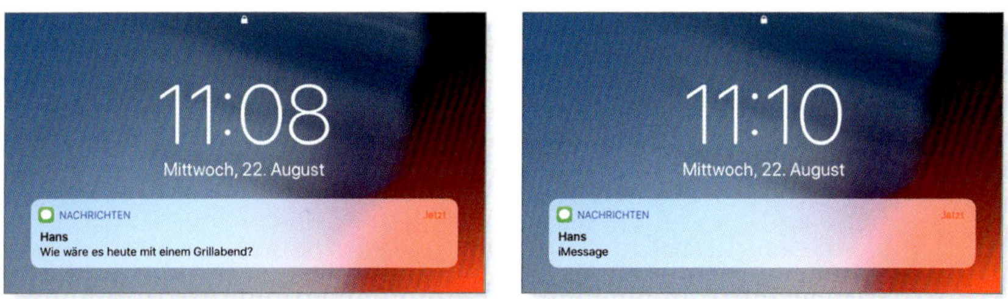

Um die Nachrichtenvorschau zu verbergen, deaktivieren Sie „Vorschauen zeigen ❼". Zudem können Sie für die App „Nachrichten" Wiederholungshinweise festlegen (bis zu 10-mal!)

8 *Mitteilungsgruppierung*: Mit dieser Einstellung können Sie festlegen, dass Mitteilungen aus der gleichen Quelle, wie z. B. Mail, als Gruppe in der Mitteilungszentrale angezeigt werden.

9 *Ankündigen:* Ist diese Funktion aktiv, kann Siri ankommende Mitteilungen vorlesen.

▶I Mitteilungszentrale 03_01

http://ipados2023.amac-buch.de/#03_01

Mitteilungen sammeln sich in der Mitteilungszentrale. Von dort aus kann man bisweilen direkt antworten oder weitere Einstellungen vornehmen. In diesem Video sehen Sie, wie einfach das funktioniert.

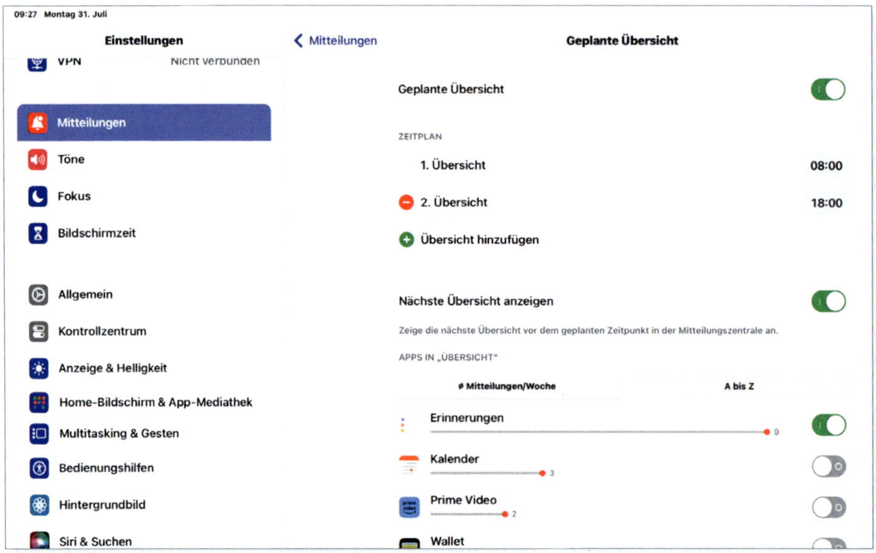

Via „Einstellungen –> Mitteilungen –> Geplante Übersicht" können Sie zudem Zeitpläne erstellen, wann Ihnen welche Mitteilungen dargestellt werden.

Sperrbildschirm

Seit iOS 11 wurden die Mitteilungszentrale und der Sperrbildschirm zusammengelegt. Wenn Sie nun im Sperrbildschirm die verpassten Mitteilungen sehen wollen, müssen Sie mit dem Finger nach oben wischen. Im Sperrbildschirm stehen Ihnen dann alle Funktionen zur Verfügung, die Sie auch sonst in der Mitteilungszentrale nutzen.

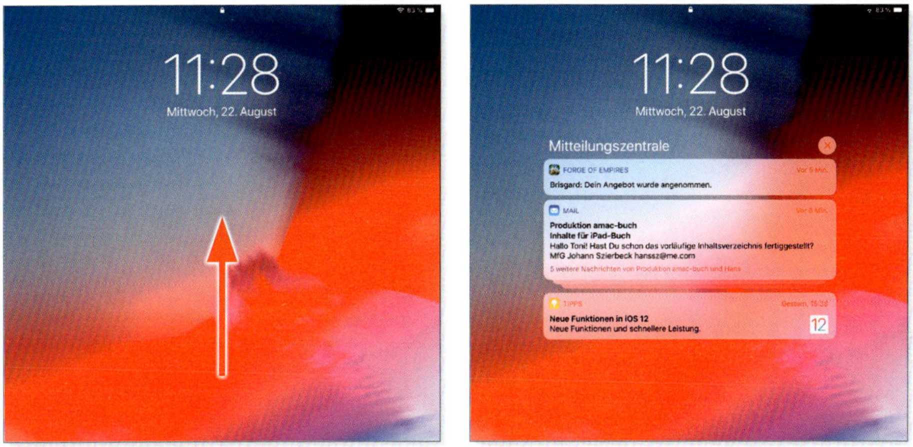

Wenn man im Sperrbildschirm von der Mitte nach oben wischt, erhält man die Mitteilungszentrale.

Weiterhin lässt sich festlegen, welche Informationen auf dem Sperrbildschirm angezeigt werden sollen. Dazu müssen Sie *Einstellungen –> Touch ID/Face ID & Code* öffnen. Im unteren Bereich können Sie dann einstellen, was im Sperrbildschirm angezeigt wird bzw. erlaubt sein soll.

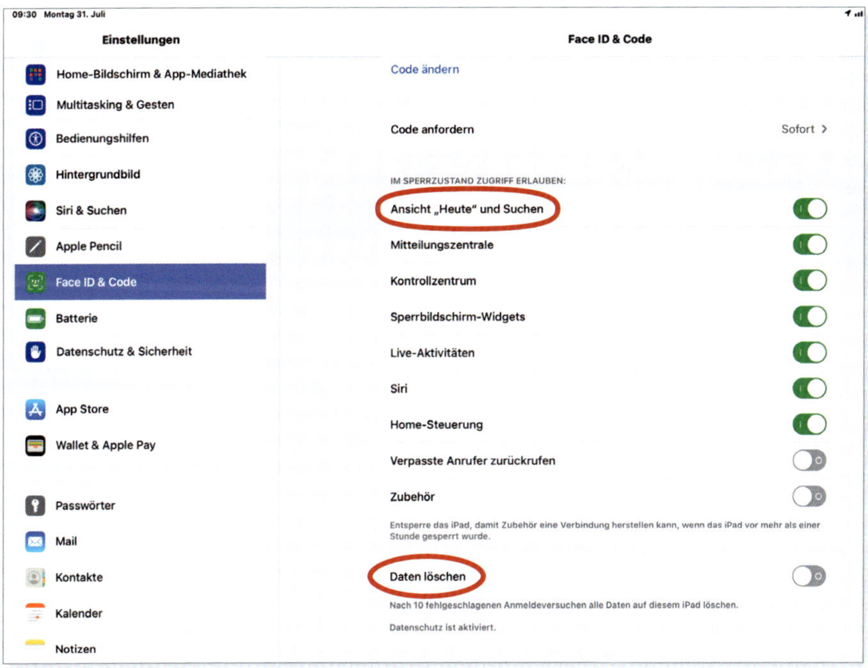

Unter „Einstellungen –> Touch ID & Code bzw. Face ID & Code“ definieren Sie, was der Sperrbildschirm anzeigen soll. Auch das automatische Löschen des iPads nach zehn fehlgeschlagenen Anmeldeversuchen kann hier aktiviert werden.

! Wenn Sie die Option **Ansicht „Heute" und Suchen** deaktivieren, dann haben Sie im Sperrbildschirm keinen Zugriff mehr auf die Widgets (siehe nächsten Abschnitt).

Widgets

Widgets sind eine andere Art von Elementen zur einfachen und schnellen Bedienung des iPads. Widgets sind kleine Ableger ihrer Apps. Sie zeigen in einem eigenen Fenster die wichtigsten Informationen an, z. B. aktuelle Nachrichten oder Restaurants in der unmittelbaren Umgebung. Mit den Widgets erhalten Sie also sofort wichtige Informationen, ohne die jeweilige App öffnen zu müssen.

▶❙ Widget-Ansichten 03_02

http://ipados2023.amac-buch.de/#03_02

Definieren Sie, welche Widgets in der **Heute-Ansicht** dargestellt werden sollen und wie sich die Ansicht als Ganzes verhalten soll. Zudem können seit iPadOS 15 Widgets ebenfalls auf dem Home-Bildschirm sowie auf dem Sperrbildschirm erscheinen. Wie das alles funktioniert, sehen Sie in diesem Film.

Suchfunktion Spotlight

Hinter dem Schlagwort „Spotlight" verbirgt sich die Suchfunktion des iPads. Mit Spotlight lassen sich fast alle Dinge sehr schnell auf dem iPad finden. Die Spotlight-Suche beschränkt sich aber nicht nur auf die Inhalte des iPads, sondern auch eine Websuche und eine Wikipedia-Suche sind integriert. Spotlight forscht auf Wunsch sogar im App Store und im iTunes Store nach.

Die Spotlight-Suche wird einfach dadurch eingeblendet, indem Sie den Home-Bildschirm mit dem Finger von der Mitte aus nach unten schieben. Ganz oben sehen Sie dann die Spotlight-Eingabezeile (*Suchen*). Dort müssen Sie dann nur noch den Suchbegriff eintippen, und die Ergebnisse werden direkt darunter angezeigt. Wenn Sie anschließend auf das gewünschte Ergebnis tippen, wird die dazugehörige App geöffnet und die Fundstelle angezeigt.

Die Suche nach „erich“ ergab zahlreiche Treffer auf dem iPad bzw. dem Internet.

> **!** Wenn Sie auf **Mehr Ergebnisse anzeigen** ❶ tippen, wird das Feld aufgeklappt und Sie sehen alle Ergebnisse. Sie können aber auch auf **In App suchen** ❷ tippen, um die Suche auf die jeweilige App zu beschränken.

Wenn Sie weiter nach unten scrollen, werden Sie feststellen, dass nicht nur lokale Kontakte, E-Mails, Apps, Nachrichten oder das eigene Lexikon durchsucht wurden, sondern dass auch Vorschläge für Filme, Websites, Apps und dergleichen aufgelistet sind. Das lässt sich aber ändern. Sie können genau festlegen, welche Ergebnisse Spotlight auflisten soll. Dazu müssen Sie *Einstellungen* –> *Siri & Suchen* öffnen. Sie können dort nun gezielt festlegen, von welcher App bzw. Funktion Sie das Suchergebnis in Spotlight haben wollen.

▶I Suche konfigurieren und in Apps verwenden 03_03

http://ipados2023.amac-buch.de/#03_03

Die Spotlight-Suche findet alles, wenn Sie das zulassen und kann nicht nur systemweit sondern in vielen Apps direkt zum Einsatz kommen.
Andere Apps verwenden für die Suchfunktion das Symbol einer Lupe. Die Apps **Kalender, Musik** und **Fotos**, etc. haben diese Lupe. Sie müssen das Symbol nur antippen, um die Suche zu aktivieren.

Hinweise in Karten

Nicht nur Spotlight kann Ihnen bei der Suche behilflich sein. Speziell wenn es um bestimmte Orte geht, ist die App *Karten* die erste Wahl. Geben Sie in das Suchfeld der Karten-App beispielsweise „Basel Restaurant“ ein, dann erhalten Sie im Handumdrehen eine Liste von Treffern, die zudem in der Kartendarstellung sogleich angezeigt werden.

! Wollen Sie noch mehr Vorschläge sehen, dann schieben Sie die Liste weiter nach oben.

Neben der Suche nach Restaurants klappt auch die Suche nach Hotels, Shopping, Apotheken etc. Das funktioniert nicht nur in der Stadt Basel. ;-)

Die Karten-App hat aber noch mehr zu bieten: Sobald Sie den Fokus auf das Eingabefeld legen, indem Sie es antippen, können Sie rund um Ihren aktuellen Standort nach verschiedenen Adressen suchen lassen. Wenn Sie z. B. auf der Suche nach einem Restaurant sind, dann tippen Sie auf *Restaurants oder Cafés* – und schon werden alle Lokale in der unmittelbaren Umgebung aufgelistet. Die Liste kann dann sogar noch verfeinert werden: Bestimmen Sie zudem, welche Art von Restaurant Sie suchen. Und richtig geraten: Wenn Sie z. B. „bahnhof" eintippen, dann erscheinen alle Bahnhöfe in der Nähe wohingegen bei „ladestation" alle E-Auto-Ladestationen erscheinen; „geldautomat" oder „apotheke" kann vor allem im Urlaub ganz nützlich sein :-).

Nachschlagen in der Fotos-App

Vielleicht geht es Ihnen manchmal so wie mir: Man steht in einer Stadt vor einer Sehenswürdigkeit oder einem Denkmal und möchte nun rasch weitere Informationen dazu haben. Nichts leichter als das. Schiessen Sie dazu mit der Kamera-App ein Foto und wechseln anschließend in die Fotos-App, wo Sie das Bild ausfindig machen sollten. Schieben Sie nun das Bild ein wenig nach oben.

Via „Nachschlagen" finden Sie sehr häufig und vor allem sehr schnell weitere Informationen zu Ihrem Objekt vor der Linse.

> **!** Probieren Sie die Funktion doch mal mit einer Blume, einem Baum oder anderem Gewächs aus und Sie werden staunen, wie schnell und zuverlässig das iPad Ihnen auch hier weiter helfen wird.

Kapitel 4 Kommunikation

Mit einem Tablet wie dem iPad kann man über verschiedene Wege kommunizieren. Es gibt eine Reihe von Kommunikationsarten die eine Internetverbindung nutzen. Diese Kommunikation erfolgt über iMessage, E-Mail und FaceTime. Der Vorteil dieser Kommunikationswege ist, dass man nicht nur Textnachrichten, sondern auch Bilder und Videos versenden kann. In diesem Kapitel erfahren Sie, wie Sie die Apps *Nachrichten*, *Mail* und *FaceTime* nutzen können, um mit anderen Personen über Ihr iPad zu kommunizieren.

Nachrichten

Die App *Nachrichten* ist auf dem iPad vorinstalliert und kann zum Versenden von Textnachrichten, Sprachnachrichten, Bildern und Videos genutzt werden. Die App verwendet iMessage zum Versenden von Nachrichten. Eine iMessage, ein Service von Apple, wird über das mobile Datennetz, also das Internet, verschickt und verursacht deswegen keinerlei Zusatzkosten. Aus diesem Grund ist der Einsatz von iMessage zu bevorzugen.

! iMessage hat aber auch einen Nachteil: iMessage-Nachrichten können nur zwischen Apple-Geräten (iPad, iPhone, Mac und Apple Watch) verschickt werden, und der Empfänger muss eine Apple-ID besitzen.

iMessage aktivieren

Damit Sie mit der App *Nachrichten* auch eine iMessage versenden und empfangen können, müssen Sie diesen speziellen Service von Apple zuerst einmal aktivieren. Voraussetzung für iMessages ist der Besitz einer Apple-ID. Die Apple-ID benötigen Sie z. B. auch, um in den diversen Online-Stores von Apple etwas einzukaufen, z. B. eine App oder einen Film. Zudem wird die Apple-ID für iCloud benötigt. Wenn Sie noch keine kostenlose Apple-ID besitzen, dann können Sie sie direkt mit Ihrem iPad anlegen. Unter *Einstellungen –> Beim iPad anmelden* (ganz oben in der App *Einstellungen*). Sie können aber auch die Seite *appleid.apple.com/de/* in *Safari* aufrufen und dort eine neue Apple-ID beantragen.

Wenn Sie also eine Apple-ID besitzen, öffnen Sie *Einstellungen –> Nachrichten*. Dort finden Sie gleich zu Beginn den Schalter, um *iMessage* zu aktivieren. Dadurch werden auch weitere Optionen sichtbar, die für den Service wichtig sind.

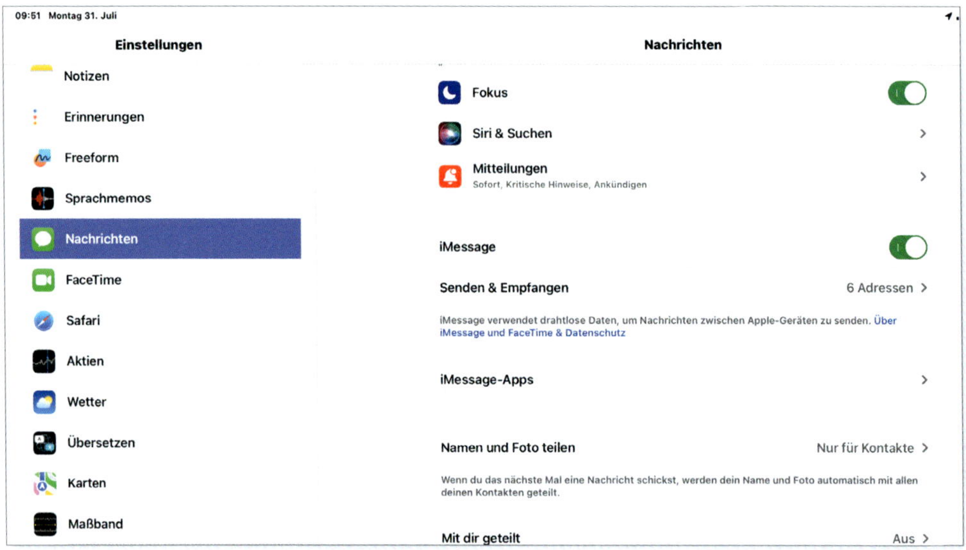

Sobald „iMessage" eingeschaltet ist, erhalten Sie zusätzliche Optionen.

Nach der Aktivierung sind Sie automatisch per iMessage unter Ihrer Apple-ID erreichbar. Wenn Ihnen jemand also eine iMessage schicken will, muss diese Person nur Ihre Apple-ID als Empfänger angeben.

Neben der Apple-ID können Sie noch weitere E-Mail-Adressen nutzen, um per iMessage erreichbar zu sein. Das ist hilfreich, wenn Sie nicht jeder Person Ihre Apple-ID oder Telefonnummer weitergeben wollen, besonders wenn es sich um geschäftliche Kontakte handelt. In den *Einstellungen* bei *Ihr Name* finden Sie den Punkt *Name, Telefonnummern, E-Mail*. Dort sind bei *Erreichbar unter* alle Adressen aufgelistet, mit denen Sie per iMessage erreichbar sind. Wenn Sie dort auf *Bearbeiten* und anschließend auf *E-Mail oder Telefon hinzufügen* tippen, können Sie noch zusätzliche Adressen für den iMessage-Empfang angeben.

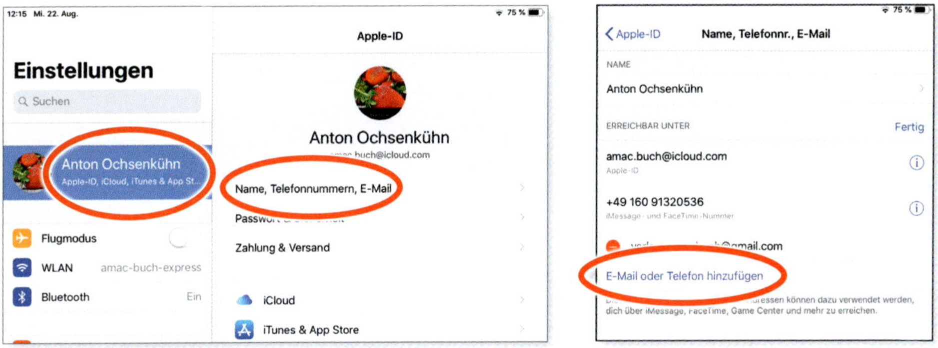

Sie können auch eine andere E-Mail-Adresse für den Empfang von iMessages anlegen und nutzen.

!

Nach der Eingabe einer weiteren E-Mail-Adresse erhalten Sie eine gesonderte E-Mail an diese Adresse. In dieser E-Mail müssen Sie die Nutzung der Adresse noch bestätigen – erst dann ist sie für iMessage nutzbar. Das ist eine Sicherheitsfunktion, die verhindern soll, dass fremde Personen Ihre E-Mail-Adressen für iMessage verwenden.

Wenn Sie eine E-Mail-Adresse wieder entfernen wollen, dann tippen Sie auf das rote Minus-Symbol links neben der Adresse.

Nachrichten versenden und empfangen

Das Versenden und Empfangen von Nachrichten ist sehr einfach. Öffnen Sie die App *Nachrichten* und tippen Sie links oben auf das Symbol *Neu* ❶, um eine Nachricht zu erstellen. Anschließend tippen Sie den Empfänger in das Feld *An* ❷ ein. Jetzt brauchen Sie nur noch den Nachrichtentext einzutippen ❸ und auf den *Senden*-Knopf ❹ zu drücken. Das war's!

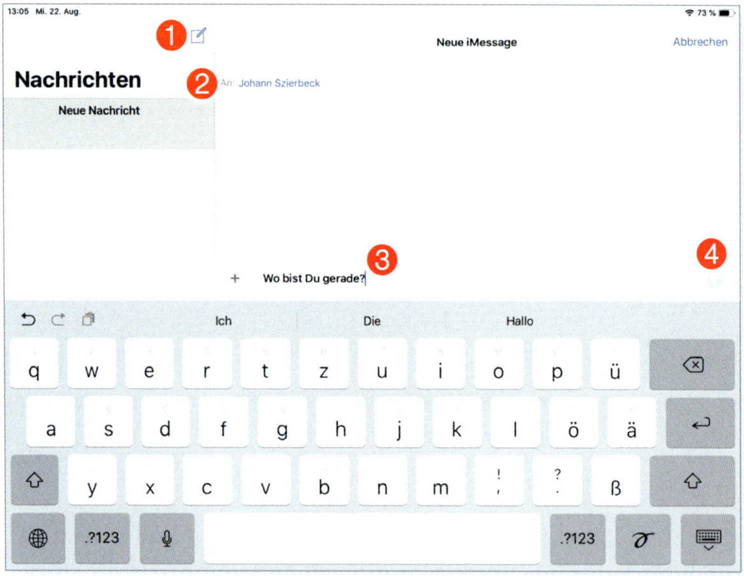

Eine neue Nachricht ist schnell und einfach erstellt.

Wenn Sie eine Nachricht verschickt haben, wird diese auf der rechten Seite des Displays angezeigt. Die Antwort darauf wird am linken Rand dargestellt. Somit können Sie zu jedem Zeitpunkt die Konversation nachverfolgen.

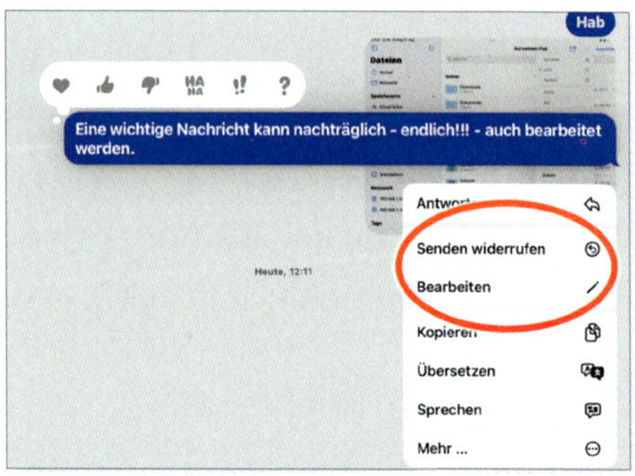

Die Konversation mit Personen kann detailliert nachverfolgt werden (links). Und ENDLICH können versendete Nachrichten nachträglich noch bearbeitet oder das „Senden widerrufen" werden (rechts). Tippen Sie dazu Ihre Nachricht ca. eine Sekunde an (Haptic Touch).

Allerdings haben Sie hierfür nur maximal 15 Minuten nach dem Versand Zeit, um dies zu tun. Zudem muss Ihr Gegenüber ebenfalls OS 16 oder neuer auf den mobilen Geräten verwenden.

> **!** Wenn Sie eine Nachricht nach rechts wischen, dann erscheint ein Pfeil, um direkt antworten zu können. Damit starten Sie eine „neue" Unterhaltung und können so einfacher bei einem Thema bleiben.

Durch Wischen der Nachricht erstellen Sie also einen eigenen Diskussionsbereich innerhalb der Unterhaltung.

Zum Empfang von Nachrichten sollten Sie noch ein paar Dinge wissen. Vielleicht ist Ihnen schon aufgefallen, dass unterhalb einer Nachricht der Begriff *Zugestellt* auftaucht. Das ist ein Hinweis darauf, dass die Nachricht den Empfänger erreicht hat, aber kein Hinweis, dass die Nachricht auch gelesen wurde. Dafür gibt es eine eigene Funktion, die wir uns gleich ansehen. Der Hinweis *Zugestellt* ist also ein Zeichen dafür, dass die Nachricht zugestellt wurde und nicht irgendwo verloren gegangen ist, weil Ihr iPad vielleicht gerade keinen guten Empfang hat.

Um nun zu erfahren, ob die Nachricht auch gelesen wurde, müsste der Empfänger eine automatische Lesebestätigung senden. Dazu muss die Option *Lesebestätigungen* eingeschaltet sein. Diese findet sich in den *Einstellungen* bei *Nachrichten*. Wenn diese Option aktiviert ist, dann wird immer beim Lesen einer empfangenen Nachricht automatisch eine Bestätigung an den Absender geschickt. Dieser kann dann sehen, ob und wann Sie die Nachricht gelesen haben.

Wenn Sie und der Empfänger der Nachricht die „Lesebestätigungen" aktiviert haben, können Sie erkennen, ob und wann die Nachricht gelesen wurde.

Die Lesebestätigung wird normalerweise für alle Personen aktiviert, denen Sie Nachrichten schicken. Sie können aber auch die Lesebestätigung nur für ganz bestimmte Personen ein- und ausschalten. Dazu müssen Sie in einer Konversation zuerst auf den Namen A und danach auf das Symbol > B tippen, um die Details zu öffnen. Dort gibt es auch eine *Lesebestätigung* C, die nur für die jeweilige Person gültig ist.

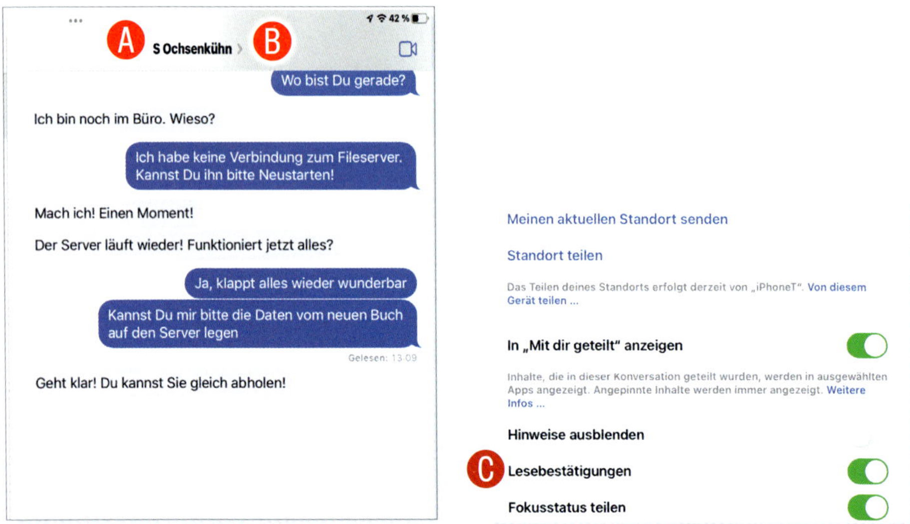

Die „Gelesen"-Bestätigung kann individuell für jede Person aktiviert werden.

▶▮ Nachrichten mit Fotos, Audio- und Videodaten 04_01

http://ipados2023.amac-buch.de/#04_01

Textnachrichten zu versenden ist ganz einfach. Doch mit der Nachrichten-App kann noch mehr versendet werden. Wie das geht, sehen Sie in diesem Video.

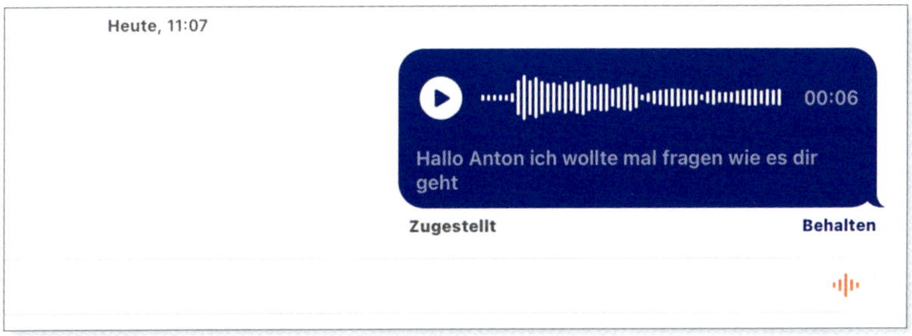

Seit iPadOS 17 werden in der Nachrichten-App Audionachrichten transkribiert werden.

Fotos und Videos mit Effekten und Stickern

Wie man Fotos oder Videos versendet, haben Sie bereits erfahren. Seit iOS 12 können Sie Ihre Fotos und Videos, die Sie mit der iPad-Kamera aufnehmen, mit Effekten und Stickern zu versehen. Dabei müssen Sie nicht die App wechseln, sondern erledigen alles innerhalb von Nachrichten.

Um z. B. ein eigenes Video mit Effekten zu erstellen, müssen Sie zuerst eine neue Nachricht anlegen. Dann tippen Sie auf das Plus und dann auf Kamera, um auf die iPad-Kamera umzuschalten. Stellen Sie dort zuerst ein, ob Sie ein *Video* oder ein *Foto* ❶ machen wollen. Danach tippen Sie auf das Symbol für die Effekte ❷.

Wenn Sie für eine Nachricht Fotos oder Videos aufnehmen wollen, können Sie direkt bei der Aufnahme diverse Effekte hinzufügen.

Nun werden vier Effektkategorien und die installierten Sticker in einer eigenen Leiste angezeigt. Um z. B. einen Filtereffekt anzuwenden, tippen Sie auf das erste Symbol ❸ und wählen den gewünschten Filter aus. Außerdem können Sie Text ❹, animierte Formen ❺ oder Sticker ❻ hinzufügen. Sobald Sie eine der Kategorien geöffnet und ein Element angetippt haben, erscheint es im Kamerabereich und kann von Ihnen noch verschoben werden. Die platzierten Elemente folgen dabei der Kamerabewegung. Wenn Sie also z. B. eine Sprechblase hinzugefügt haben, wird diese immer dem aktuellen Blickwinkel angepasst.

Sobald Sie die gewünschten Filter, Elemente oder Sticker platziert haben, können Sie eine Aufnahme machen und diese dann per Nachricht verschicken.

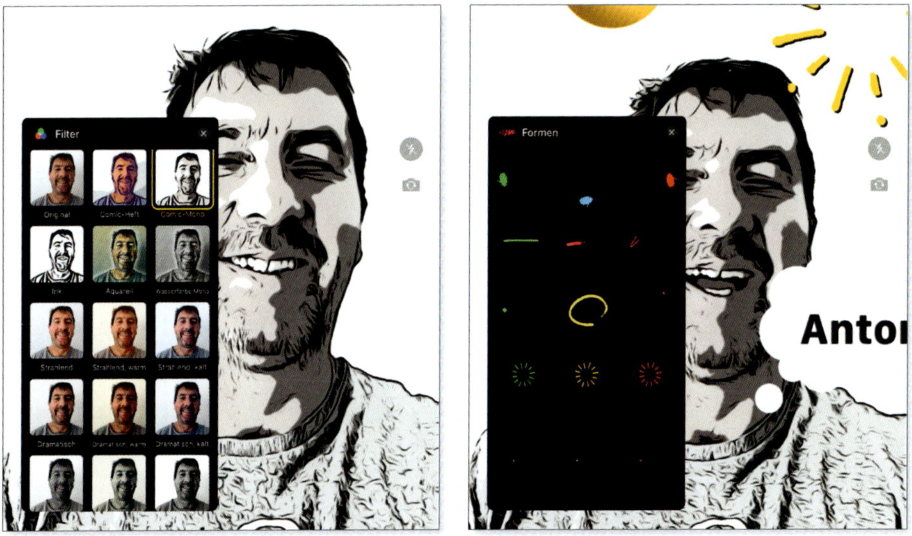

Die verschiedenen Effekte folgen der Bewegung der Kamera.

Was kann sonst noch versendet werden?

Neben den nun bekannten Dingen wie Text, Bild, Audio und Video kann die Nachrichten-App noch weitere Sachen versenden. Dazu gehören Zeichnungen (Scribble), animierte Sprechblasen und Hintergründe. Die Nachrichten-App kann nun auch auf die Daten von anderen Apps zugreifen und somit z. B. den aktuellen Song von der App *Musik* verschicken. Außerdem können Sie über einen speziellen Store zusätzliche Stickers, die auch animiert sein können, laden bzw. installieren lassen.

▶I Herzen und Handgeschriebenes versenden 04_02

http://ipados2023.amac-buch.de/#04_02

Es muss nicht immer eine Textnachricht sein.
Es kann auch von Herzen kommen.
Wie das funktioniert, sehen Sie in diesem Film.

Sprechblasen und Hintergründe

Weitere Elemente, um das Versenden von Nachrichten noch interessanter zu machen, sind die Sprechblasen und die animierten Hintergründe. Gerade bei Textnachrichten ist es sehr schwierig, seine Stimmung oder Gefühle zu übermitteln. Mit den Sprechblasen können Sie dies nun in einfacher Form tun.

Wenn Sie bei einer Textnachricht etwas länger den *Senden*-Knopf ❶ drücken, werden die Sprechblasen eingeblendet. Die Sprechblasen haben alle eine Animation, die Sie sehen können, wenn Sie eine auswählen. Zum Verschicken der Sprechblase müssen Sie dann nur noch auf den *Senden*-Knopf ❷ drücken.

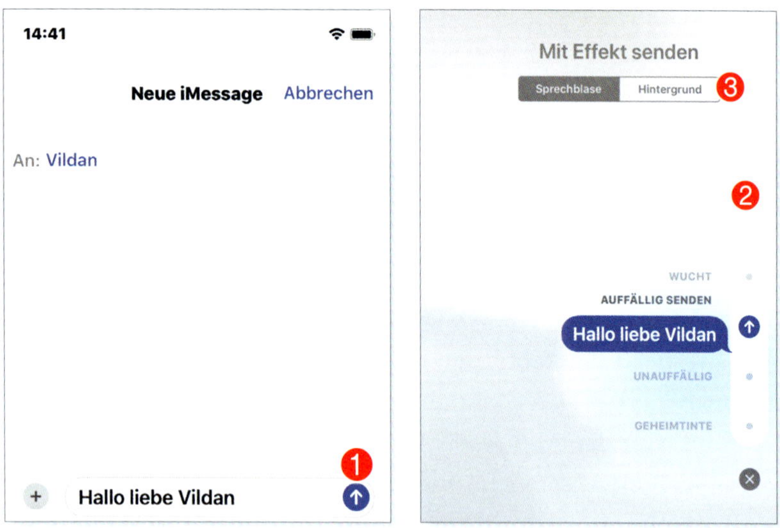

Mit einer Sprechblase können Sie eine Nachricht besonders betonen.

!

Die Funktion der Sprechblasen kann nicht nur mit Texten genutzt werden, sondern auch mit Bildern. So können Sie z. B. ein Bild mit **Geheimtinte** verschicken. Der Empfänger muss dann mit dem Finger das Bild freirubbeln.

Zusätzlich zu den Sprechblasen gibt es die animierten Hintergründe. Diese finden Sie gleich neben den Sprechblasen ❸. Es gibt insgesamt neun verschiedene Hintergrundanimationen, die Sie wechseln können, wenn Sie das Display nach links oder rechts verschieben. Die Punktanzeige im unteren Bereich ❹ zeigt Ihnen an, welchen Hintergrund Sie aktuell verwenden.

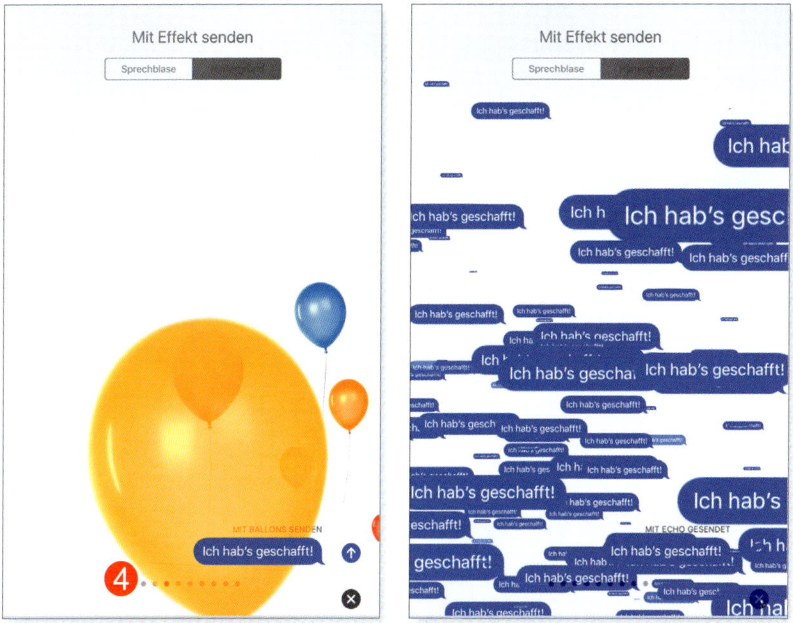

Animierte Hintergründe bereichern eine Nachricht.

Sticker

Die Funktion und der Einsatz von Emojis ist fast allen bekannt. Bei Apple hat man sich nun überlegt, wie man die Emojis interessanter machen könnte, und hat sie durch die *Sticker* erweitert. Sticker sind kleine Animationen, die Sie wie Emojis verschicken oder auch an jede beliebige Nachricht anhängen können. Apple hat sogar einen eigenen Store dafür, in dem Sie zusätzliche Sticker erwerben können.

▶❙ Sticker, Animojis bzw. Memojis und Tapbacks 04_03

http://ipados2023.amac-buch.de/#04_03

Fast grenzenlos sind die Möglichkeiten mit Stickers, da im App Store beliebig viele hinzugefügt werden können. Oder nutzen Sie Animojis mit Geräten wie dem iPad Pro. Sehen Sie also, wie Sie kreative Nachrichten erstellen können.

Die Sticker und andere Apps, die hier verwendet werden können, sind via **Einstellungen –> Nachrichten –> iMessage-Apps** einstellbar.

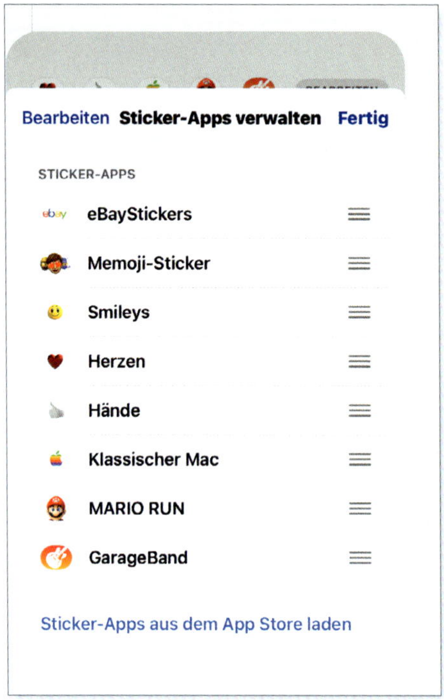

Sollen weitere Sticker geladen werden, dann rufen Sie die Sticker in der Nachrichten-App auf, wischen über die Sticker-Icons nach links und wählen „Bearbeiten".

Automatische Emojis

Die Nachrichten-App hat noch eine weitere Funktion: das automatische Einfügen von Emojis. Wenn Sie einen Nachrichtentext eintippen und dann die Tastatur auf die Emojis Ⓐ umschalten, werden automatisch alle Textstellen markiert Ⓑ, die durch ein passendes Emoji ersetzt werden können. Sie müssen die markierten Stellen nur antippen und erhalten eine Auswahl von Emojis Ⓒ, die zum Begriff passen. Einfacher geht es kaum, da die lästige Suche nach dem passenden Symbol entfällt.

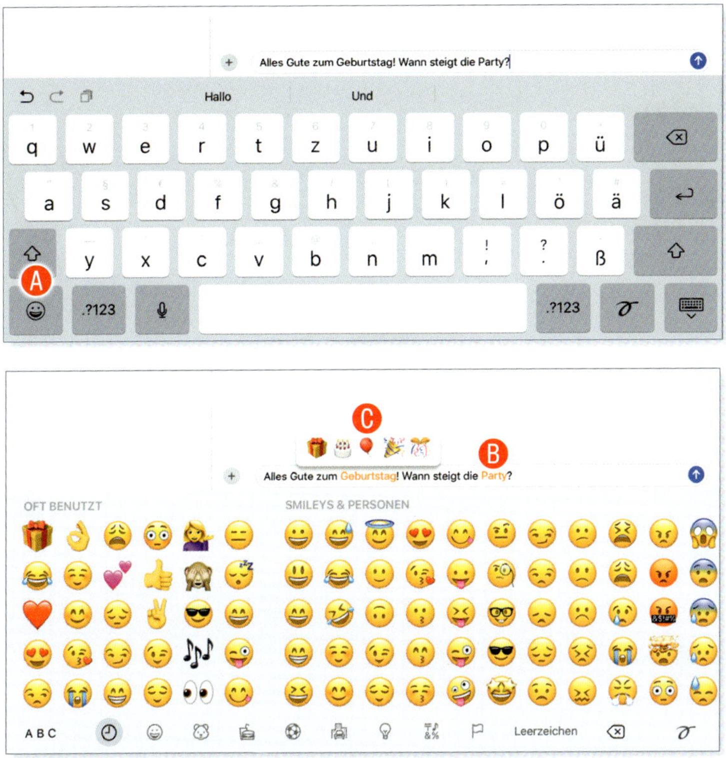

Textpassagen können automatisch durch Emojis ersetzt werden.

Nachrichten verwalten

Wenn man sehr viele Nachrichten verschickt bzw. empfängt, dann wird die App sehr schnell unübersichtlich. Aus diesem Grund ist es eine gute Idee, die alten Nachrichten zu löschen. Sie können die alten Nachrichten manuell löschen, oder Sie beauftragen Ihr iPad damit, alle Nachrichten zu entfernen, die z. B. älter als 30 Tage sind.

Das manuelle Löschen geht sehr einfach. In der Übersicht müssen Sie die Konversation einfach nach links schieben, um den roten Button mit der *Löschen*-Funktion einzublenden. Auf diese Weise können Sie komplette Konversationen mit einer Vielzahl von Nachrichten entfernen. Wenn Sie mehrere Konversationen mit einem Rutsch löschen wollen, dann tippen Sie links oben auf *Bearbeiten* und *Nachrichten auswählen* ❶. Anschließend können Sie die entsprechenden Konversationen markieren ❷ und auf *Löschen* ❸ rechts unten tippen.

Sie können auch mehrere Nachrichten auf einmal löschen.

Wenn Ihnen das manuelle Löschen zu mühsam ist, können Sie in den *Einstellungen* bei *Nachrichten* die Option *Nachrichten behalten* ändern. Dort lässt sich nämlich einstellen, dass die Nachrichten nach einer bestimmten Dauer automatisch gelöscht werden. Leider gibt es hier nur die Auswahl zwischen *30 Tage* und *1 Jahr*. Die Standardeinstellung *Unbegrenzt* bedeutet, dass Sie die Nachrichten manuell entfernen müssen.

Sie können aber auch einzelne Nachrichten innerhalb einer Konversation löschen. Tippen Sie dazu eine Nachricht ca. zwei Sekunden, an um die Tapbacks zu öffnen und wählen aus dem Menü *Mehr* aus. Nun können Sie im Nachrichtenverlauf einzelne Nachrichten markieren und so gezielt löschen.

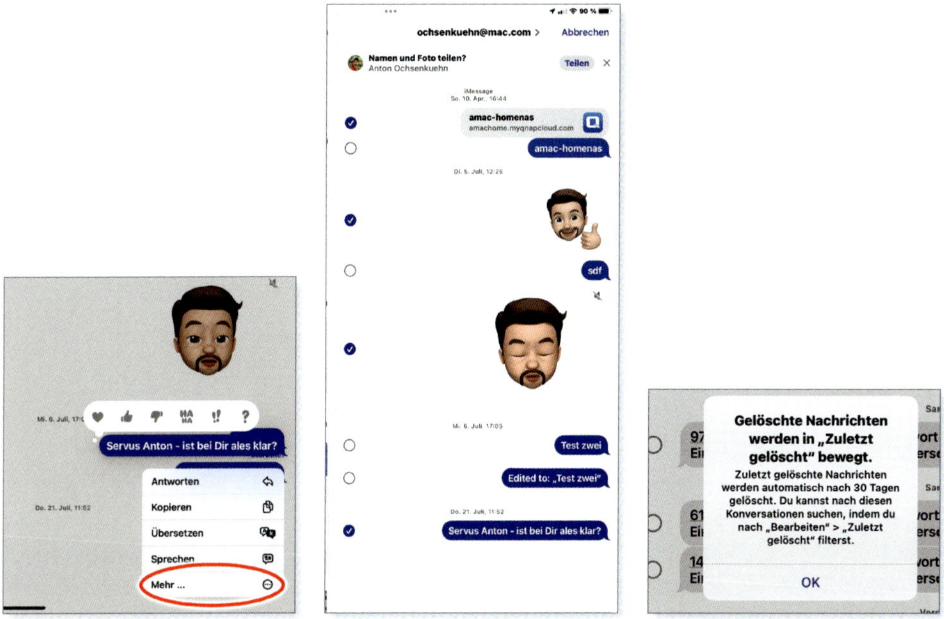

Auch innerhalb einer Konversation können Nachrichten einzeln gelöscht werden. Tippen Sie hierfür eine Nachricht ca. eine Sekunde an und verwenden „Mehr". Diese bleiben 30 Tage erhalten und könnten wieder hergestellt werden (rechts).

Konversation ungelesen machen, anpinnen

Und noch etwas ist möglich und für Leute, die viele Nachrichten senden und empfangen extrem nützlich: Wichtige Kommunikationspartner (bis zu neun) können angeheftet werden und erscheinen so stets oberhalb der Liste.

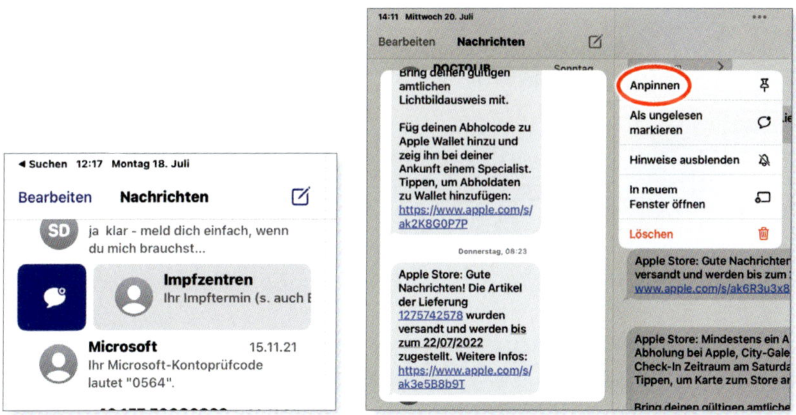

Um eine Konversation wieder ungelesen zu machen, streichen Sie mit einem Finger von links nach rechts über die Nummer bzw. den Namen der Person (links). Um eine Konversation oben permanent anzuheften, halten Sie den Finger etwas länger auf den Namen oder die Nummer und verwenden „Anpinnen".

So sammeln sich oberhalb der Liste nun die wichtigsten Kommunikationspartner in Form von kreisrunden Icons. Sollen diese wieder in die Liste zurück, dann tippen Sie einen Kreis etwa eine Sekunde an und wählen *Loslösen*.

! Möchten Sie eine Konversation stumm schalten, dann wischen Sie mit einem Finger von rechts nach links und tippen auf das Glockensymbol.

Konversationen mit Gruppen oder Personen können stumm geschaltet werden.

Uhrzeit anzeigen

Bei einer Konversation wird normalerweise die Uhrzeit, zu der die Nachricht empfangen wurde, nur sehr kurz angezeigt. Wenn Sie nun nachvollziehen wollen, zu welchen Zeitpunkten die einzelnen Nachrichten einer Konversation empfangen bzw. verschickt wurden, dann verschieben Sie die gesamte Konversation am Display nach links. Dadurch werden am rechten Displayrand die Uhrzeiten sichtbar.

Wird die komplette Konversation nach links verschoben, sind die Uhrzeiten sichtbar.

SMS Nachrichten senden und empfangen

Obwohl das iPad Wi-Fi + Cellular eine SIM-Karte besitzt, kann es keine SMS-Nachrichten senden oder empfangen. Das liegt schlichtweg daran, dass die Telefonnumer der SIM-Karte vom iPad nicht benutzt werden kann.

Sofern Sie aber ein iPhone besitzen, können Sie dieses als SMS-Gateway verwenden. Dazu muss auf dem iPhone und iPad die gleiche Apple-ID verwendet werden. Zudem ist auf dem iPhone in *Einstellungen –> Nachrichten –> SMS-Weiterleitung* das iPad zu aktivieren.

Aktivieren Sie das iPad und geben dort dann den erscheinenden Code ein, um die Verbindung zum iPhone zu aktivieren.

Nun werden SMS-Nachrichten sowohl am iPhone als auch am iPad empfangen und Sie können von beiden Geräten aus darauf reagieren. SMS-Nachrichten können Sie von iMessage-Nachrichten durch die Farbe unterscheiden: iMessage-Texte erscheinen in blau und SMS-Nachrichten in grüner Farbe.

Übrigens: Mit dem iPad können Sie auch telefonieren – natürlich wieder in Kombination mit einem iPhone. Wie das geht, lesen Sie ab Seite 97.

Mail

Eine weitere Kommunikationsart ist das Versenden bzw. Empfangen von E-Mails. Das iPad bietet dementsprechend die App *Mail*, um E-Mails zu versenden bzw. zu verwalten. Bevor Sie die App nutzen können, müssen Sie zunächst ein E-Mail-Postfach einrichten.

Postfach einrichten

Um ein neues Postfach auf dem iPad anzulegen, benötigen Sie einige Dinge – zunächst natürlich eine E-Mail-Adresse mit dem dazugehörigen Passwort.

Außerdem brauchen Sie die Adressen der E-Mail-Server von Ihrem E-Mail-Anbieter. Das iPad kennt zwar die meisten Adressen der großen E-Mail-Anbieter, wie z. B. Telekom, Google oder Web.de, aber eben nicht alle. Aus diesem Grund sollten Sie die Adressen der E-Mail-Server parat haben. Wo finden Sie diese? Bei Ihrem Anbieter oder über eine Internetsuche. Dabei reicht es aus, wenn Sie z. B. „Mail-Server von Strato" bei der Suche eingeben.

Sind alle Daten bereit, können Sie ein neues Postfach einrichten. Dazu öffnen Sie *Einstellungen –> Mail –> Accounts*. Falls Sie bereits iCloud eingerichtet haben, dann sehen Sie bei *Accounts* ❶ das iCloud-Postfach. Dieses wird automatisch hinzugefügt, sobald Sie auf Ihrem iPad iCloud aktiviert bzw. eingerichtet haben.

Tippen Sie auf *Account hinzufügen* ❷, um ein neues Postfach einzurichten. Anschließend können Sie entweder auf das Symbol eines der Anbieter tippen oder, wenn Ihr Anbieter nicht aufgelistet ist, auf *Andere* ❸ am Ende der Liste.

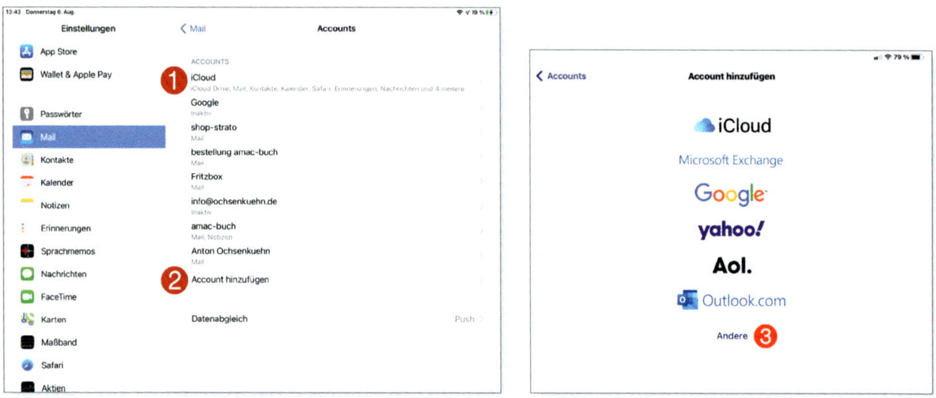

Ein neuer E-Mail-Account wird eingerichtet.

Während Sie bei den Postfächern der großen Anbieter Schritt für Schritt durch die Prozedur zum Einrichten geleitet werden, müssen Sie für alle sonstigen Anbieter alles manuell einstellen. Wenn Sie also auf *Andere* getippt haben, müssen Sie als Nächstes auf *Mail-Account hinzufügen* tippen. Im neuen Arbeitsschritt geben Sie dann die E-Mail-Adresse und das dazugehörige Passwort ein und tippen rechts oben auf *Weiter*.

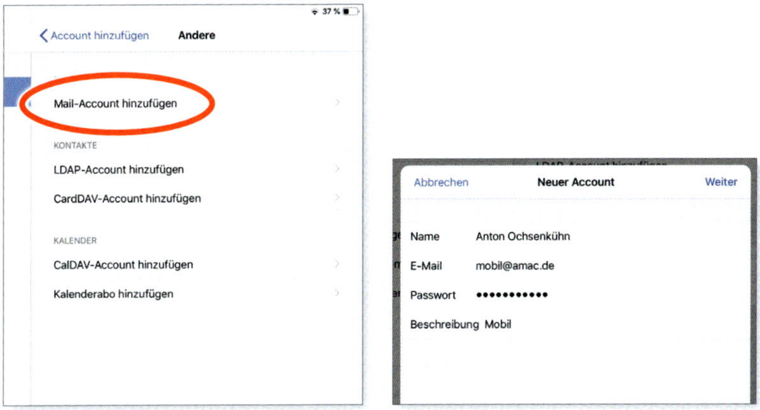

Das neue Postfach wird manuell eingerichtet.

Im nächsten Schritt überprüft das iPad die E-Mail-Adresse und trägt die E-Mail-Server automatisch ein, wenn es sich um einen bekannten Anbieter handelt. Anhand der E-Mail-Adresse kann das iPad erkennen, um welchen Anbieter es sich handelt, also z. B. *@web.de* oder *@t-online.de*. Kann das iPad den Anbieter nicht identifizieren, dann müssen Sie die Serveradressen manuell eintragen.

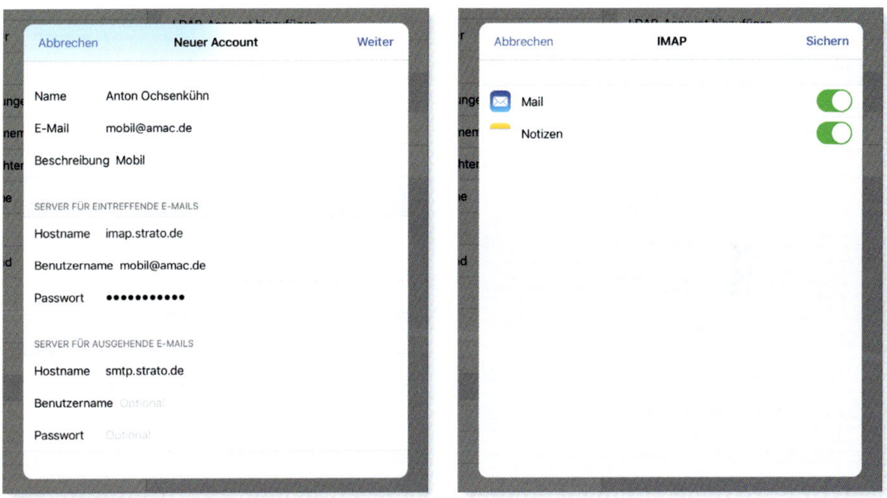

Das iPad kennt den E-Mail-Anbieter nicht (links), deswegen müssen die Server-Adressen manuell eingegeben werden.

Nach der Eingabe der Daten tippen Sie wieder rechts oben auf *Weiter*. Das iPad überprüft nun die eingegebenen Server-Adressen. Bei einer erfolgreichen Überprüfung müssen Sie im letzten Schritt noch angeben, was mit dem Postfach verwaltet werden soll. Im Normalfall sind das die E-Mails. Je nach Anbieter bzw. Postfach können Sie auch Notizen, Kontakte oder Kalender mit dem Postfach verwalten. Das ist z. B. mit einem Postfach möglich, das von einem Exchange-Server verwaltet wird.

Sind alle Einstellungen gemacht, tippen Sie rechts oben auf *Sichern*, und das neue Postfach ist eingerichtet. Falls Sie noch weitere Postfächer benötigen, dann wiederholen Sie die Arbeitsschritte.

E-Mails versenden

Für das Versenden von E-Mails benötigen Sie die App *Mail*. Sobald Sie sie gestartet haben, sehen Sie die E-Mail-Postfächer bzw. die bereits empfangenen E-Mails.

! Falls Sie die Übersicht der Postfächer nicht sehen, tippen Sie links oben auf das Icon ❶.

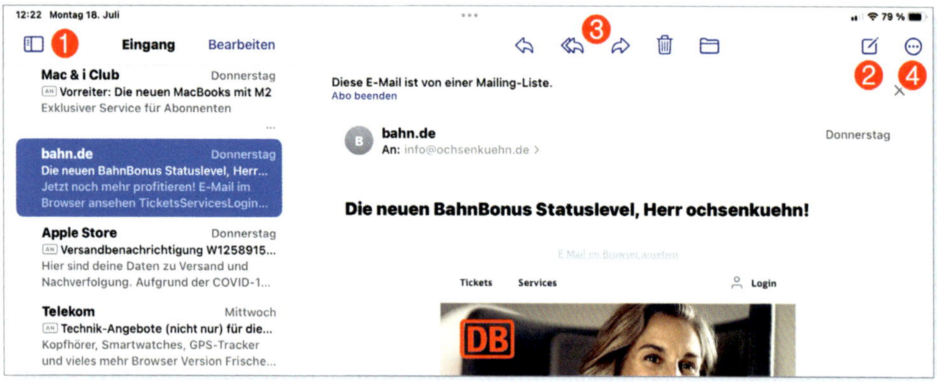

Tippen Sie eine E-Mail an, um rechts daneben Details lesen zu können.

Wenn Sie mehrere Postfächer besitzen, sollten Sie als Erstes entscheiden, von welcher E-Mail-Adresse aus Sie eine Mail verschicken wollen. Das können Sie entweder tun, wenn Sie das entsprechende Postfach in der Übersicht antippen und dann eine neue E-Mail erstellen, oder auch später noch, während Sie die E-Mail schreiben. Eine neue E-Mail erstellen Sie, wenn Sie auf das Symbol ❷ rechts oben tippen. Weiterhin sehen Sie oben in der Symbolleiste ❸ eine Reihe von Icons für das Antworten, Weiterleiten, etc. Diese Symbolleiste können Sie Ihren Bedürfnissen anpassen ❹.

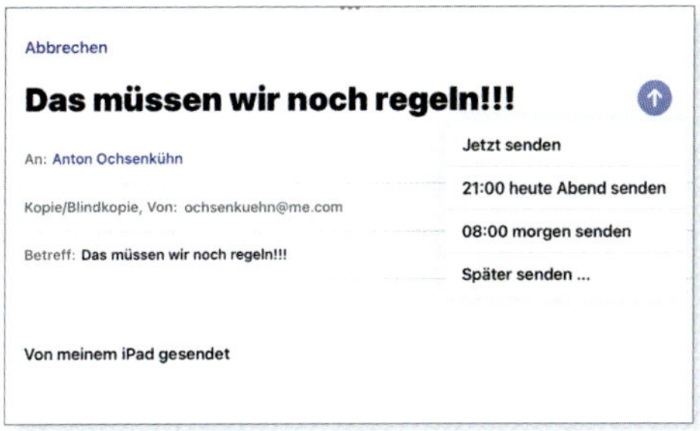

E-Mails können sofort oder eben zeitversetzt versendet werden (links). Innerhalb von 10 Sekunden („Einstellungen –> Mail –> Verzögerung des Sendewiderrufs") können Sie zudem versendete E-Mails nochmals widerrufen. Den Hinweis dazu finden Sie in der linken Spalte ganz unten.

Wenn Sie nur kurz auf den Sendepfeil tippen, wird die E-Mail sofort abtransportiert. Es kann aber auch Gründe geben, die E-Mail zu einem bestimmten Zeitpunkt erst zu versenden. Bleiben Sie hierfür mit dem Finger etwas länger auf dem Versendepfeil und stellen die Uhrzeit ein.

! Soll eine bereits versendete E-Mail erneut verschickt werden? Navigieren Sie in das Postfach **Gesendet** und tippen dort die E-Mail an. Rechts unten tippen Sie nun auf den gebogenen Pfeil nach links und verwenden **Erneut senden**.

▶I E-Mail mit Dateianhängen und Raffinessen 04_04

http://ipados2023.amac-buch.de/#04_04

In Mail können Sie ganz einfach perfekte E-Mails mit z. B. Dateianhängen, formatierten Texten und Dateien inklusive Anmerkungen versenden. Wie das alles funktioniert, zeigt dieses Video.

▶I E-Mails über das Teilen-Menü erstellen 04_05

http://ipados2023.amac-buch.de/#04_05

Über das Teilen-Menü kann in fast allen Apps wichtige Informationen direkt als E-Mail versendet werden. Das ist extrem nützlich und pfiffig zugleich. Das Video zeigt Ihnen die Details auf. Seit iPadOS 16 versucht das iPad Webseiten-Links als Vorschau in die E-mail einzubauen.

E-Mails empfangen

Der Empfang von E-Mails bzw. das Abrufen der Postfächer kann auf dem iPad auf zwei Arten durchgeführt werden: manuell oder automatisch. Wenn das iPad z. B. alle 15 Minuten die Postfächer abrufen soll, müssen Sie in den *Einstellungen* bei *Mail –> Accounts* den *Datenabgleich* ändern. Dort können Sie für jeden Account einstellen, ob der Empfang *Manuell* oder via Zeitplan (*Abrufen*) durchgeführt wird.

> **!** Je nach E-Mail-Anbieter gibt es auch die Möglichkeit, die E-Mails per Push-Funktion zu erhalten, wie z. B. beim iCloud-E-Mail-Postfach. Die Push-Funktion leitet eine neue E-Mail sofort an Sie weiter. Ein manuelles Abrufen des Postfachs wird dadurch überflüssig.

Nach welchem Zeitplan die Postfächer abgerufen werden, können Sie weiter unten einstellen. Sie haben die Auswahl zwischen 15, 30 und 60 Minuten.

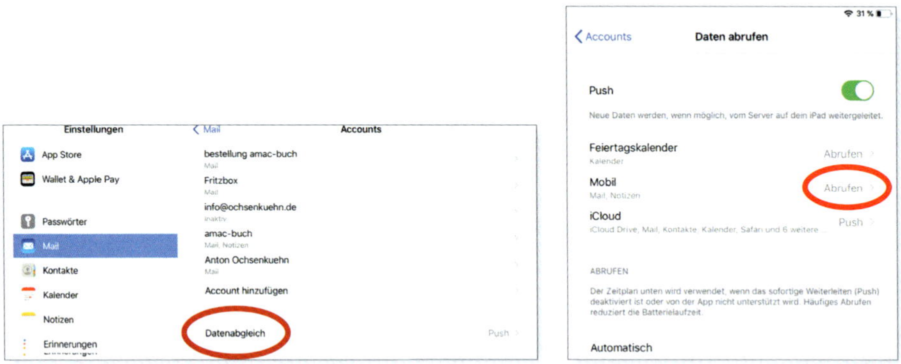

Das automatische Abfragen der Postfächer legen Sie in den „Einstellungen" von „Mail" fest.

Wenn Sie Ihre Postfächer auf manuelles Abrufen gestellt haben, müssen Sie allerdings wissen, wie man eine manuelle Abfrage startet. Das geht sehr einfach. Sie müssen in *Mail* nur die Liste der Postfächer bzw. E-Mails nach unten ziehen. Daraufhin erscheint im oberen Bereich ein kleines Rädchen, das so lange sichtbar bleibt, bis die Postfächer abgefragt sind.

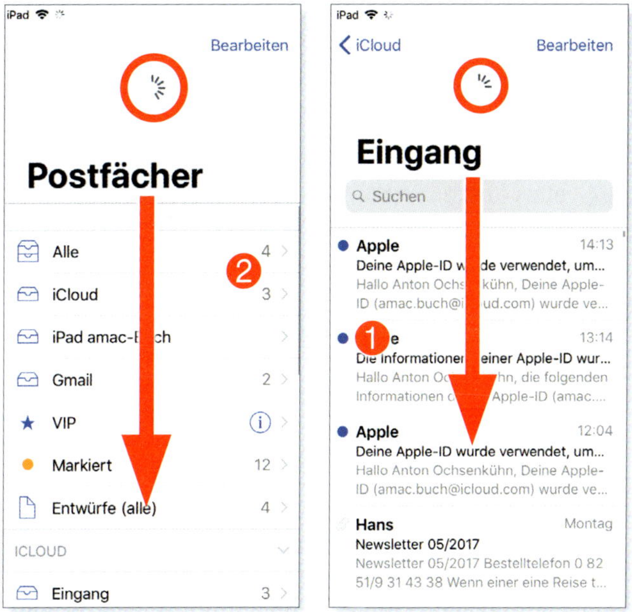

Um alle Postfächer abzufragen, ziehen Sie die Übersicht nach unten (links). Um nur ein einzelnes Postfach abzufragen, ziehen Sie die E-Mail-Liste des Postfachs nach unten (rechts).

Wenn nun neue E-Mails angekommen sind, werden diese mit einem kleinen blauen Punkt ❶ gekennzeichnet. In der Übersicht der Postfächer sehen Sie zudem, wie viele neue E-Mails es gibt ❷. Sobald Sie eine E-Mail öffnen, verschwindet der blaue Punkt und die Mail ist als gelesen gekennzeichnet. Diesen Zustand können Sie aber rückgängig machen und die Mail wieder als ungelesen markieren. Dazu schieben Sie die E-Mail in der Liste nach rechts und tippen dann auf die Option *Ungelesen*. Die E-Mail erhält dadurch wieder den kleinen blauen Punkt.

Eine E-Mail kann jederzeit wieder den Status „Ungelesen" erhalten (links). Zudem können Sie sich an diese E-Mail zu einem späteren Zeitpunkt erinnern lassen.

▶I E-Mails empfangen und weiter bearbeiten 04_06

http://ipados2023.amac-buch.de/#04_06

Wie man mit vielen E-Mails ganz einfach zurecht kommt, zeigt dieser Film. Sie sehen dabei, was man mit einem Filter alles anstellen kann, was gelesen von ungelesen unterscheidet, wie man E-Mails markiert und E-Mails in andere Postfächer ablegt.

Konversationen

Beim Arbeiten mit E-Mails ist es normal, dass man auf eine E-Mail antwortet und anschließend eine Antwort auf die Antwort erhält – die wiederum beantwortet wird. Auf diese Weise entsteht eine Konversation mit vielen E-Mails, die hin- und hergeschickt werden. Damit Sie den Überblick behalten, werden solche Konversationen von der App *Mail* automatisch gesammelt und gruppiert.

Eine Konversation wird in der E-Mail-Übersicht speziell gekennzeichnet. Sie erhält einen blauen Doppelpfeil. Und wenn Sie diesen Pfeil antippen, werden die einzelnen E-Mails der Konversation aufgeklappt. Die E-Mails sind dabei chronologisch geordnet. Die neueste E-Mail steht immer an erster Stelle.

! Die automatische Gruppierung der E-Mails nach Konversationen kann auch ausgeschaltet werden. Dann werden die E-Mails wieder einzeln in die Liste einsortiert. Bei **Einstellungen –> Mail** finden Sie im Bereich **Konversationen** die Option **Nach Konversation**. Wenn Sie diese Option ausschalten, werden die E-Mails nicht mehr gruppiert.

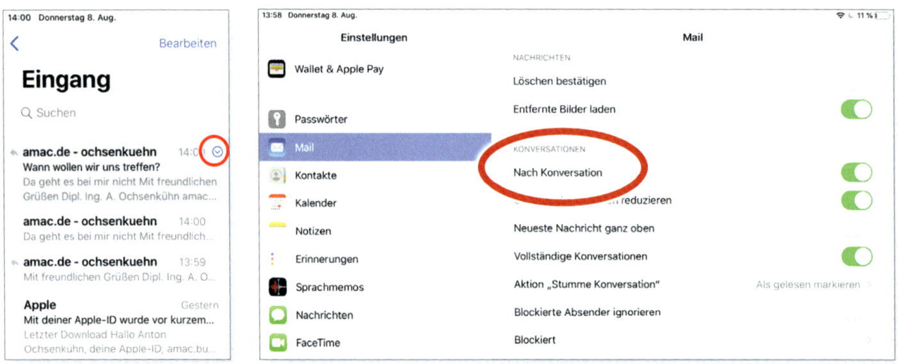

E-Mails werden automatisch nach Konversationen gruppiert (links). Diese Funktion kann aber auch deaktiviert werden (rechts).

E-Mails verwalten

Das Versenden und Empfangen ist nur ein Teil der täglichen Arbeit mit E-Mails. Ein dritter Punkt ist die Ablage bzw. Verwaltung der E-Mails. Die App *Mail* bietet dazu einige Funktionen, die Ihnen die Verwaltung erleichtern.

Bis jetzt sind die E-Mails zwar markiert, aber wo befindet sich der spezielle Ordner, in dem alle markierten E-Mails gesammelt werden? Dieser Ordner ist standardmäßig ausgeblendet – er muss also sichtbar gemacht werden.

▶❙ E-Mails verwalten 04_07

http://ipados2023.amac-buch.de/#04_07

Damit Sie bei der E-Mail-Flut den Überblick behalten, bietet Ihnen Mail eine Liste nützlicher Funktionen an:

- Postfächer erstellen Postfachliste modifizieren
- **Markierungen** in verschiedenen Farben
- **VIP**-Accounts
- **Streichgesten** optimal nutzen

In diesem Video sehen Sie, wie einfach das geht.

Wichtige und interessante Einstellungen

Die App *Mail* ist sehr umfangreich, weswegen sie auch zahlreiche Einstellungsmöglichkeiten besitzt. Ein Teil davon wurde bereits in den vorangegangenen Abschnitten beschrieben. Es gibt aber noch einige Einstellungen, die Sie sich mal genauer ansehen sollten. Alle Optionen, die hier beschrieben sind, finden Sie unter *Einstellungen –> Mail*.

Vorschau

Vielleicht ist Ihnen aufgefallen, dass in der E-Mail-Liste einige Textzeilen der E-Mail eingeblendet sind. Dadurch können Sie die E-Mails leichter voneinander unterscheiden, da Sie bereits einen Teil des Inhalts sehen. Standardmäßig werden die ersten beiden Zeilen des Inhalts eingeblendet. Wenn Sie mehr Zeilen sehen wollen, dann müssen Sie die Option *Vorschau* ändern. Sie können übrigens dort die Vorschau auch komplett ausschalten.

Signatur

Ein wichtiger Punkt beim Verfassen und Versenden von E-Mails ist die Signatur. Eine Signatur wird automatisch an das Ende des E-Mail-Textes angefügt und enthält für gewöhnlich den Namen und die Kontaktdaten des Absenders. Die Signatur für das Versenden von E-Mails auf dem iPad kann natürlich individuell eingestellt werden. Die Option *Signatur* in den *Mail*-Einstellungen enthält den Text, der als Signatur verwendet wird. Sie können entweder einen Text für alle Postfächer (*Alle Accounts*) verwenden oder für jedes Postfach einen eigenen (*Pro Account*). Geben Sie dazu einfach den gewünschten Text in das jeweilige Feld ein.

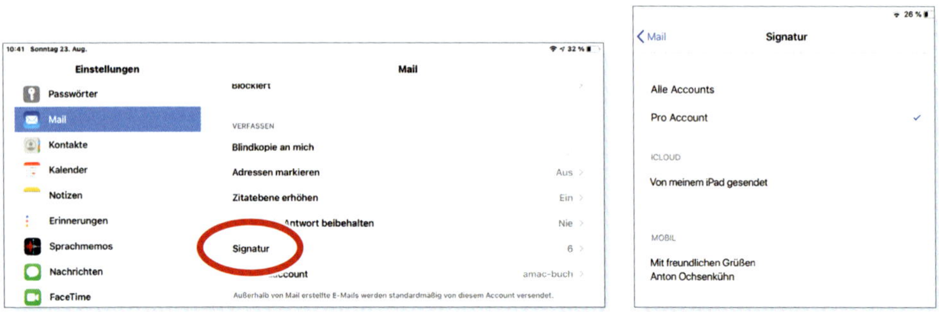

Die Signatur kann für jedes E-Mail-Postfach individuell angelegt werden.

Standardaccount

Wenn Sie wollen, dass eine neue E-Mail immer von einem bestimmten E-Mail-Postfach verschickt wird, dann müssen Sie die Option *Standardaccount* ändern. Dort legen Sie fest, mit welcher E-Mail-Adresse standardmäßig eine E-Mail versendet wird. Diese lässt sich zwar jederzeit beim Schreiben einer E-Mail ändern, aber es gibt noch einen anderen Einsatzort für den Standardaccount: Die Option ist ganz besonders wichtig, wenn Sie direkt aus anderen Apps (z. B. *Fotos* oder *Safari*) heraus eine E-Mail versenden. Auch in diesen Fällen wird der Standardaccount herangezogen.

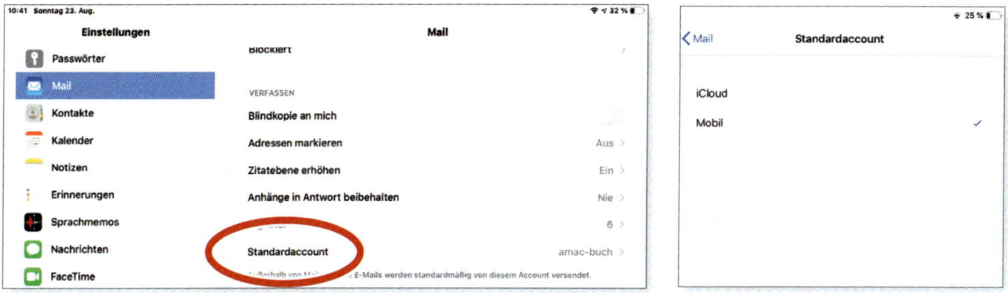

Mit welcher E-Mail-Adresse sollen neue E-Mails standardmäßig verschickt werden?

Data Detector

Hinter dem sperrigen Begriff *Data Detector* versteckt sich etwas unheimlich Nützliches: Informationen (z. B. in einer E-Mail, in einer Nachricht etc.) können einfach per Fingertipp an die entsprechende App weitergegeben werden.

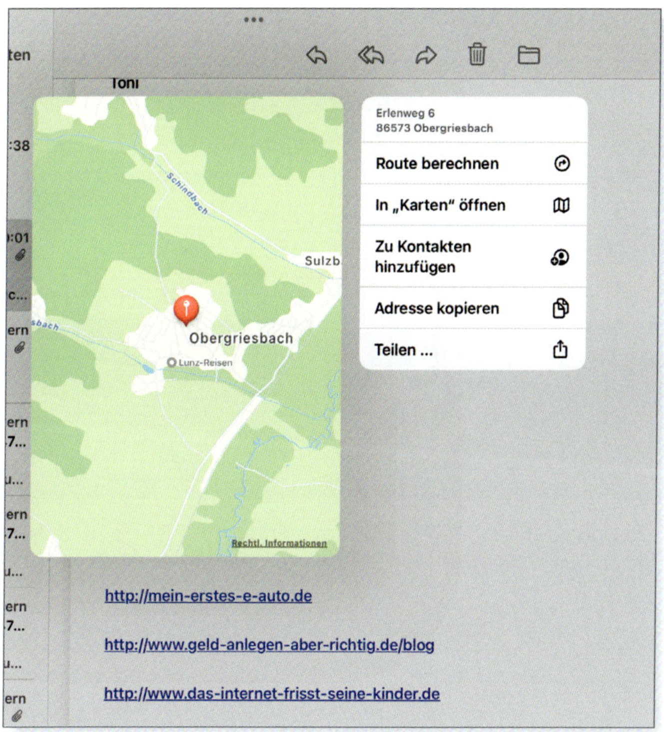

Diese E-Mail enthält Termin- und Ortsinformationen, und sobald man darauf tippt, erscheint das Zusatzfenster mit weiteren Optionen.

Sie können an den unterstrichenen Passagen erkennen, dass hier Zusatzfunktionen aufrufbar sind.

Im Bildschirmfoto erkennen Sie eine Signatur mit einer Reihe von Informationen, die an andere Apps weitergereicht werden können.

Haben Sie beispielsweise auf eine Internetadresse (URL) getippt, kann sofort der Safari-Browser gestartet werden.

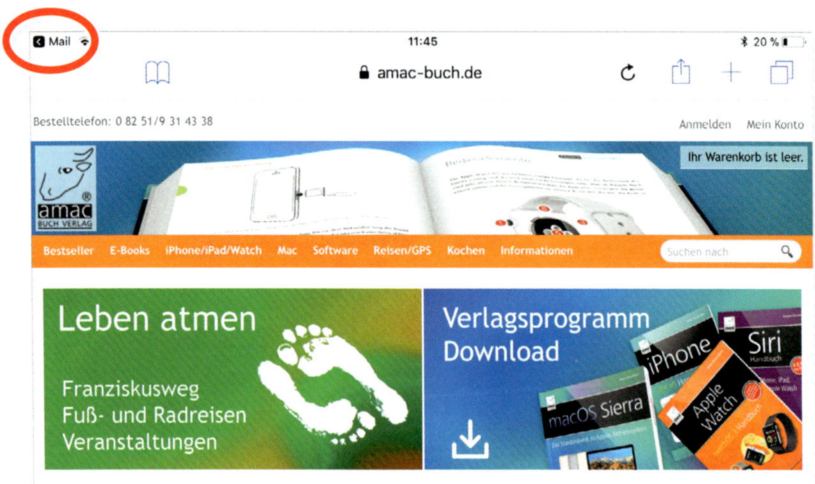

Tippen Sie links oben auf „Mail", um wieder zurückzukehren.

FaceTime

FaceTime ist eine weitere Möglichkeit, per iPad zu kommunizieren. FaceTime ist ein Dienst von Apple, mit dessen Hilfe Sie einen Video- und Audiochat führen können – genau so, wie Sie es vielleicht von Skype her kennen. FaceTime nutzt die Internetverbindung für die Kommunikation und nicht das Telefonnetz. Das heißt: Auch bei Anrufen ins Ausland entstehen Ihnen mit FaceTime keine Zusatzkosten.

> **!** FaceTime gibt es nicht nur fürs iPad, sondern auch für iPhone und Mac.

Voraussetzung für die Nutzung von FaceTime ist eine Apple-ID. In den *Einstellungen* bei *FaceTime* können Sie den Dienst aktivieren ❶ und auch die Apple-ID hinterlegen ❷. Für alle Nutzer sind Sie dann per FaceTime mit Ihrer Apple-ID erreichbar, ausgenommen einzelne *Blockierte Kontakte* ❸, die Sie an der Kontaktaufnahme hindern können, indem Sie deren Kontakte hinterlegen.

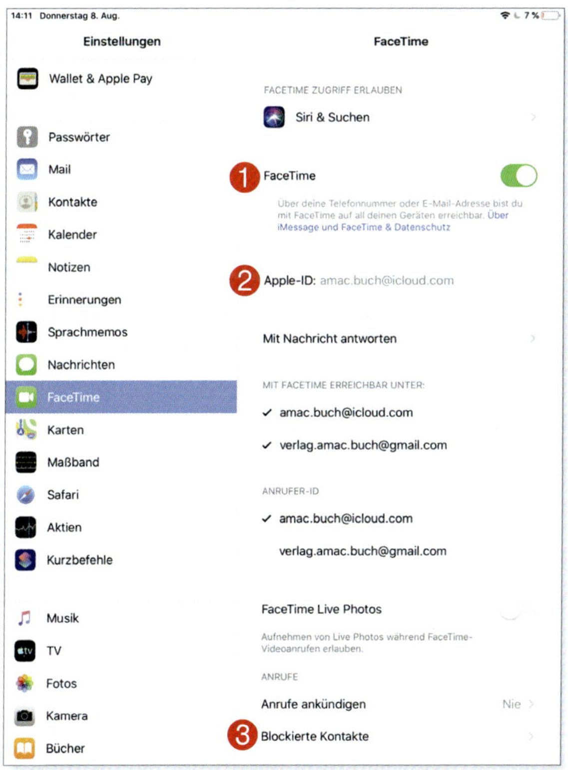

„FaceTime" ❶ muss aktiviert und auch die Apple-ID ❷ hinterlegt sein. Einzelne Personen können an der Kontaktaufnahme gehindert ❸ werden.

Weitere E-Mail-Adressen oder Telefonnummern zur Kontaktaufnahme hinzufügen

Sie können auch weitere E-Mail-Adressen oder Telefonnummern hinzufügen, um über diese erreichbar zu sein. Dazu müssen Sie allerdings Ihre *Apple-ID* öffnen ❹ und dort auf den ersten Eintrag *Name, Telefonnummern, E-Mail* tippen. Im Bereich *Erreichbar unter* tippen Sie auf *Bearbeiten* und anschließend auf *E-Mail oder Telefon hinzufügen* ❺ und geben eine E-Mail-Adresse oder eine Telefonnummer an. Um einer missbräuchlichen Nutzung vorzubeugen, erhalten Sie nach Angabe des Eintrags eine E-Mail, in der Sie sie bestätigen müssen.

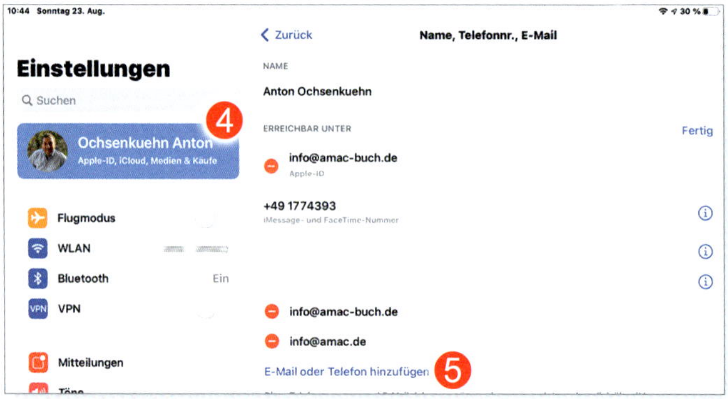

Bei geöffneten Apple-ID Einstellungen ❹ weitere E-Mail-Adressen oder Telefonnummern ❺ hinzufügen, unter denen man erreichbar sein wird.

Wenn Sie alle Einstellungen vorgenommen haben, können Sie die App *FaceTime* starten und Ihren ersten Video- oder Audiochat führen. Dazu müssen Sie auf *Neuer Facetime-Anruf* ❻ tippen und einen Kontakt aus Ihrem Adressbuch wählen. Wird der entsprechende Kontakt angezeigt, müssen Sie nur noch entscheiden, ob Sie einen Videochat ❼ oder nur einen Audioanruf ❽ führen wollen. Tippen Sie das entsprechende Symbol an, um den Anruf zu starten.

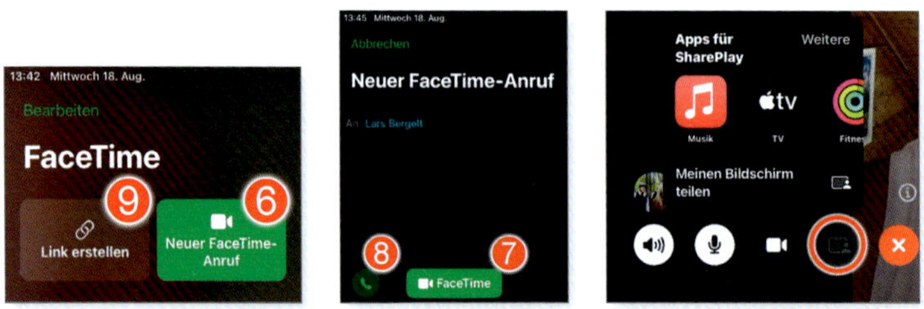

Ein FaceTime-Anruf wird gestartet. Dabei können Sie nicht nur mit Ihrem Gegenüber sprechen, sondern auch Ihren Bildschirm präsentieren (rechts) und so aus der Ferne Dinge Ihres iPads zeigen.

Bei einem Audioanruf stehen Ihnen die gleichen Optionen zur Verfügung wie bei einem herkömmlichen Telefonat. Der einzige Unterschied besteht darin, dass Sie während des Telefonats zu einem Videochat wechseln können indem Sie auf das Kamerasymbol tippen.

> **!** Wenn Sie nur kurz auf das Display tippen, werden die Bedienelemente ausgeblendet bzw. wieder eingeblendet.

Ist Ihr Gegenüber hingegen nicht erreichbar, dann können Sie direkt eine Video- bzw. Audiobotschaft hinterlassen.

Ihr FaceTime-Account ist neuerdings ein „Anrufbeantworter", der verpasste Anrufe wiedergeben kann. Links oben in der Seitenleiste (rechts) erkennen Sie aufgezeichnete Informationen.

FaceTime Links

Mit der Funktion *Link erstellen* ❾, können Sie FaceTime Anrufe, auch mit Freunden und Bekannten die kein Apple Gerät besitzen, führen.

Dazu tippen Sie auf *Link erstellen*. Nun können Sie den Link direkt über Nachrichten oder E-Mail teilen oder Sie kopieren den Link und versenden ihn über einen Dienst ihrer Wahl.

Wenn der Link über einen Browser geöffnet wird, wird man aufgefordert einen Namen anzugeben

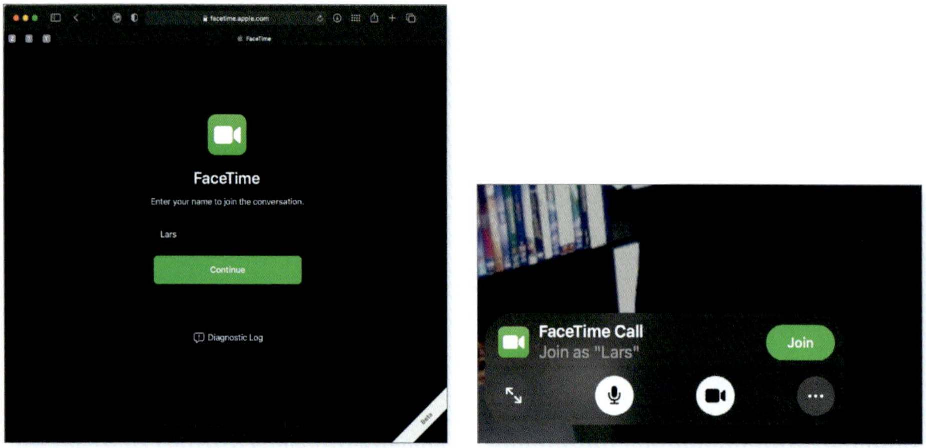

Anschließend muss man dem Anruf noch beitreten

Als Ersteller des Links erhält man eine Benachrichtigung, dass ein neuer Teilnehmer der Unterhaltung beitreten möchte.

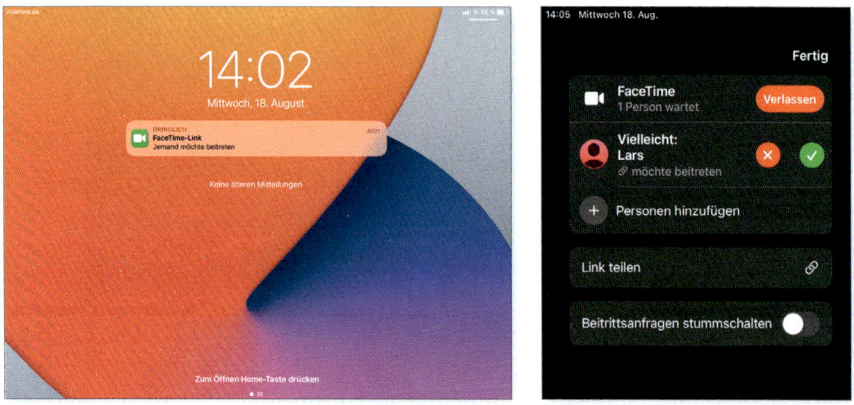

Man kann nun den Anruf entweder entgegennehmen oder ablehnen.

Einen *FaceTime-Link* kann man auch über den Kalender erstellen und somit ein Meeting planen.

Dazu erstellt man im Kalender ein neues Ereignis und tippt in *Standort oder Videoanruf*.

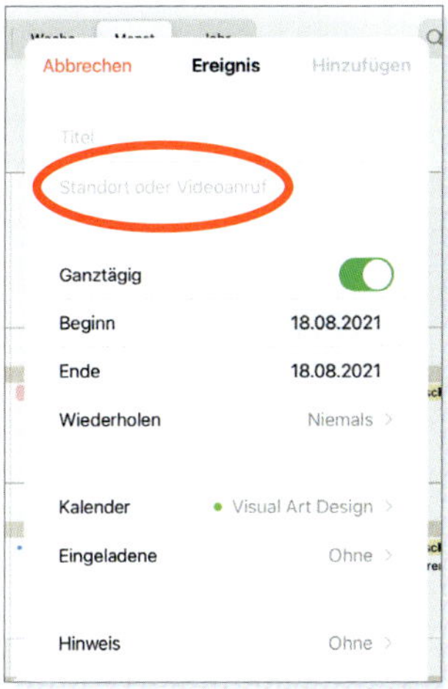

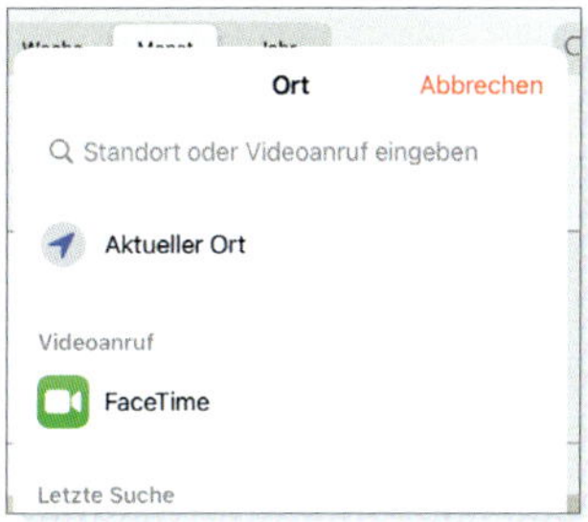

Hier wählt man nun „FaceTime“ aus und der Link wird an alle eingeladenen Teilnehmer des Ereignisses verschickt.

Telefonieren mit dem iPad

Das iPad kann in Zusammenarbeit mit einem iPhone auch zum normalen Telefonieren verwendet werden. Dabei können Sie nicht nur die Anrufe vom iPhone auf dem iPad annehmen, sondern auch neue Telefonate vom iPad aus starten. Damit dies reibungslos funktioniert, bedarf es einiger Einstellungen:

- iCloud muss auf Ihrem iPad und iPhone mit der gleichen Apple-ID eingerichtet bzw. aktiviert sein.
- Beide Geräte müssen sich im gleichen WLAN und in der Nähe zueinander befinden.
- Auf iPad *Einstellungen –> Facetime* die Option *Anrufe vom iPhone* einschalten.
- Auf dem iPhone muss im Gegenzug bei *Einstellungen –> Telefon* in der Option *Auf anderen Geräten* Ihr iPad aufgelistet und aktiviert sein.

Sind diese Voraussetzungen gegeben, dann kann jeder angekommende Anruf auf dem iPhone auch auf dem iPad angenommen werden. Ebenso können Sie dann auf dem iPad in FaceTime eine Telefonnumer anwählen, die in den Kontaktdaten von Personen hinterlegt ist, und den Anruf mit Hilfe des iPhones tätigen. Und auch das ist möglich: Tippen Sie in Mail, in Safari etc. auf eine Telefonnummer, um den Anruf via iPhone zu starten.

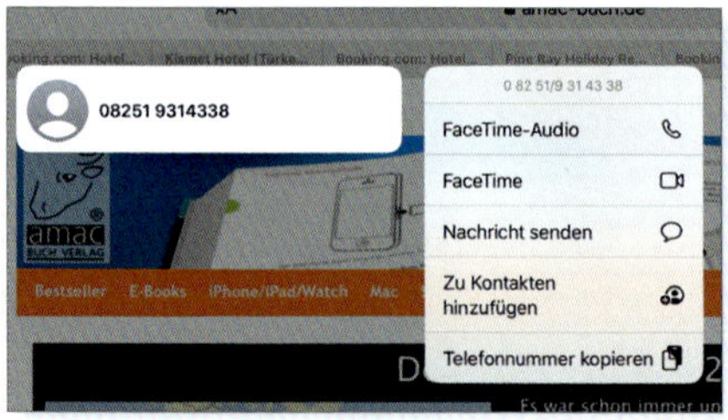

Normale Telefonanrufe können mit Hilfe eines iPhones auf dem iPad sowohl angenommen (links), als auch z.B. aus Safari gestartet werden (rechts). Wenn Sie den Anruf auf dem iPad ablehnen möchten, tippen Sie auf das rote Symbol oder schieben die Nachricht einfach noch oben aus dem Bildschirm.

! Wenn Sie auf dem iPhone (**Einstellungen –> Telefon**) oder iPad (**Einstellungen –> FaceTime**) die Option **Anrufe ankündigen** einschalten, dann werden Sie von der Siri-Stimme über den Namen bzw. die Telefonnummer des Anrufers informiert, sobald es das erste Mal klingelt.

Und es gibt eine weitere ebenfalls sehr elegante Möglichkeit, das iPad als Telefon zu nutzen: die kostenlose App *FRITZ!App Fon*.

Diese finden Sie im App Store und zudem benötigen Sie eine FRITZ!Box der Firma AVM. Ist beides vorhanden, wird das iPad mit der Box über WLAN verbunden und kann so als stationäres Telefon zum Einsatz kommen.

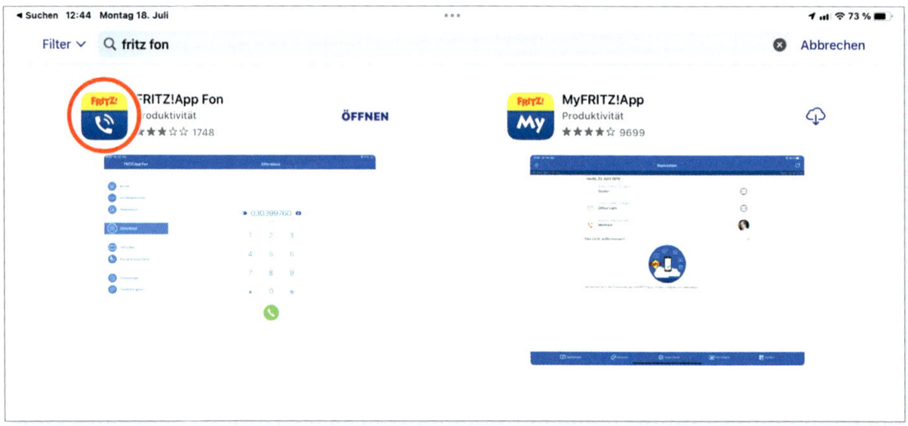

Diese kostenlose App verwandelt Ihr iPad in ein Telefon.

Damit können Sie all das tun, was ein „normales" Festnetztelefon in Ihrem Zuhause auch kann: Über den Ziffernblock Telefonnummern eintragen, aus der Kontakte-Liste des iPads Personen anrufen, den Anrufbeantworter abhören, die Anrufliste der ein- und ausgehenden Anrufe begutachten, etc.

Kapitel 5 Safari

Der große Vorteil eines Tablets ist, dass Sie jederzeit im Internet surfen können, egal, wo Sie sich gerade befinden. Das iPad ist da keine Ausnahme. Zum Surfen wird aber ein Internetbrowser benötigt. Auf dem iPad ist das die App *Safari*. In diesem Kapitel erfahren Sie, wie man Safari bedient und welche Möglichkeiten die App bietet.

Die Oberfläche

Die Oberfläche von Safari ist sehr aufgeräumt. Im oberen Bereich befindet sich die Eingabezeile ❶ für die Internetadressen bzw. die Internetsuche. Die Symbolleiste oben bietet noch diverse Funktionen. Mit den Pfeilen ❷ können Sie rückwärts und vorwärts blättern. Das *Teilen*-Symbol ❸ ist für die Weitergabe von Daten bzw. für das Ausführen von zusätzlichen Funktionen zuständig. Natürlich hat Safari auch *Lesezeichen*, die Sie über das Symbol ❹ erreichen. Zudem gibt es die Tabs bzw. die iCloud-Tabs ❺, die Sie mit dem Pluszeichen ❻ anlegen können. ❼ Mit diesem Symbol können Sie eigene Tabgruppen erstellen um ihre Tabs besser zu organisieren.

! Tippen Sie ca. 1,5 Sekunden auf das Pluszeichen, um eine Liste der zuletzt geschlossenen Tabs aufzurufen.

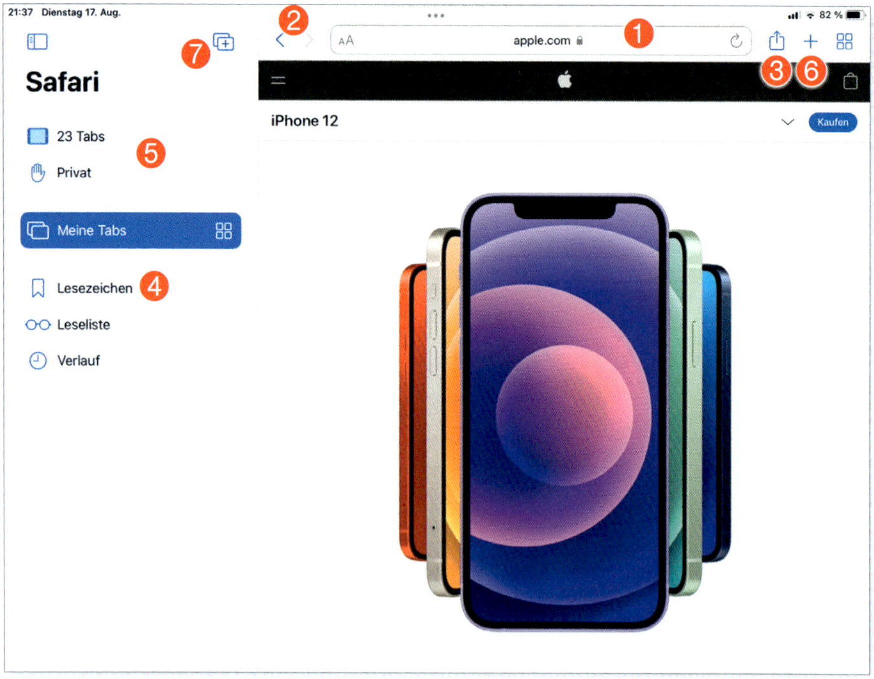

Die Oberfläche der App „Safari".

> **!** Während Sie eine Internetseite lesen bzw. nach unten scrollen, werden alle Funktionen inklusive der Symbolleiste ausgeblendet. Somit ist mehr Displayfläche für die Internetseite verfügbar. Wenn Sie die Eingabezeile und die Symbolleiste wieder einblenden wollen, dann tippen Sie auf die URL, die am oberen Displayrand eingeblendet ist. Wenn Sie die Internetseite aktualisiern wollen, dann ziehen Sie diese einfach ein kleines Stück nach unten.

Natürlich können Sie zudem die Startseite, die Ihnen Safari präsentiert, Ihren Bedürfnissen entsprechend anpassen.

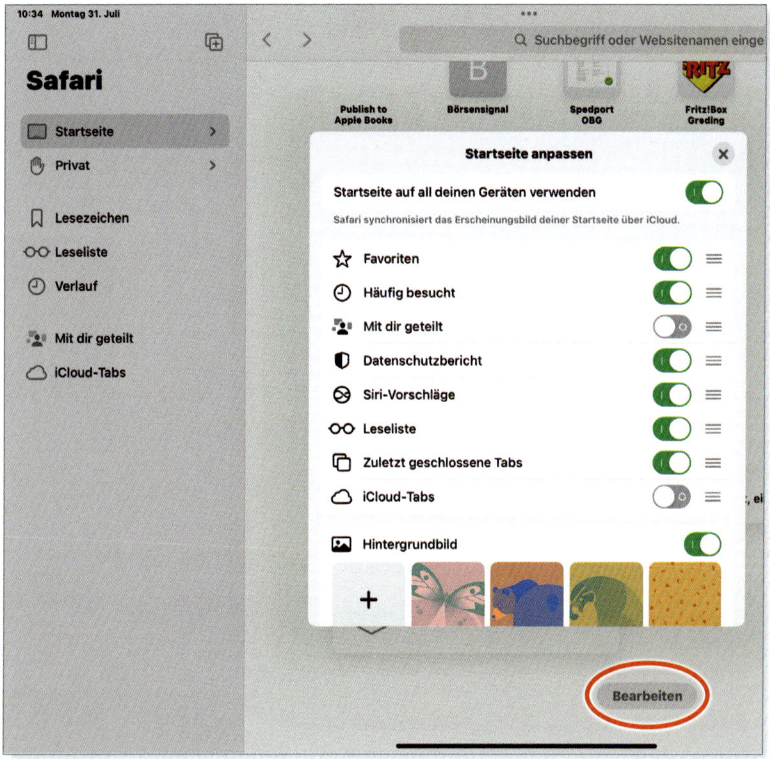

Über „Bearbeiten“, das Sie am unteren Rand finden – egal, was Sie links in der Seitenleiste ausgewählt haben – lassen sich viele Änderungen vornehmen. Besonders schön, sind die Hintergrundbilder.

▶I Safari – grundlegende Bedienung 05_01

http://ipados2023.amac-buch.de/#05_01

Safari ist der Standardbrowser am iPad und verhält sich wie sein Pendant am Computer. Es ist ein „echter“ Browser mit allen Funktionen. In diesem Video sehen Sie wie man

- eine URL einträgt und die Webseite ansteuert.
- die Scrollbalken nutzt, wieder schnell nach oben kommt.
- die Reader-Darstellung aktiviert, Bedürfnissen anpasst.
- Webseiten als PDF-Dateien ablegt und nach einem Begriff auf der Webseite suchen kann.

! Sie können sich die Texte auf Internetseiten bequem vorlesen lassen.

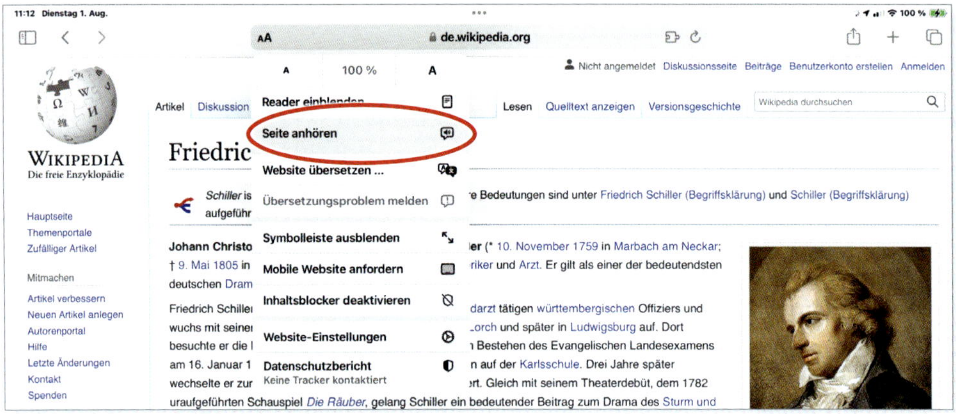

Via „Seite anhören" wird diese Funktion gestartet.

Optionen für das Surfen

Das Surfen mit dem iPad bzw. Safari muss eigentlich nicht erklärt werden, da es sehr einfach ist: Internetadresse eingeben, auf *Öffnen* tippen und warten, bis die Seite erscheint. Das Eingabefeld für die Internetadresse kann gleichzeitig auch für eine Suche verwendet werden. Wenn es sich bei der Eingabe um keine Internetadresse handelt, wird automatisch eine Websuche gestartet.

Es gibt aber speziell für das iPad einige zusätzliche Optionen, die beim Surfen im Internet sehr hilfreich sein können.

▶I Safari – einige coole Tricks 05_02

http://ipados2023.amac-buch.de/#05_02

Safari ist sehr vielseitig einsetzbar. Einige wichtige Tricks, die Sie kennen sollten, finden Sie in diesem Video.

Zwischenablage – von iPadOS zu macOS und umgekehrt

Das iPad und der Mac können die Zwischenablage gemeinsam nutzen. Der Mac muss dazu allerdings mindestens mit macOS Sierra arbeiten. Die gemeinsame Zwischenablage zu nutzen bedeutet: Wenn Sie z. B. auf dem iPad in Safari etwas markieren und kopieren, können Sie den kopierten Bereich am Mac in Word oder TextEdit einfügen. Das funktioniert auch in die andere Richtung vom Mac zum iPad.

> **!** Voraussetzung für die gemeinsame Zwischenablage ist die Nutzung von iCloud und die Verwendung der gleichen Apple-ID auf dem iPad und Mac.

Der Datenaustausch über die Zwischenablage funktioniert ganz einfach. Markieren Sie z. B. auf dem iPad den gewünschten Text und wählen Sie *Kopieren* aus dem *Kontextmenü*. Um auf dem iPad etwas zu markieren, können Sie entweder einen Doppeltipp ausführen oder den Finger etwas länger auf dem Display belassen.

Wechseln Sie nun zum Mac und öffnen Sie dort das Programm, in das Sie den kopierten Bereich einfügen wollen. Im Menü *Bearbeiten* müssen Sie jetzt nur noch die Funktion *Einfügen* bzw. *Einsetzen* wählen – fertig!

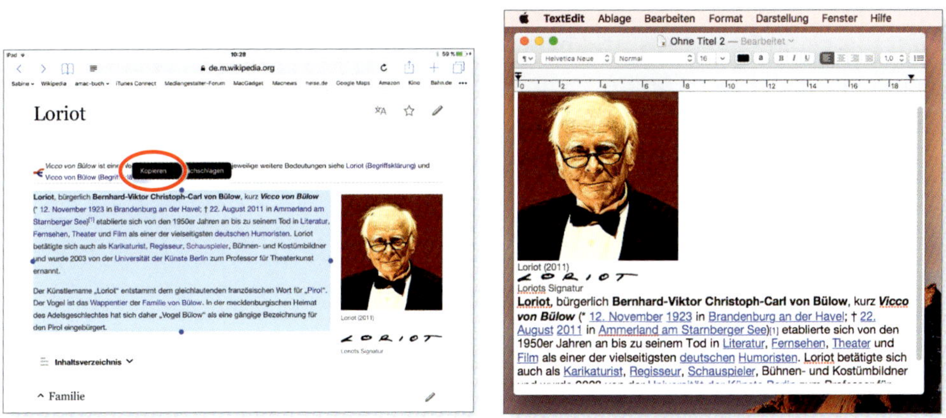

Der markierte Bereich wird auf dem iPad in die Zwischenablage gelegt und anschließend in TextEdit auf dem Mac in ein Dokument eingefügt.

Internetadressen organisieren

Es kommt sehr häufig vor, dass man immer wieder die gleichen Internetseiten ansteuert, z. B. Nachrichtenportale oder Zeitungen. Damit man nicht jedes Mal die ganze Internetadresse eintippen muss, kann man die Adressen in Safari speichern und später in einem Arbeitsschritt wieder aufrufen. Safari bietet hierfür mehrere Möglichkeiten. Die bekannteste Option sind die Lesezeichen.

▶❙ Internetadressen organisieren 05_03

http://ipados2023.amac-buch.de/#05_03

Was sind **Lesezeichen**? Worin besteht der Unterschied zur **Leseliste** und was hat es mit den **Favoriten** auf sich? Antworten dazu finden Sie in diesem Film.

Tabs

Auf dem Computer sind Ihnen Tabs im Browser bestimmt bekannt. Auf diese Weise kann man mehrere Internetseiten in einem Fenster öffnen. Die Seiten werden dann als Tabs (Register) auf der Seite angezeigt. Auch Safari auf dem iPad besitzt solche Tabs. Seit iPadOS 15 gibt es nun auch *Tabgruppen*, in denen man die geöffneten Tabs organisieren kann. Über iCloud werden diese Tabgruppen auf all Ihren Geräten synchron gehalten, so dass Sie von überall darauf zugreifen können.

▶❙ Tabs in Safari 05_04

http://ipados2023.amac-buch.de/#05_04

Im Handumdrehen sind weitere Tab eröffnet, so dass man viele Dinge im Internet sozusagen auf einen Blick sehen kann.

In diesem Film sehen Sie, wie man Tabs

- öffnet
- eine Übersicht erhält (entweder mit dem entsprechenden Icon oder indem man zwei Finger zusammenzieht)
- diese manuell oder automatisch wieder schliesst
- private Tabs verwendet

▶❙ Tabgruppen in Safari 05_05

http://ipados2023.amac-buch.de/#05_05

Mit iPadOS 15 hat Safari eine neue zeitsparende Funktion namens **Tabgruppen** erhalten. Damit lassen Sie mehrere Tabs zusammenhängend speichern und wieder erneut aufrufen. Wie genial einfach das ist, zeigt der Film.

Downloads via Safari auf dem iPad

Natürlich können Sie Dateien aus dem Internet herunterladen auf das iPad. Ein Downloads-Ordner muss hierfür definiert werden *(Einstellungen –> Safari –> Downloads)*. Und dann kann es auch schon losgehen ...

▶❙ Download und Upload in Safari 05_06

http://ipados2023.amac-buch.de/#05_06

Safari am iPad kann natürlich Downloads durchführen und ebenso Dateien ins Internet übertragen. Wie das geht, sehen Sie in diesem Video.

Einstellungen

Die App *Safari* enthält noch weitere Einstellungen, die Sie nicht vernachlässigen sollten – insbesondere wenn Sie Wert auf Datenschutz legen. Und es gibt Einstellungen, die auch das Arbeiten mit Safari komfortabler machen. Alle Einstellungen, die nun folgen, finden Sie in der App *Einstellungen* unter *Safari*.

Suchen

Wie etwas weiter vorn beschrieben, können Sie mit Safari auch eine Websuche ausführen, wenn Sie den Suchbegriff in die Eingabezeile eintippen. Sie werden vielleicht schon bemerkt haben, dass Safari die Suchmaschine *Google* verwendet. Wenn Sie lieber eine andere nutzen wollen, dann müssen Sie zur Option *Suchmaschine* ❶ in den Safari-Einstellungen wechseln. Sie haben die Auswahl zwischen *Google*, *Yahoo*, *Bing*, *Ecosia* und *DuckDuckGo*.

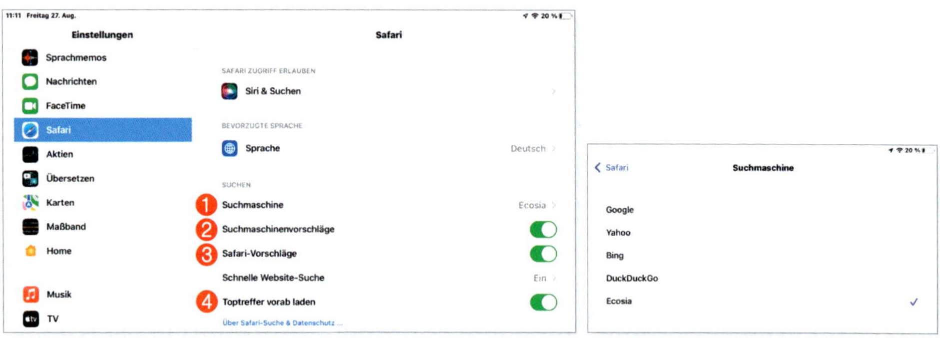

Welche Suchmaschine wollen Sie in Safari verwenden?

Mit den Optionen *Suchmaschinenvorschläge* ❷ und *Safari-Vorschläge* ❸ erhalten Sie bereits beim Eintippen des Suchbegriffs Vorschläge für die gesuchte Internetseite. Je mehr Sie dann vom Suchbegriff eintippen, umso genauer werden die Vorschläge. Bei den Vorschlägen der Suchmaschine greift Safari auf eine Funktion der eingestellten Suchmaschine zurück. Im Hintergrund wird also bereits die Suche auf der Suchmaschine gestartet. Im Gegensatz dazu werden bei den Safari-Vorschlägen die bereits besuchten Internetseiten (Browserverlauf) und bekannte Websites für einen Vorschlag genutzt.

Eine weitere interessante Einstellung ist *Toptreffer vorab laden* ❹. Dadurch können Sie die Wartezeit während des Ladens einer Internetseite verkürzen. Wenn diese Option eingeschaltet ist, werden im Hintergrund die Toptreffer der

Suche bereits vorab geladen. Dadurch erhalten Sie einen kleinen Geschwindigkeitsvorteil, wenn Sie anschließend einen der Toptreffer auswählen. Ansonsten war das Vorabladen von Safari überflüssig.

Passwörter im Browser

Wenn Sie mit Safari im Internet surfen und eine Seite aufrufen, auf der Sie sich mit Benutzername und Passwort anmelden müssen, dann können Sie für das zukünftige Einloggen das Passwort speichern lassen. Safari füllt beim nächsten Mal automatisch das Eingabefeld mit dem gespeicherten Passwort aus. Wie kann man ein Passwort speichern?

Das geht ganz einfach! Wenn Sie sich auf einer Internetseite anmelden und den Textcursor im Eingabefeld platziert haben, werden direkt über der Tastatur einige Funktionen eingeblendet. Sie können z. B. bei ❶ Ihre E-Mail-Adresse von iCloud für das Anmelden nutzen, und bei dem Schlüsselsymbol ❷ haben Sie Zugriff auf bereits gespeicherte Passwörter. Wenn Sie nun das aktuelle Passwort sichern wollen, dann tippen Sie es ein und schließen den Anmeldevorgang der Internetseite ab. Safari blendet nun eine Meldung ein, in der Sie das *Passwort aktualisieren* ❸ und damit speichern können. Das war's schon!

Wenn Sie sich zu einem späteren Zeitpunkt wieder auf der Internetseite anmelden wollen, dann können Sie die Eingabefelder automatisch ausfüllen lassen❹. Dazu muss allerdings unter *Einstellungen –> Passwörter* die Option *Automatisch ausfüllen* eingeschaltet sein.

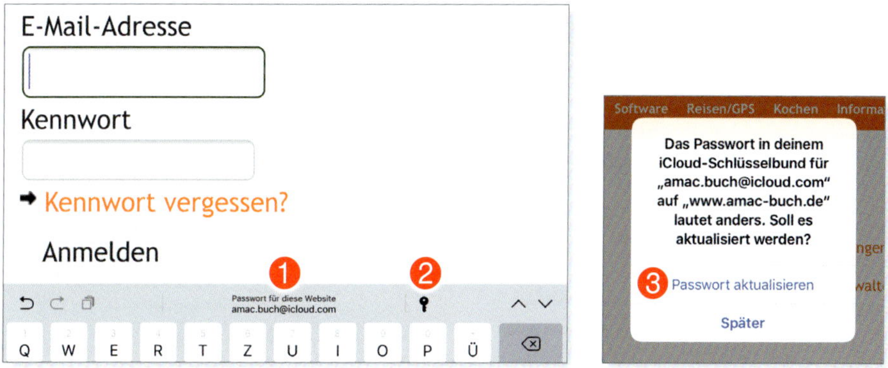

Benutzernamen und Passwörter für Internetportale...

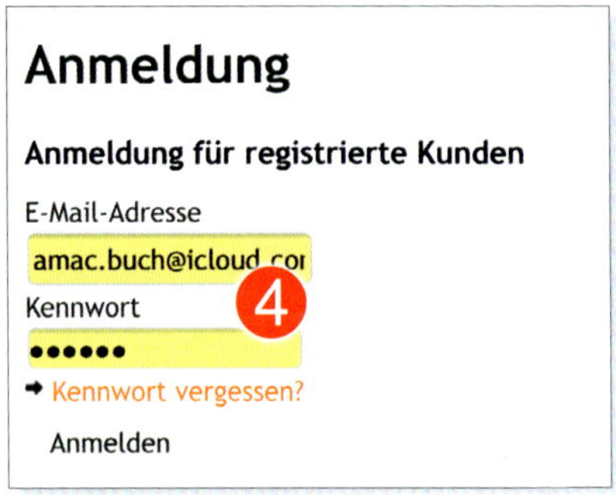

... können von Safari gespeichert werden.

Einstellungen –> Passwörter

Wo speichert Safari die Passwörter? In den *Einstellungen* bei *Passwörter*! Wenn Sie den Bereich aufrufen, werden Sie zuerst nach dem Entsperrcode bzw. der Touch ID gefragt. Das ist eine Sicherheitsfunktion, damit nicht jeder die Passwörter einsehen kann. Danach sehen Sie dann die Liste mit den Internetseiten, bei denen der Benutzername und das Passwort gesichert wurden. Wenn Sie einen Eintrag antippen, können Sie die Informationen einsehen. In der Liste kann ein Eintrag natürlich auch wieder entfernt werden. Entweder Sie tippen rechts oben auf *Bearbeiten* oder verschieben den Eintrag nach links, um die *Löschen*-Funktion einzublenden.

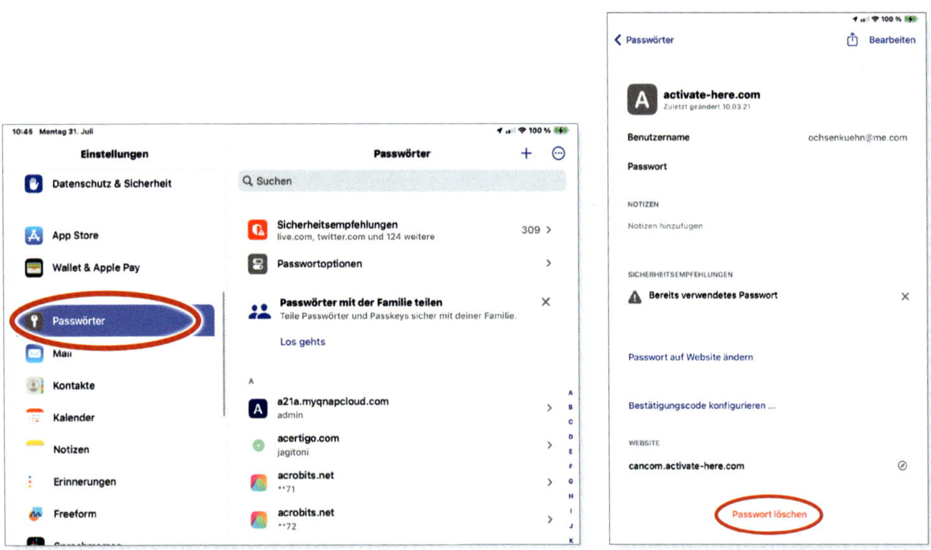

Die gespeicherten Passwörter kann man einsehen und wieder entfernen.

> **!** Riskieren Sie unbedingt noch einen Blick in die **Passwortoptionen**. Denn dort können Sie zum einen die Passwörter aus anderen Browsern verwenden und zum zweiten können Sie einmalige Bestätigungscodes, die Sie häufig beim Einloggen auf Webseiten benötigen, hier **Automatisch löschen** lassen.

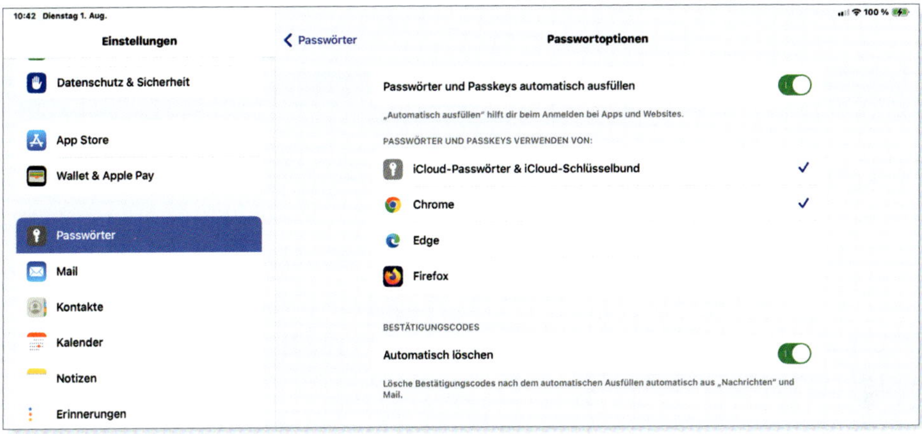

Aktivieren Sie das automatische Ausfüllen ganz oben.

Und jetzt kommt der Clou: Die gesicherten Passwörter können zwischen den Apple-Geräten synchronisiert werden. Wenn Sie also z. B. ein Passwort auf dem iPad sichern, kann via iCloud dieses Passwort auf den Mac übernommen werden. Voraussetzung dafür ist die Nutzung von iCloud und des iCloud-Schlüsselbunds. Das Einrichten des iCloud-Schlüsselbunds erfordert allerdings einige Arbeitsschritte. Eine ausführliche Beschreibung, wie man den iCloud-Schlüsselbund nutzt, finden Sie in dem Buch „ iCloud & Apple-ID" aus dem amac-buch Verlag.

Mit dem „iCloud-Schlüsselbund" können die gesicherten Passwörter zwischen Apple-Geräten synchronisiert werden.

Neben Passwörtern kann Safari auch Ihre Kontaktdaten bzw. Ihre Kreditkartendaten fürs Bezahlen in Webformularen zur Verfügung stellen. Dazu sollten Sie in den *Einstellungen* bei *Safari* den Bereich *Autom. ausfüllen* ansteuern und konfigurieren. Wenn Sie hierbei auf *Gesicherte Kreditkarten* tippen und anschließend auf *Neue Kreditkarte*, dann können Sie direkt über die iPad-Kamera die Daten einlesen lassen. Diese Kreditkarten lassen sich ebenfalls in *Einstellungen –> Wallet & Apple Pay* übernehmen.

Datenschutz und Sicherheit

Diese beiden Punkte sind das Wichtigste beim Surfen im Internet! Die Safari-Einstellungen bieten einige Optionen, mit denen Datenschutz und Sicherheit beim Surfen wesentlich erhöht werden können. Das erste ist das Unterdrücken von Pop-up-Fenstern mit *Pop-Ups blockieren* ❶. Damit verhindern Sie, dass beim Öffnen einer Seite zusätzliche Seiten aufspringen und Ihnen unerwünschte Werbung vor die Nase schieben.

Ein ebenso wichtiger Punkt ist die Option *Cross-Sitetracking verhindern* ❷. Sie sollten diese Funktion einschalten, um zu verhindern, dass Internetseiten Ihre Aktivitäten aufzeichnen. Besonders bei Onlineshops ist das eine beliebte Methode des Anbieters, um Ihnen aufgrund der Produkte, die Sie bereits angesehen haben, ein Angebot zu offerieren, das auf Ihre Interessen zugeschnitten ist. Ein sehr guter Schutz ist auch *IP-Adresse verbergen* ❸, hiermit wird verhindert das Tracker anhand ihrer IP-Adresse ein Profil über Sie erstellen.

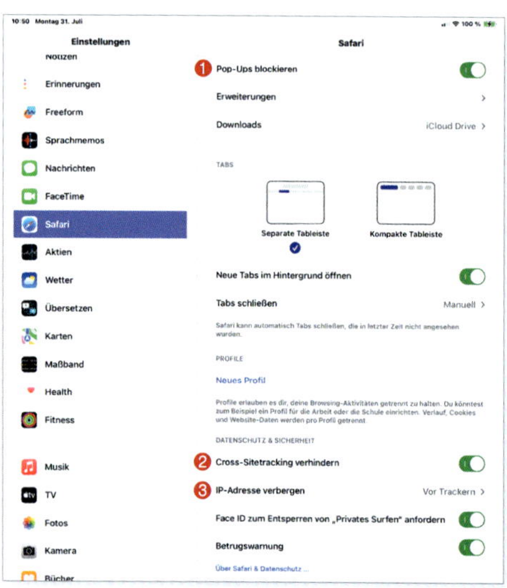

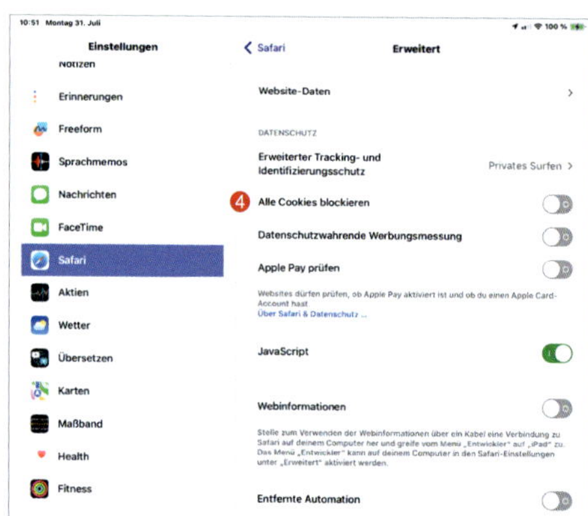

Einige der Einstellungen für den Datenschutz sollten Sie nicht vernachlässigen. Via „Erweitert" kommen Sie zudem noch an die Cooke-Einstellungen heran.

Außerdem ist es wichtig, regelmäßig den Browsercache zu löschen. Hier werden z. B. Adressen der besuchten Internetseiten gespeichert, genauso wie Cookies. Cookies sind kleine Dateien, die Informationen der Internetseiten zwischenspeichern. Wenn Sie z. B. in einem Onlineshop etwas in den Warenkorb legen, wird der Warenkorb als Cookie auf dem Gerät gesichert. Um den Browserverlauf und alle Cookies zu entfernen, tippen Sie auf die Option *Verlauf und Websitedaten löschen*.

! Wenn Sie grundsätzlich verhindern wollen, dass Cookies auf dem iPad verwendet werden, dann aktivieren Sie die Option **Alle Cookies blockieren** ❹. Sie sollten bedenken, dass viele Internetseiten die Cookies benötigen und dass diese dann nicht mehr geöffnet bzw. genutzt werden können.

Das Tracking ist eine sehr beliebte Funktion von Internetseiten, Ihnen auf Ihrem Weg über verschiedenste Webseiten nachzufolgen. Über den *Datenschutzbericht* in Safari können Sie einsehen, wie gut Apple dieses Tracking blockiert hat.

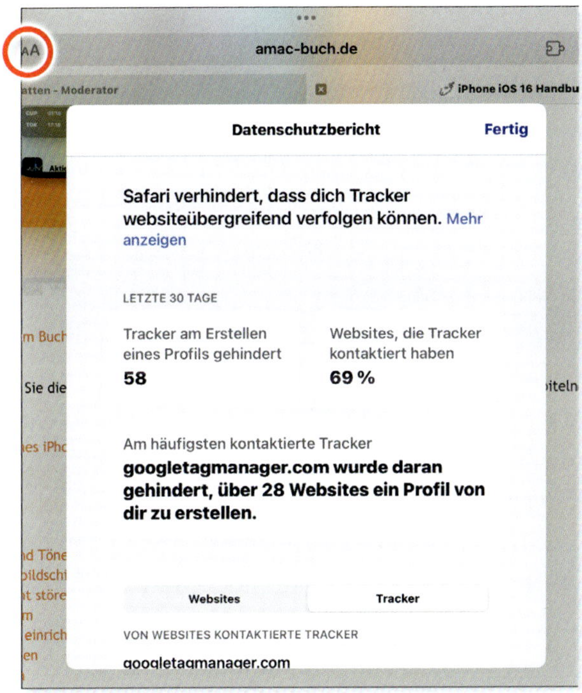

Über das „AA"-Symbol in der URL-Leiste von Safari können Sie den „Datenschutzbericht" aufrufen.

iCloud+

iCloud+ ist ein Sicherheitspaket, das in allen iCloud Abos (außer im kostenlosen) und mit dem Apple One Abo zur Verfügung steht:

- *Privat-Relay*
  Damit wird Ihre IP-Adresse verborgen und somit kann niemand sehen, wer man ist und welche Webseite man besucht hat.
  Diese Funktion können Sie in den *Einstellungen –> Ihr Name (Apple-ID, iCloud, Medien & Käufe) –> iCloud –> Privat Relay* aktivieren.

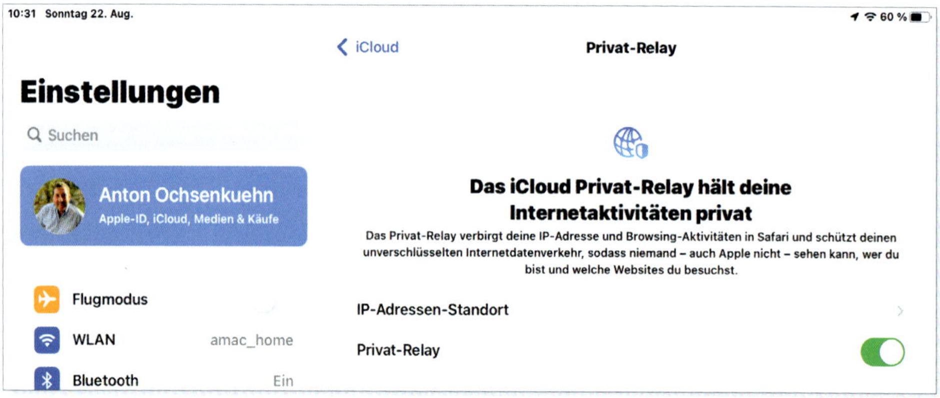

Via „Einstellungen –> Ihr Name (Apple-ID, iCloud, Medien & Käufe) –> iCloud" gelangen Sie zum „Privat-Relay" und zu „E-Mail-Adresse verbergen".

- *E-Mail verbergen*
  Mit der Funktion *E-Mail verbergen* können Sie E-Mail Adressen erstellen, die die Nachrichten an Ihr persönliches Postfach weiterleiten und Ihr Gegenüber aber Ihre „echte" E-Mail-Adresse nicht zu Gesicht bekommt. Gehen Sie dazu zu *Einstellungen –> iCloud –> Ihr Name (Apple-ID, iCloud, Medien & Käufe) –> E-Mail-Adresse verbergen* und wählen hier *Neue E-Mail-Adresse erstellen*. Anschließend können Sie noch einen Namen und eine Notiz hinzufügen, damit man später noch weiß, wofür man diese verwendet hat. Nun können Sie diese E-Mail verwenden.

Im Handumdrehen sind neue Mail-Adressen erstellt, die Sie beliebig nutzen können.

Werbeblocker installieren

Sobald Sie über den App Store einen Werbeblocker installiert haben, verschwindet zum einen die lästige Werbung auf vielen Internetseiten und zum zweiten erhalten Sie in den *Einstellungen –> Safari* bei *Allgemein* den Eintrag *Inhaltsblocker*. Damit können die Werbeblocker aus- bzw. eingeschalten werden.

!

Einen sehr nützlichen und obendrein kostenfreien Werbeblocker finden Sie hier: **https://apps.apple.com/de/app/adblock-plus-abp-kostenlos-werbung-blockieren-ads-entfernen/id1028871868**

Profile für Safari

Und noch eine sehr sinnvolle Funktion kann mit Safari genutzt werden: Profile *(Einstellungen –> Safari –> Neues Profil)*. Beim Erstellen eines Profils geben Sie diesem einen Namen, ein Icon und eine Farbe. Achten Sie zudem darauf, dass unterhalb bei *Einstellungen* Sie den Eintrag in *Favoriten* nicht ändern. Denn damit wird ein zusätzlicher Ordner erstellt, der die Lieblingsseiten für dieses Profil speichert.

Damit können Sie Ihre privaten Webseiten von z. B. den beruflichen trennen.

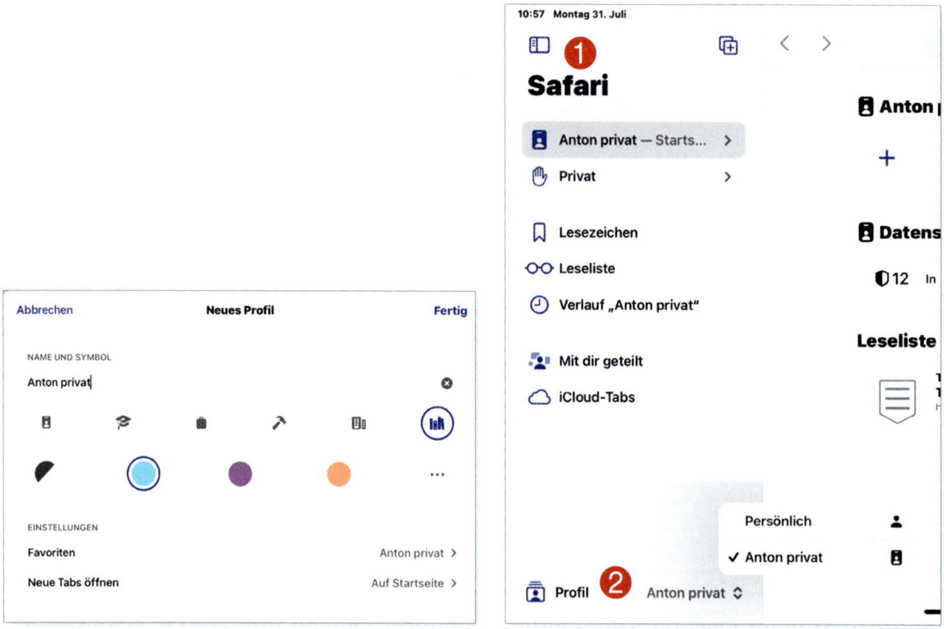

Wurden Profile erstellt (links), dann kann man in Safari (rechts) ❶ eben diese Profile auswählen ❷. Sogleich haben Sie Zugriff auf die jeweiligen Favoritenseiten, Leselisten, Verläufe, Cookies etc.

Kapitel 6 Die Stores

Das iPad wird mit einer großen Zahl von Apps und Funktionen geliefert. Um aber das ganze Potenzial des Geräts auszuschöpfen, benötigen Sie zusätzliche Apps. So hat z. B. das iPad keine App, mit der man das aktuelle Wetter anzeigen kann. Der App Store bietet in dieser Hinsicht mehrere Millionen Apps für jeden denkbaren Zweck. Außerdem können Sie das iPad zum Zentrum Ihrer Unterhaltung machen: Über den iTunes Store kann man Filme und Musik erwerben. Selbst Leseratten kommen hier nicht zu kurz, denn der Apple Book Store stellt Hunderttausende von E-Books aus allen Bereichen zur Verfügung. In diesem Kapitel geht es darum, wie man diese drei Stores auf dem iPad nutzt und wie Sie Apps, Musik, Filme und E-Books käuflich oder auch kostenlos erwerben.

! Die Grundvoraussetzung für die Nutzung der Stores ist eine kostenlose Apple-ID. Wenn Sie also noch keine besitzen, dann legen Sie sich eine unter **appleid.apple.com** zu.

App Store

Wie der Name schon vermuten lässt, beherbergt der *App Store* die Apps, also die Programme für das iPad. Wenn Sie den App Store starten, sehen Sie im unteren Bereich eine Symbolleiste ❶, die verschiedene Bereiche (*Heute*, *Spiele*, *Apps*, *Updates* und *Suchen*) des Stores enthält. Zudem gibt es einen Bereich für die *Apps* ❸. Rechts oben finden Sie Ihre *Apple-ID* ❷ wo Sie z. B. Ihre Einkäufe und die Einstellungen für die Apple-ID finden.

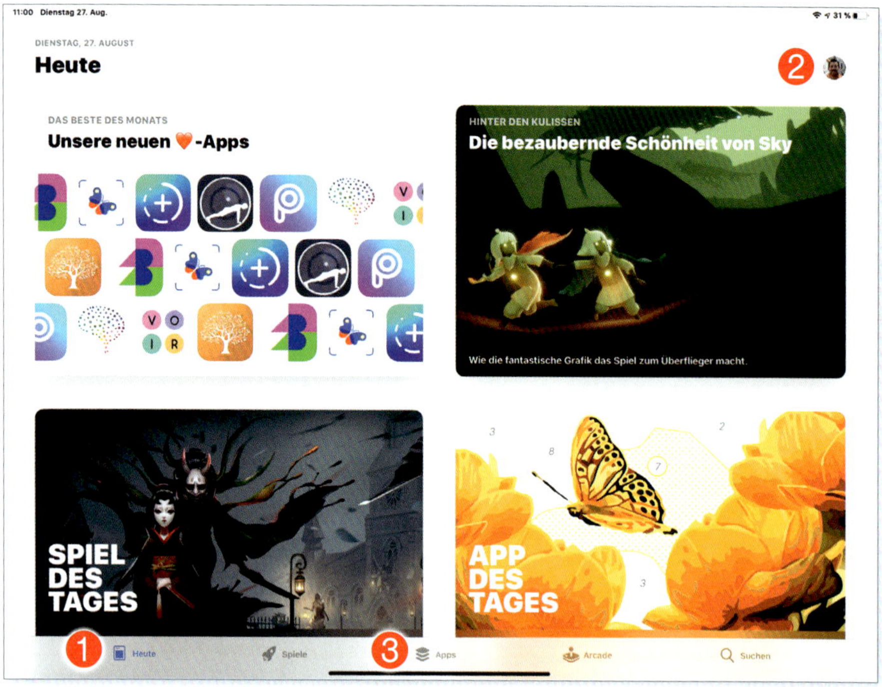

Der App Store auf dem iPad.

Sie können nun die einzelnen Bereiche durchstöbern und sich die Apps herunterladen, die Sie ausprobieren wollen. Der Bereich *Heute* enthält z. B. Empfehlungen der Apple-Redaktion. Dort finden Sie auch die *App des Tages*, eine App, die von der Redaktion ganz besonders empfohlen wird. Außerdem findet man noch interessante Geschichten über die App-Entwickler oder der Entstehung einer App.

Wenn Sie eine App antippen, erhalten Sie alle Infos über die App; auch einige Screenshots können Sie einsehen. Eine wichtige Info ist natürlich der Preis, der direkt unter dem Namen der App angezeigt wird. Wenn dort nur das Word *Laden* steht, dann ist die App kostenlos. Besonders Apple bietet eine ganze Reihe sehr hochwertiger Apps kostenfrei an, wie z. B. die Tabellenkalkulation *Numbers*, die Präsentationssoftware *Keynote*, die Textverarbeitung *Pages*, die Videoschnittsoftware *iMovie* oder *GarageBand*, zum Musikmachen und Etliches mehr.

! Der Begriff „kostenlos" ist manchmal etwas trügerisch. Viele Apps sind zwar kostenlos und bieten eine gewisse Grundfunktion, aber wenn Sie speziellere Funktionen benötigen, dann müssen Sie diese nachkaufen. Das Ganze wird als **In-App-Kauf** bezeichnet. Direkt neben dem Preis können Sie erkennen, ob es für die App solche In-App-Käufe gibt. Wenn ja, dann scrollen Sie etwas weiter nach unten: Dort sind die Preise für die In-App-Käufe aufgelistet. So wird manchmal aus einer kostenlosen App eine sehr teure, da Sie sie mit In-App-Käufen erst aufrüsten müssen.

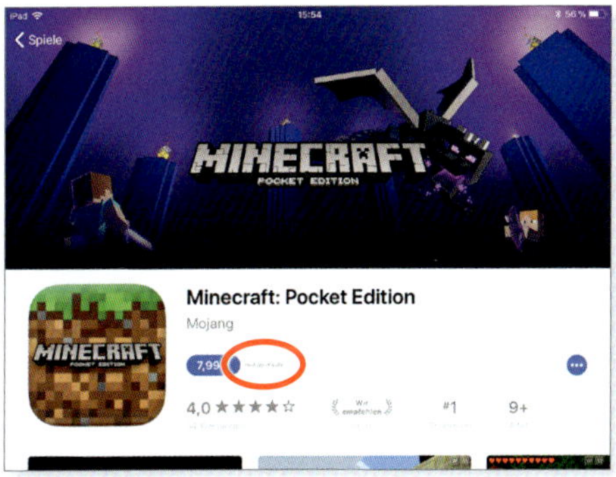

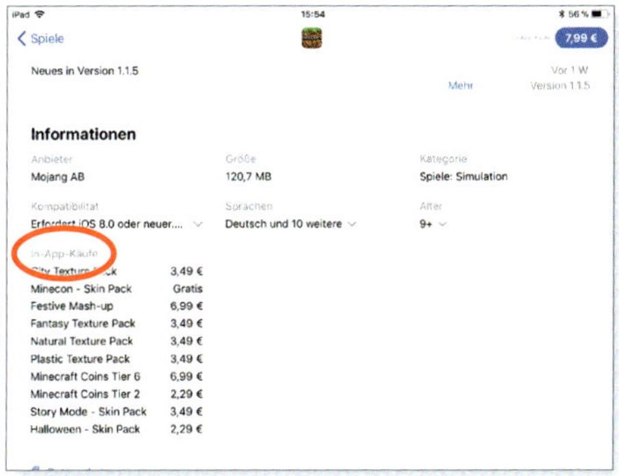

Die App selbst ist zwar kostenlos, aber durch „In-App-Käufe" kann sie sehr schnell teuer werden.

Eine App suchen und installieren

Wenn Sie genau wissen, welche App Sie benötigen bzw. aus welchem Bereich die App ist, dann können Sie die „Suche" im App Store verwenden. Tippen Sie in der Symbolleiste auf *Suchen* ❶ und geben Sie anschließend den Suchbegriff ein, z. B. „Zeichnen". Innerhalb von wenigen Sekunden werden alle Apps aufgelistet, die unter dem Suchbegriff „Zeichnen" im App Store vorhanden sind. Wenn Sie die gewünschte App gefunden haben, tippen Sie entweder auf *Laden* ❷ (kostenlose Apps) oder auf den angezeigten Preis. Egal, ob die App kostenlos ist oder nicht, in beiden Fällen öffnet sich ein Fenster, in dem Sie den Kauf bzw. den Download bestätigen müssen.

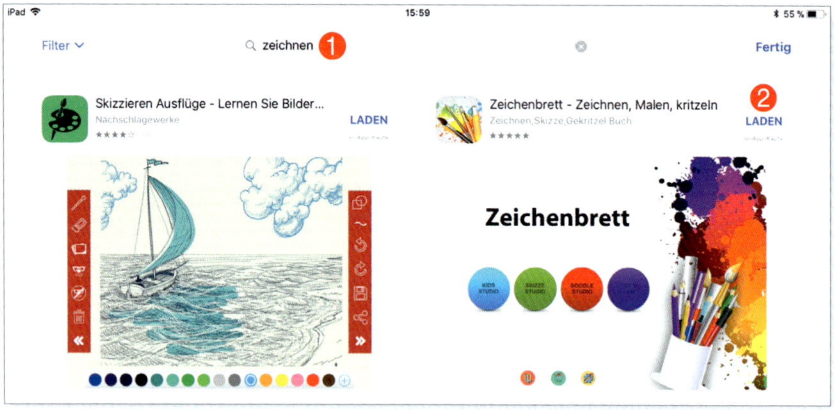

Die Suche bringt Sie am schnellsten zur gewünschten App.

Wenn Sie den Kauf mit Ihrer Touch ID oder Ihrem Apple-ID-Passwort bestätigen, wird die App gekauft, heruntergeladen und installiert. Beim Kauf wird die Kreditkarte belastet, die Sie beim Anlegen der Apple-ID als Zahlungsmethode hinterlegt haben *(Einstellungen –> Ihr Name –> Zahlung & Versand)*.

Neben Kreditkarten können Apple Pay und PayPal genutzt werden.

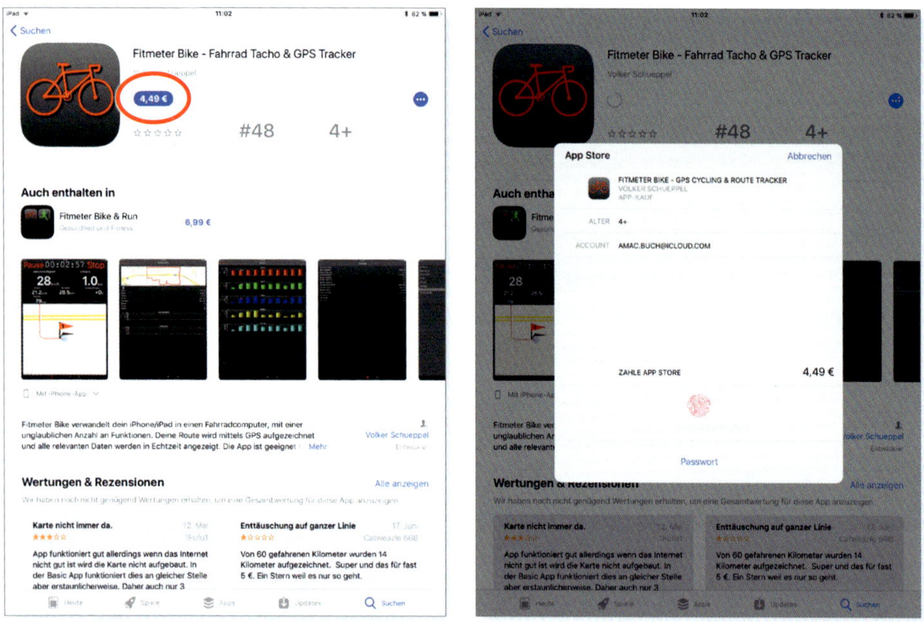

Diese App ist kostenpflichtig, muss vor der Nutzung also erst gekauft werden.

!

Egal, ob Sie eine kostenlose oder kostenpflichtige App herunterladen: Sie müssen auf alle Fälle das Passwort für Ihre Apple-ID parat haben und beim Herunterladen eingeben. Falls Sie mit **Touch ID** für den Einkauf in den Stores arbeiten, dann reicht es aus, den Finger auf die Home-Taste zu legen und bei **Face ID** genügt es, das iPad mit seinem Gesicht zu autorisieren..

Nach erfolgreicher Installation ist die App auf dem Home-Bildschirm verfügbar und kann gestartet werden. Die App wird bei der Installation automatisch auf dem nächsten freien Platz einsortiert, was bei der Verwendung von vielen Home-Bildschirmen sehr schnell unübersichtlich wird. Wie Sie den Home-Bildschirm besser organisieren können, erfahren Sie ab Seite 126.

Gutscheine

Normalerweise wird im App Store (und auch in den anderen beiden Stores) der Kauf über die eingestellte Zahlungsmethode abgewickelt. Haben Sie keine Kreditkarte oder ist Ihnen diese Zahlweise zu unsicher, dann können Sie auch mithilfe von Gutscheinen den kompletten Zahlungsverkehr in den Stores regeln. Gutscheinkarten mit verschiedenen Beträgen für den iTunes Store und den App Store gibt es inzwischen in Supermärkten, in Drogerien und in Tankstellen zu kaufen.

So sieht eine Gutschein-Karte aus, die man im Supermarkt, in der Drogerie und an Tankstellen kaufen kann.

Wenn Sie sich eine Guthaben-Karte besorgt haben, können Sie den Betrag im App Store oder im iTunes Store einlösen. Scrollen Sie im App Store ganz nach unten und tippen anschließend auf die Schaltfläche *Einlösen* ❶. Geben Sie anschließend den Code der Guthaben-Karte ein ❷, oder scannen Sie ihn mit der Kamera des iPads ab ❸. Der Gutschein wird sofort eingelöst und Ihrer Apple-ID gutgeschrieben.

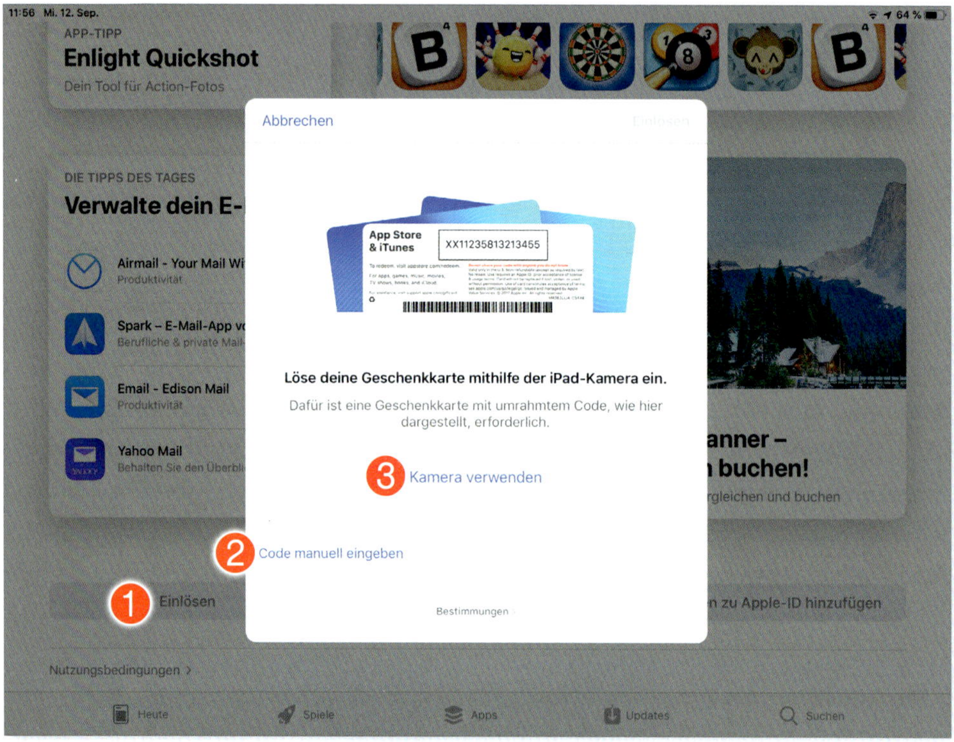

Gekaufte Gutscheine für den App Store oder iTunes Store können direkt mit dem iPad für den Einkauf verwendet werden.

! Im **iTunes Store** scrollen Sie im Bereich **Musik, Filme** oder **TV-Sendungen** ganz nach unten. Dort finden Sie dann die Schaltfläche **Einlösen**.

Das aktuelle Guthaben können Sie übrigens jederzeit ablesen, wenn Sie im App Store auf Ihre Apple-ID tippen. Direkt unterhalb Ihrer Apple-ID wird das aktuelle Guthaben angezeigt. Bei jedem Einkauf wird etwas vom Guthaben abgezogen. Ist es komplett aufgebraucht, können Sie nichts mehr einkaufen, bis es wieder aufgefüllt ist oder Sie eine Kreditkarte hinterlegen. Im iTunes Store finden Sie das Guthaben ganz unten angezeigt.

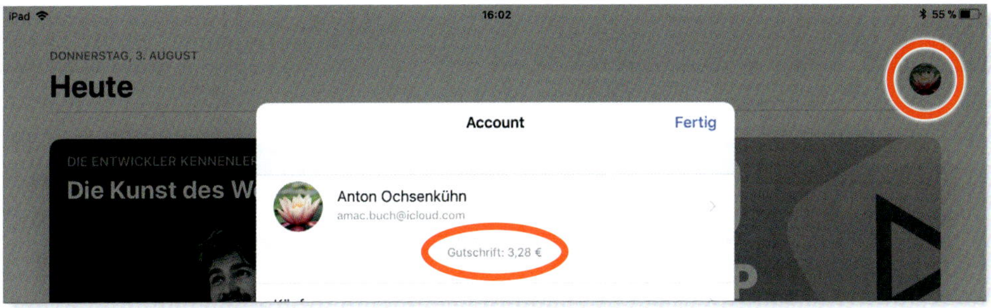

Bei der Apple-ID ist auch das aktuelle Guthaben einzusehen.

Neben den Guthaben-Karten in den Supermärkten gibt es auch digitale Gutscheine. Diese kann man direkt im App Store oder im iTunes Store kaufen und dann verschenken.

> **!** Einen digitalen Gutschein kann man nur kaufen und verschenken, wenn man für seine Apple-ID eine Kreditkarte hinterlegt hat.

Scrollen Sie dazu im App Store ganz nach unten und tippen danach auf die Schaltfläche *Verschenken* und geben Sie anschließend die E-Mail-Adresse des Empfängers und den Betrag an, den Sie verschenken wollen. Danach können Sie noch ein Motiv für den digitalen Gutschein aussuchen. Ist alles eingestellt, tippen Sie zum Abschluss rechts oben auf *Kaufen*: Ihre Kreditkarte wird mit dem ausgewählten Betrag belastet und der Empfänger erhält eine E-Mail mit dem digitalen Gutschein.

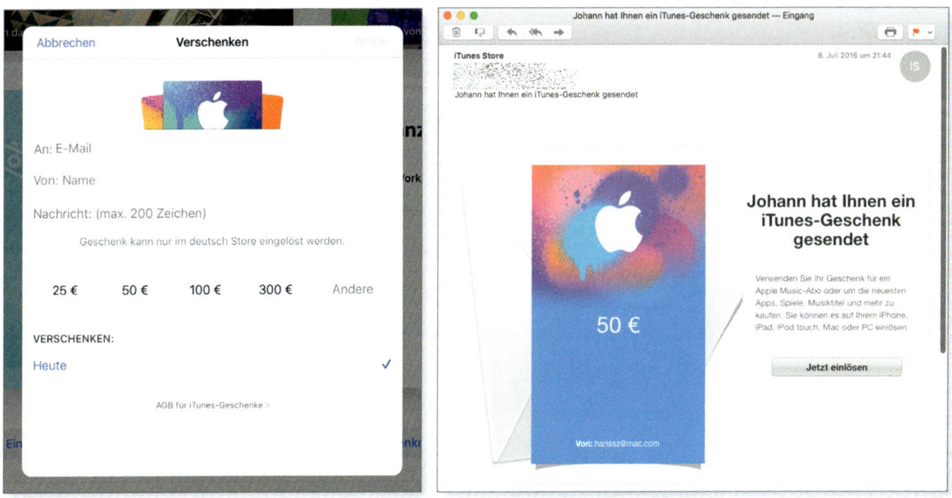

Digitale Gutscheine können direkt im App Store gekauft und per E-Mail verschickt werden.

Apps organisieren

Da der Home-Bildschirm alle installierten Apps anzeigt, kann es durch permanentes Installieren von Apps passieren, dass der Bildschirm des iPads sehr schnell unübersichtlich wird. Deswegen enthält der Home-Bildschirm Funktionen, um die Apps zu organisieren. Dabei können Sie die Reihenfolge der Apps beliebig ändern, in Ordnern zusammenfassen und auch vom iPad entfernen. Außerdem lassen sich zusätzliche Home-Bildschirme anlegen.

▶I Apps verschieben und Ordner erstellen 06_01

http://ipados2023.amac-buch.de/#06_01

Wer wie ich mit vielen Apps auf dem iPad arbeitet, sollte wissen, wie man diese auf dem Homebildschirm seinen Bedürfnissen entsprechend anordnet. Dazu ist der Wackelmodus da. Einfach eine App ca. eine Sekunde antippen (Haptic Touch) und diese verschieben oder über das Kontextmenü **Home-Bildschirm bearbeiten** wählen.
Darüber hinaus können wichtige Apps ins Dock gelegt werden. Aber auch das Erstellen von App-Ordnern ist sinnvoll. All das und noch einiges mehr sehen Sie in diesem Video.

! Falls Sie am Ende doch unzufrieden mit der Anordnung der App-Icons auf dem Bildschirm sind, können Sie über **Einstellungen –> Allgemein –> iPad übertragen/zurücksetzen –> Zurücksetzen –> Home-Bildschirm** wieder die Ausgangssituation herstellen.

Zwischen den geöffneten Apps wechseln: der App Switcher

Den Wechsel von einer App zu einer anderen bewerkstelligen die meisten Anwender über den Home-Bildschirm. Man wechselt mit der Home-Taste zuerst zum Home-Bildschirm und wählt dann die App aus. Dieser Weg ist allerdings etwas umständlich. Wesentlich schneller geht es, wenn Sie den App Switcher verwenden.

Im App Switcher werden alle Apps angezeigt, die Sie in der Vergangenheit gestartet, aber nicht beendet haben. Die Apps laufen nämlich im Hintergrund weiter, wenn Sie auf den Home-Bildschirm wechseln. Mit dem App Switcher können Sie ganz leicht zu den bereits gestarteten Apps wechseln.

▶I App Switcher 06_02

http://ipados2023.amac-buch.de/#06_02

Man kann über den **App Switcher** stets die Übersicht behalten. Dort kann man die Apps beenden oder zwischen ihnen wechseln.
Haben Sie ein iPad mit Touch ID, so drücken Sie die Home-Taste einfach doppelt. iPad-Anwender mit Face-ID verwenden die kurze Linie unten mittig im Display, um zum App-Switcher zu gelangen. Weitere sinnvolle Gesten finden Sie in den Coverinnenseiten des Buches.

App-Mediathek und Home-Bildschirme verwalten

Neu seit iPadOS 15 ist die sogenannte *App-Mediathek*. Diese ist im Normalfall als Icon bereits ganz rechts im Dock zu sehen.

Die App-Mediathek ist im Dock zu finden.

Darüber können im Nu alle installierten Apps auf dem iPad gestartet werden.

▶I App-Mediathek 06_03

http://ipados2023.amac-buch.de/#06_03

Die App-Mediathek zeigt die Programmicons in einer Symbol- oder Listendarstellung an. Weiterhin können Home-Bildschirme nunmehr auch komplett ausgeblendet werden. Was noch alles möglich ist, sehen Sie diesem Video.
Seit iPadOS 17 sind die Einstellungen zur App-Mediathek in **Einstellungen –> Home-Bildschirm & App-Mediathek** zu finden.

Updates

Die Apps, die Sie im App Store erwerben können, werden regelmäßig von den Softwarefirmen weiterentwickelt, um sie z. B. an neue Betriebssystemversionen anzupassen. Solche Updates können Sie entweder vollautomatisch installieren lassen oder manuell durchführen. Um festzulegen, ob die Updates automatisch oder manuell installiert werden sollen, müssen Sie in den *Einstellungen* bei Ihrer *Apple-ID* unter *App Store* die Option *App-Updates* entsprechend umschalten.

Bei eingeschalteter Option werden die Updates automatisch im Hintergrund heruntergeladen, sobald welche verfügbar sind. Der einzige Hinweis auf eine neue App-Version ist ein kleiner blauer Punkt vor dem App-Namen ❶.

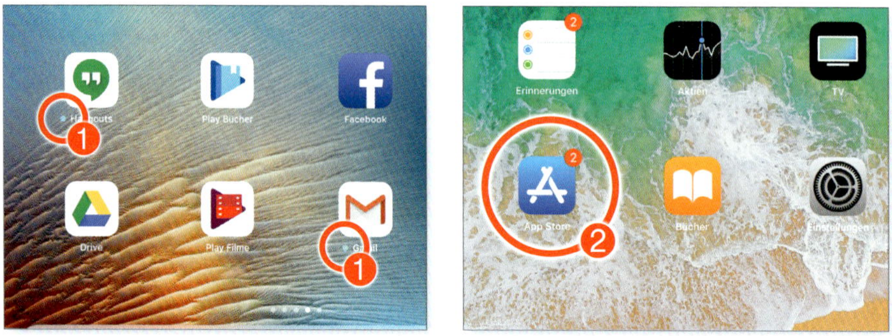

Es sind Updates vorhanden, die an der App **App Store** *angezeigt wird* ❷. *Der blaue Punkt* ❶ *weist auf ein installiertes Update hin.*

> ! Sie können App-Updates nun ebenfalls über **Mobile Daten** ziehen. Achten Sie hierbei jedoch darauf, nicht zu große Updates zu laden, um Ihr mobiles Datenkontingent nicht unnötig zu belasten. Diese Funktion steht natürlich nur den iPad mit Cellular zur Verfügung.

Einen weiteren Hinweis finden Sie auch im App Store bei *Updates*: Dort wird eine chronologische Liste der Updates geführt.

Möchten Sie die die Updates lieber manuell herunterladen, wird eine weiß-rote Ziffer bei der App *App Store* eingeblendet, sobald es Updates gibt. Die Ziffer gibt Auskunft darüber, für wie viele Apps ein Update vorhanden ist. Öffnen Sie den App Store und wechseln zu Ihrem Account. Dort sind alle Aktualisierungen aufgelistet und können von Ihnen einzeln oder alle auf einmal installiert werden. Jedes Update wird aufgezeichnet und chronologisch in eine Liste einsortiert. Somit können Sie jederzeit nachverfolgen, wann ein Update installiert wurde.

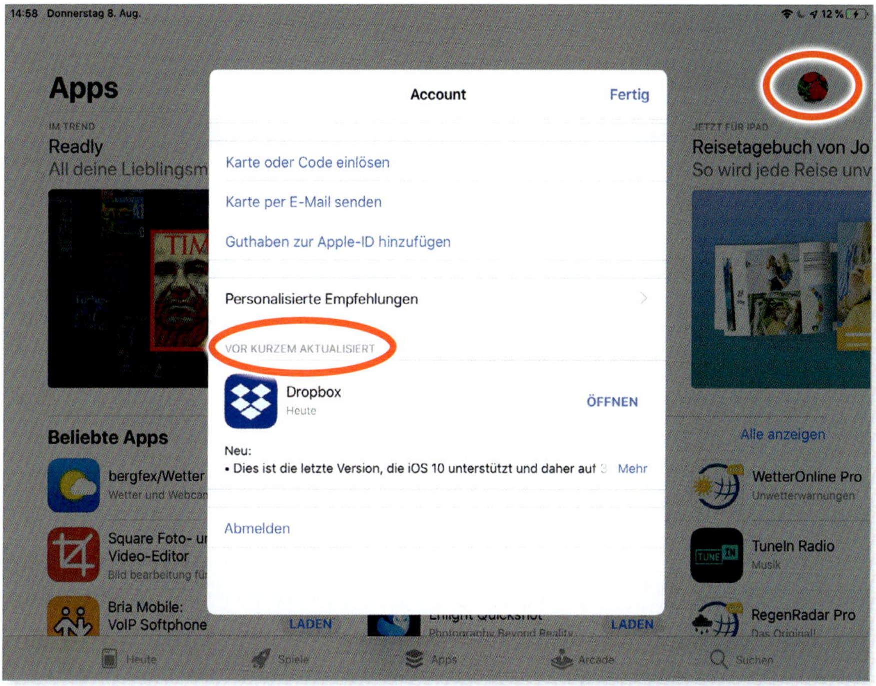

Wenn Sie Updates manuell installieren wollen, können Sie das über den App Store vornehmen, in dem Sie auf Ihr Accountbild tippen. Alle getätigten Updates werden in chronologischer Reihenfolge angezeigt.

Familienfreigabe

Seit langer Zeit ist es möglich, Einkäufe aus den Stores mit Freunden und Familienmitgliedern zu teilen. Wenn Sie also z. B. eine App kaufen, dann wird diese App über die *Familienfreigabe* auch für alle anderen Familienmitglieder verfügbar. Man muss sie also nicht mehrmals kaufen. Außerdem kann man den verfügbaren iCloud-Speicher auf die Familienmitglieder verteilen.

! Die gemeinsame Nutzung des iCloud-Speichers setzt voraus, dass Sie einen Speicherplan bei iCloud von mindestens 200 GByte besitzen.

Die Familienfreigabe ist an iCloud gebunden. Wenn Sie also keinen iCloud-Account besitzen, können Sie diese Funktion nicht nutzen. Zudem braucht jedes Familienmitglied eine eigene Apple-ID.

Die Familienfreigabe wird in den *Einstellungen –> Ihr Name (Apple-ID, iCloud, Medien & Käufe)* aktiviert. Tippen Sie dort auf *Familienfreigabe einrichten* und folgen Sie der Schritt-für-Schritt-Anleitung, bei der Sie zuerst auswählen müssen, was Sie mit der Familie teilen wollen. Danach werden eigentlich nur einige

Daten kontrolliert bzw. Sie müssen Ihre Identität bestätigen. Ist alles korrekt eingerichtet, können Sie mit *Familienmitglied hinzufügen* beginnen, die Mitglieder Ihrer Familie in die Freigabe mit aufzunehmen.

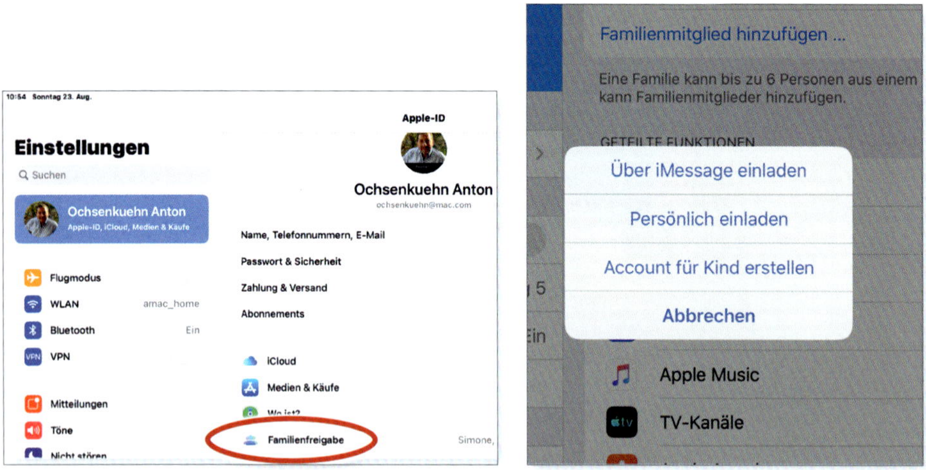

Die Familienfreigabe ist schnell eingerichtet.

Für ein neues Mitglied benötigen Sie die Apple-ID der jeweiligen Person. Per iMessage wird die Person dann zur Familienfreigabe eingeladen. Wurde die Einladung angenommen, ist das neue Familienmitglied in der Freigabe aufgelistet.

Wenn es sich bei einem Familienmitglied um ein minderjähriges Kind handelt, können Sie den Einkauf in den diversen Stores beschränken. Jedes Mal, wenn eines der Kinder eine App kaufen will, kann eine Kaufanfrage an Sie geschickt werden. Erst wenn Sie diese Anfrage genehmigen, ist es Ihrem Sprössling möglich, die App zu kaufen. Die *Kaufanfrage* können Sie jederzeit ein- und ausschalten, wenn Sie auf das entsprechende Familienmitglied in der *Familienfreigabe* tippen.

iTunes Store

Der zweite wichtige Store auf dem iPad ist der *iTunes Store*. Er dient ausschließlich Ihrer Unterhaltung. Im iTunes Store können Sie Musik, Filme und TV-Sendungen kaufen oder ausleihen. Dazu benötigen Sie wieder eine Apple-ID, bei der Sie entweder eine Kreditkarte als Zahlungsmittel hinterlegt haben oder die ein Guthaben aufweist.

Oberfläche

In der unteren Symbolleiste können Sie zwischen *Musik* ❶, *Filme* ❷ und *TV-Sendungen* ❸ wechseln. Außerdem gibt es eine Suchfunktion ❹. Rechts oben sehen Sie die *Wunschliste* ❺, die nicht nur die eigentliche Wunschliste enthält ❻, sondern auch Siri-Vorschläge ❼ und eine Liste mit allen Musiktiteln, in die Sie zwar hineingehört, die Sie aber nicht erworben haben ❽.

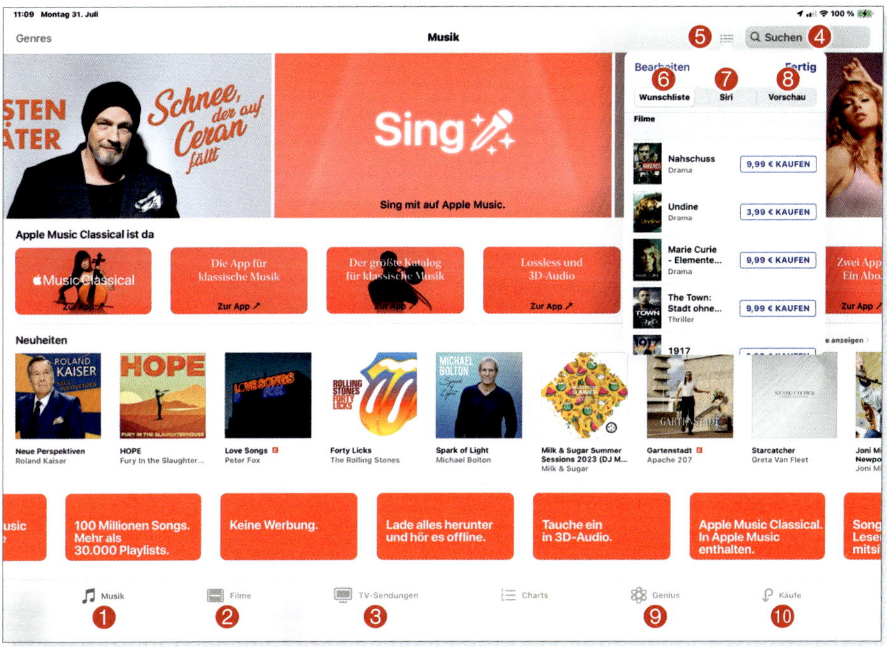

Der „iTunes Store" bietet in der „Wunschliste" noch zusätzliche Funktionen (rechts).

Der Punkt *Genius* ❾ in der Symbolleiste listet Ihnen automatisch Musikvorschläge auf Basis der bereits gekauften bzw. gehörten Titel auf. Außerdem enthält der Bereich *Käufe* ❿ alle in der Vergangenheit erworbenen Titel.

Vorschau

Für jeden Titel im iTunes Store, egal ob Musiktitel, Film oder TV-Sendung, gibt es eine Vorschau. Sie können vor dem Kauf bzw. Ausleihen ein kurzes Stück des Titels abspielen, damit Sie nicht die Katze im Sack kaufen müssen.

Bei Musiktiteln müssen Sie nur auf das Cover Ⓐ tippen, um die Vorschau zu starten. Wenn Sie ein komplettes Album eingeblendet haben, müssen Sie für die Vorschau auf die Titelnummer tippen. Ein erneuter Fingertipp beendet die Vorschau. Bei Filmen und TV-Sendungen müssen Sie zuerst den jeweiligen Titel öffnen und dann etwas weiter nach unten scrollen: Dort finden Sie dann den *Trailer* Ⓑ für den Film.

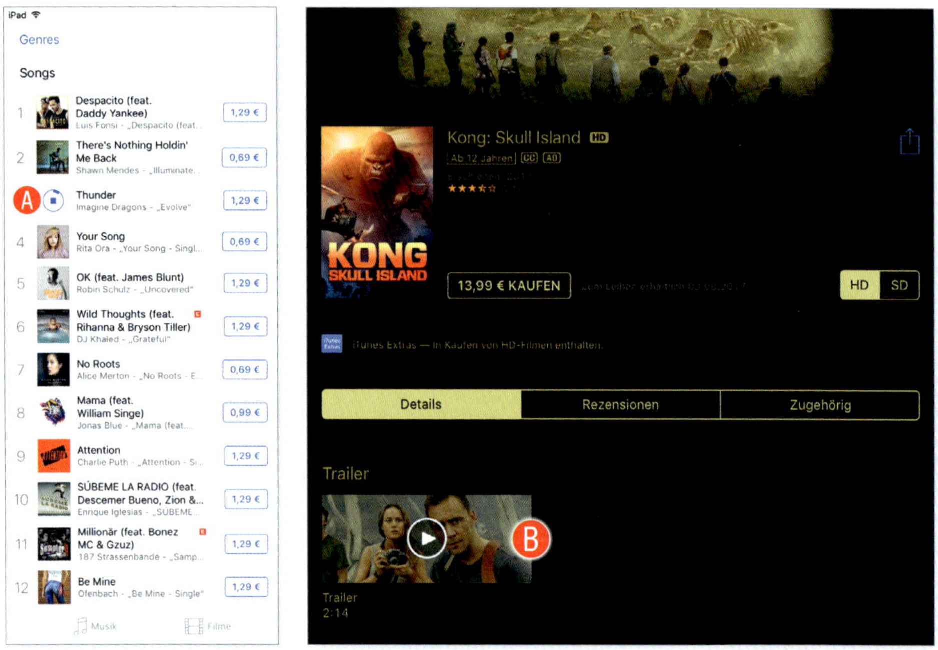

Von jedem Titel kann eine Vorschau abgespielt werden.

Kaufen oder ausleihen?

Fast alle Titel im iTunes Store können Sie kaufen oder ausleihen. Das Ausleihen umfasst allerdings nur Musik und Filme. TV-Sendungen im iTunes Store müssen Sie kaufen.

Kaufen

Der Kauf eines Titels im iTunes Store funktioniert so wie im App Store. Sie tippen auf den Preis und anschließend auf *Kaufen*. Der Titel wird damit erworben und sofort auf das iPad heruntergeladen. In den Apps *Musik* und *TV* können Sie dann den Titel abspielen bzw. ansehen.

Kaufen bedeutet auch, dass Sie den Titel jederzeit wieder erneut auf das iPad laden können. Insbesondere Filme und TV-Sendungen nehmen sehr viel Speicherplatz ein, weswegen sie als Erstes gelöscht werden, wenn der Platz knapp wird. Der gelöschte Film bzw. die TV-Sendung ist aber nicht verloren, denn beim Kauf wird der jeweilige Titel mit Ihrer Apple-ID verknüpft. Wenn Sie ihn nun wieder auf dem iPad verfügbar haben wollen, müssen Sie im *iTunes Store* die *Käufe* ❶ öffnen. Dort finden Sie dann alle Einkäufe, sortiert nach *Musik*, *Filme* und *TV-Sendungen* ❷, zum erneuten Herunterladen ❸.

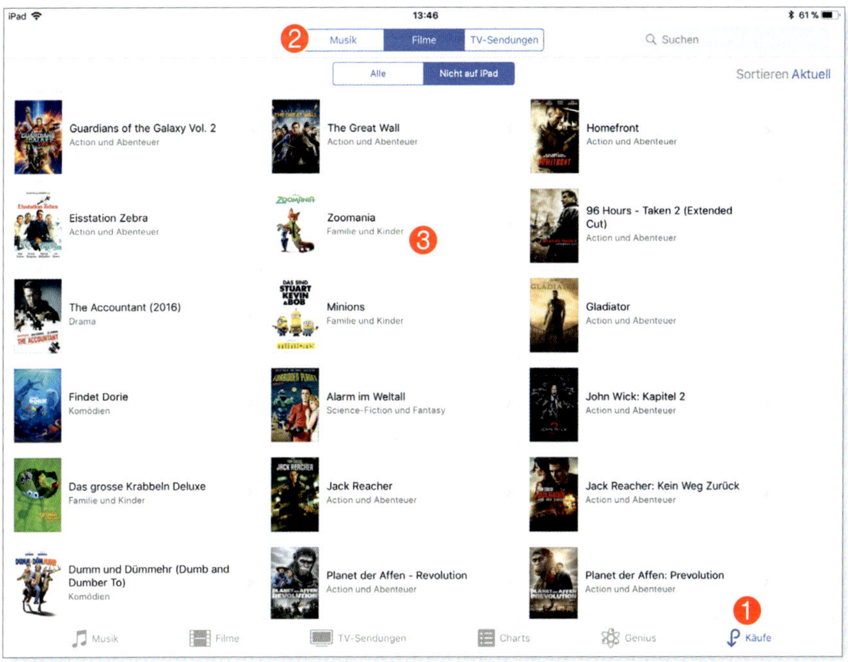

Einmal gekaufte Titel können jederzeit erneut auf das iPad geladen werden.

> **!** Die Einkäufe im iTunes Store stehen nicht nur auf dem iPad zur Verfügung, sondern auf jedem Gerät, das dieselbe Apple-ID verwendet. Wenn Sie also auf dem iPad etwas gekauft haben, können Sie z. B. den Film auf Ihrem Apple TV ansehen oder die Musik in iTunes auf dem Mac abspielen.

Ausleihen

Beim Ausleihen muss man zwischen dem Ausleihen von Musik und Filmen unterscheiden. Wenn Sie einen Film ausleihen, dann haben Sie 30 Tage Zeit, sich diesen Film anzusehen. Sobald Sie den Film zum ersten Mal gestartet haben, können Sie ihn innerhalb von 48 Stunden beliebig oft ansehen. Wenn Sie nach diesen 48 Stunden den Film erneut ansehen wollen, müssen Sie ihn noch einmal ausleihen – und natürlich wieder die Leihgebühr bezahlen.

Filme können auch ausgeliehen werden.

Das Ausleihen von Musiktiteln dagegen ist eigentlich kein richtiges Ausleihen, sondern vielmehr ein Abonnement. Apple bietet den Musik-Streamingdienst *Apple Music* an, der nach der kostenlosen Testphase € 9,99 pro Monat kostet. Das Abonnement beinhaltet den Zugriff auf mehrere Millionen Musiktitel. Solange das Abonnement läuft, können Sie beliebig viele Musiktitel anhören.

! Apple bietet für Apple Music auch eine Familienmitgliedschaft an, die € 14,99 pro Monat kostet und die bis zu sechs Personen gleichzeitig nutzen können.

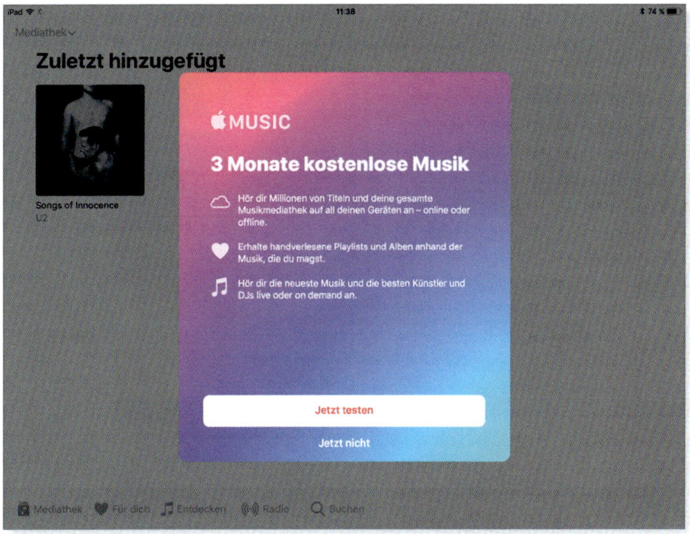

Für Apple Music gibt es ein Probeabo.

Damit Sie ausführlich testen können, ob Apple Music für Sie infrage kommt, gibt es ein kostenloses Probeabo in der Musik-App. Innerhalb dieses Zeitraums können Sie die gesamte Musikbibliothek von Apple Music nutzen. Das Probeabo lässt sich einen Tag vor Ablauf des Zeitraums kündigen.

Die Musik-App

Da Sie schon wissen, wie man im iTunes Store Musiktitel erwerben kann, müssen Sie noch wissen, wie man diese anschließend auf dem iPad abspielt und verwaltet. Für das Abspielen von Musiktiteln ist die App *Musik* zuständig. Wenn Sie die App starten, sehen Sie am linken Displayrand eine Seitenleiste. Hier finden Sie unter anderem *Playlists* ❶, *Entdecken* ❷ und *Radio* ❸. Der Bereich *Mediathek* ❹ ist der wichtigste: Er enthält alle Musiktitel, die auf Ihrem iPad gespeichert sind.

! Das iPad können Sie entweder direkt über den iTunes Store mit Musik bestücken, oder Sie verwenden einen Computer, um Musiktitel auf das iPad zu übertragen.

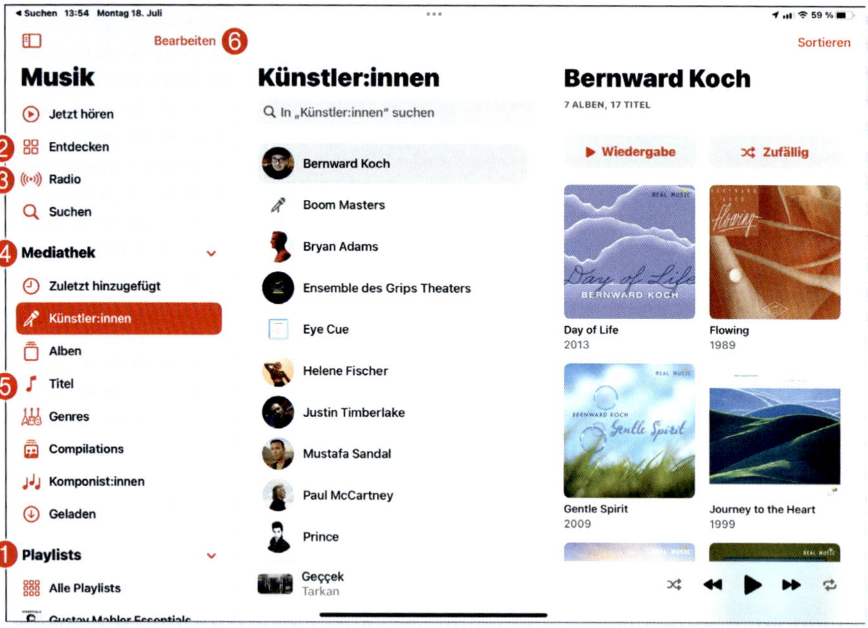

In der „Mediathek" werden die Musiktitel nach verschiedenen Kategorien sortiert.

In der Mediathek sind die Musiktitel kategorisiert. Im oberen Bereich können Sie zwischen den verschiedenen Sortierungen ❺ (*Künstler*, *Alben*, *Titel*) wählen. Sie können weitere Kategorien einblenden bzw. die vorhandenen ausblenden, wenn Sie auf *Bearbeiten* ❻ tippen.

Playlists

In einer *Playlist* (Wiedergabeliste) werden Musiktitel gesammelt, die dann nacheinander abgespielt werden können. Eine Playlist erstellen Sie manuell, genauso wie die Reihenfolge der Wiedergabe. Wenn Sie Ihr iPad mit iTunes auf dem Rechner (Mac oder Windows) synchronisiert haben, sind die Playlists vom Rechner auch auf dem iPad verfügbar.

Sie können aber auch auf dem iPad eine neue Playlist anlegen. Dazu tippen Sie in der Kategorie *Playlists* auf die Funktion *Neue Playlist* Ⓐ. Danach geben Sie einen Namen Ⓑ und eventuell eine Beschreibung für die Liste ein. Die Playlist muss jetzt nur noch bestückt werden: Dazu tippen Sie auf *Musik hinzufügen* Ⓒ. Suchen Sie sich dann aus Ihrer Mediathek den gewünschten Titel aus und fügen Sie ihn hinzu. Diesen Vorgang wiederholen Sie für jeden weiteren Titel.

Ist die Playlist bestückt, können Sie die Reihenfolge der Titel mit den drei Strichen Ⓓ auf der rechten Seite der Titel ändern. Mit diesen Strichen lassen sich die Titel nach oben bzw. unten verschieben und somit neu anordnen. Mit dem roten Minuszeichen **E** werden hinzugefügte Titel wieder aus der Liste entfernt. Ist die Liste komplett, dann tippen Sie rechts oben auf *Fertig* **F**.

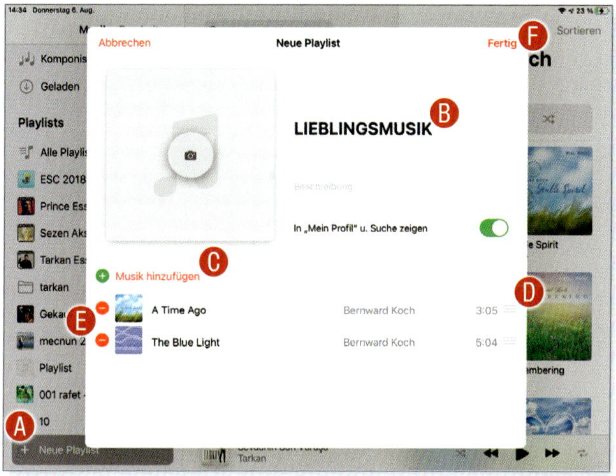

Neue Playlists können auch direkt auf dem iPad angelegt werden.

Mit der Musik-App können Sie aber nicht nur neue Playlists anlegen, sondern auch die vorhandenen jederzeit ändern. Dafür müssen Sie die gewünschte Playlist öffnen und dann rechts oben auf die drei Punkte und dann auf *Bearbeiten* tippen – schon können Sie neue Titel hinzufügen bzw. die vorhandenen umsortieren und entfernen.

Musiktitel abspielen

Es ist ganz einfach, einen Musiktitel abzuspielen: Tippen Sie ihn an! Damit wird der Musiktitel gestartet und mit den Steuerelementen direkt neben der Symbolleiste eingeblendet **1**. In der Titelliste wird beim aktuellen Musiktitel zusätzlich ein Klangdiagramm sichtbar **2**, als Kennzeichen dafür, dass dieser Titel gerade abgespielt wird.

! Die Steuerleiste mit dem aktuellen Musiktitel ist innerhalb der Musik-App permanent sichtbar. Wenn Sie also zwischendrin in eine andere Kategorie springen, sehen Sie über der Symbolleiste immer die Steuerung des aktuellen Musiktitels.

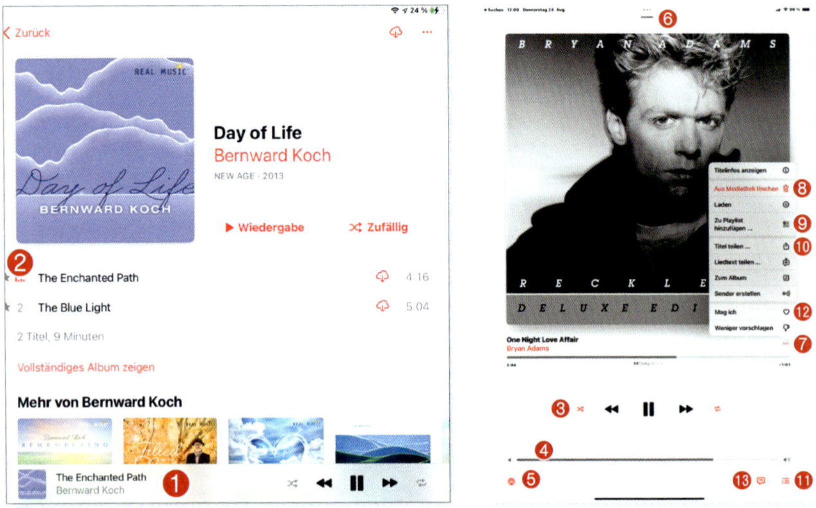

Bei der Musikwiedergabe gibt es viele zusätzliche Funktionen.

In der Steuerleiste ❶ verbergen sich noch weitere Funktionen, die Sie erhalten, wenn Sie sie antippen: Sie finden dort die üblichen Tasten zum Steuern der Musik ❸ sowie einen Lautstärkeregler ❹. Außerdem können Sie die Musikwiedergabe bei ❺ auf ein AirPlay-fähiges Gerät (z. B. einen externen Lautsprecher) umleiten. Die Steuerleiste können Sie wieder zuklappen, wenn Sie die obere Linie ❻ nach unten ziehen.

Hinter den drei kleinen Punkten rechts ❼ verbirgt sich ein Kontextmenü, das weitere Optionen für den aktuellen Titel enthält. So können Sie mit *Aus Mediathek löschen* oder *Zur Mediathek hinzufügen* ❽ den Musiktitel vom iPad löschen. Er lässt sich aber auch mit *Zu Playlist hinzufügen* ❾ zusätzlich in eine andere Wiedergabeliste aufnehmen. Den Titel können Sie sogar mit anderen Personen teilen ❿, allerdings geht das nur, wenn Sie ein Abo von Apple Music besitzen. Via ⓭ können Sie den Liedtext des aktuellen Songs mitverfolgen.

Wenn Sie auf ⓫ tippen, können Sie die weiteren Musiktitel des Albums einsehen. Mit den Herzsymbolen ⓬ können Sie den Titel als *Lieblingsstück* kennzeichnen. Diese Funktion wird für Apple Music verwendet, um Ihnen eine optimierte Auswahl von Musiktiteln in der Kategorie *Mag ich* anzuzeigen.

Die Steuerleiste für den aktuellen Musiktitel ist nur innerhalb der App *Musik* sichtbar. Kann man denn die Musik auch außerhalb der App steuern? Ja, das geht! Es gibt dafür zwei Wege. Der erste Weg führt zum *Kontrollzentrum*.

Das Kontrollzentrum können Sie einblenden, wenn Sie vom rechten oberen Displayrand nach unten streichen. Es bietet Ihnen in erster Linie direkten Zugriff auf viele Einstellungen des iPads, z. B. auf die Displayhelligkeit oder Bluetooth. Im Kontrollzentrum finden Sie dann auch die Optionen zur Musiksteuerung. Wenn Sie etwas länger mit dem Finger darauf tippen, dann erhalten Sie eine erweiterte Steuerung.

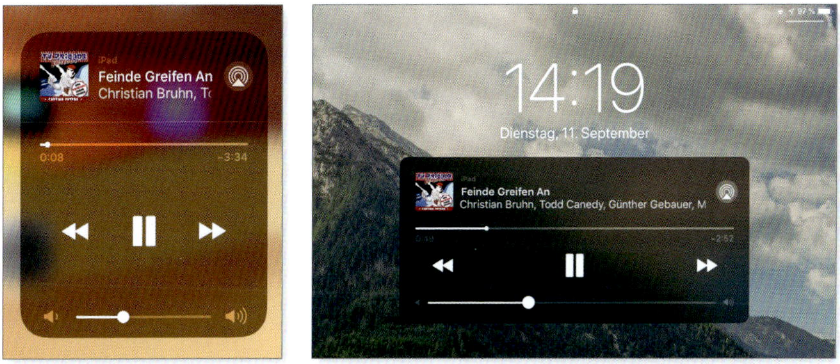

Im Kontrollzentrum befindet sich die Abspielsteuerung (links). Auch im Sperrbildschirm haben Sie Zugriff auf die Musiksteuerung (rechts).

Der zweite Weg zur Steuerung der Musik führt zum *Sperrbildschirm*. Wenn Ihr iPad gesperrt ist, wird im Sperrbildschirm der aktuelle Musiktitel mit allen Steuerelementen eingeblendet. Sie müssen das iPad also nicht entsperren, um z. B. den nächsten Titel abzuspielen oder den aktuellen pausieren zu lassen.

Die tv-App

Filme und TV-Sendungen werden mit der App *tv* abgespielt und verwaltet. Dort sind nicht nur die gekauften Filme aufgelistet, sondern auch die ausgeliehenen. Die App ist einfach aufgebaut und bietet Ihnen in der Symbolleiste einige Funktionen:

1. *Jetzt ansehen*: In diesem Bereich werden Ihnen Vorschläge für Filme und TV-Sendungen, basierend auf Ihren Sehgewohnheiten, angezeigt. Außerdem können Sie dort unterbrochene Filme und TV-Sendungen fortsetzen.
2. *Mediathek*: Dieser Bereich enthält alle Filme und TV-Sendungen, die Sie gekauft oder ausgeliehen haben.

❸ *Suchen*: Damit können Sie nicht nur Ihre Mediathek sondern den gesamten iTunes Store nach Filmen oder TV-Sendungen durchsuchen lassen.

Wenn Sie einen Titel auswählen, wird dieser geöffnet und Sie können ihn anschließend abspielen ❹. Auf der rechten Seite erscheint das Wolken-Symbol ❺ zum Herunterladen des Films auf das iPhone. Links oben ❻ kommen Sie wieder zur jeweiligen Kategorie zurück.

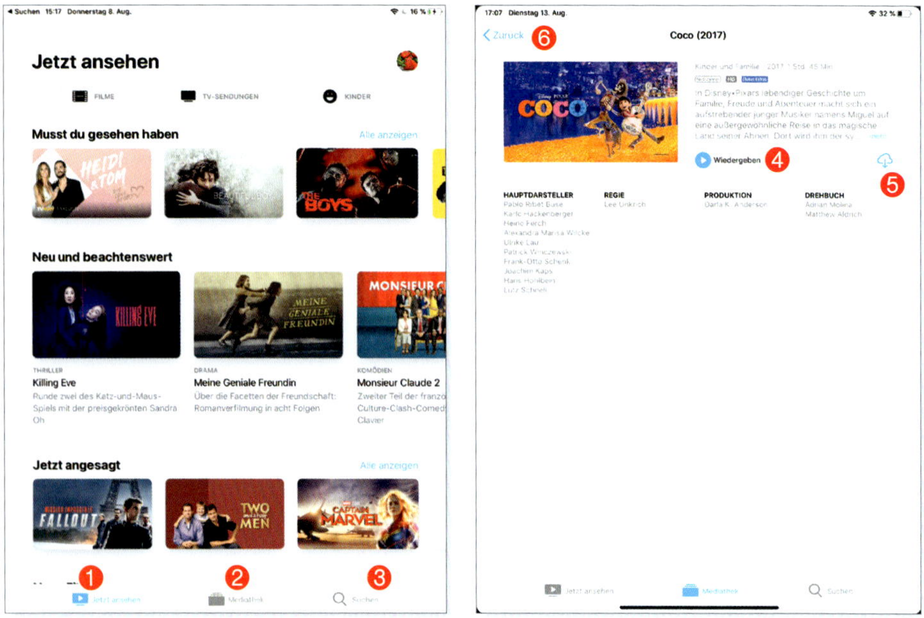

Die App „TV“ ist für das Abspielen und Verwalten von Filmen und TV-Sendungen zuständig.

Während ein Titel abgespielt wird, haben Sie die üblichen Steuerelemente Ⓐ zur Verfügung. Links unten können Sie die Lautstärke Ⓑ regeln, und mit dem oberen Schieberegler Ⓒ springen Sie gezielt zu einer Stelle im Film. Bei Filmen gibt es sehr oft noch weitere Tonspuren für andere Sprachen. Die Sprache kann rechts unten Ⓓ gewechselt werden.

! Bei TV-Sendungen ist es nicht üblich, dass eine weitere Tonspur für eine andere Sprache vorhanden ist.

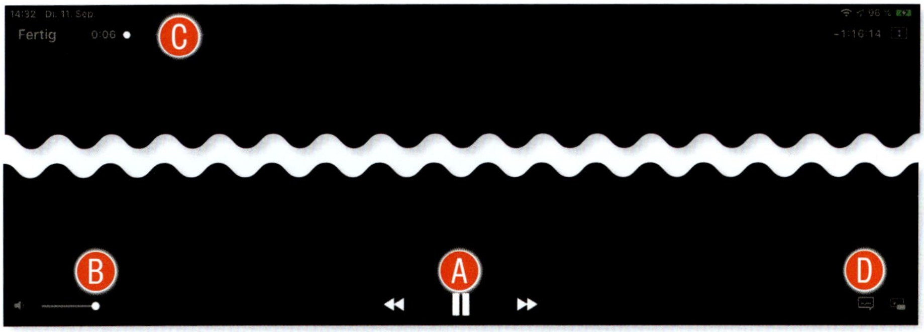

Die Abspielsteuerung eines Films ...

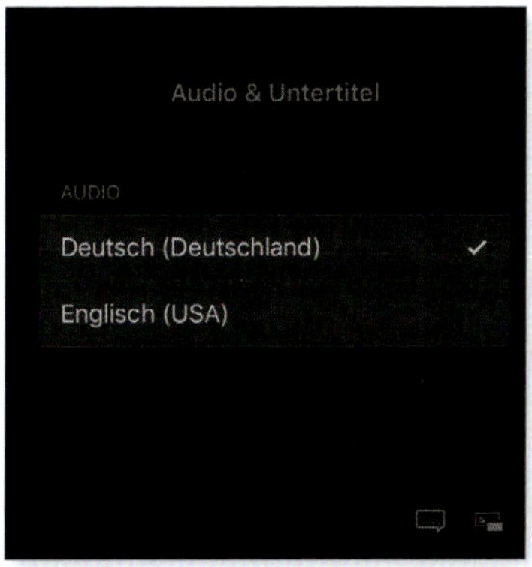

... mit unterschiedlichen Tonspuren.

Bild-in-Bild

Das iPad bietet in Zusammenhang mit Videos noch eine kleine Besonderheit: die Bild-in-Bild-Ansicht. Mit dem Symbol **E** lassen sich die laufenden Videos verkleinern und in eine Ecke des iPad-Displays legen. Somit können Sie den Film betrachten, während Sie gleichzeitig am iPad arbeiten. Diese Funktion steht nicht nur in der TV-App zur Verfügung, sondern auch in Safari. Damit der Film wieder in der normalen Größe abgespielt wird, tippen Sie auf das Symbol **F**. Mit dem Symbol **G** können Sie das kleine Fenster schließen. Bei Bedarf können Sie den Film auch rechts oder links an den Bildschirmrand des iPads andocken und dann von dort herausziehen und weiter anschauen.

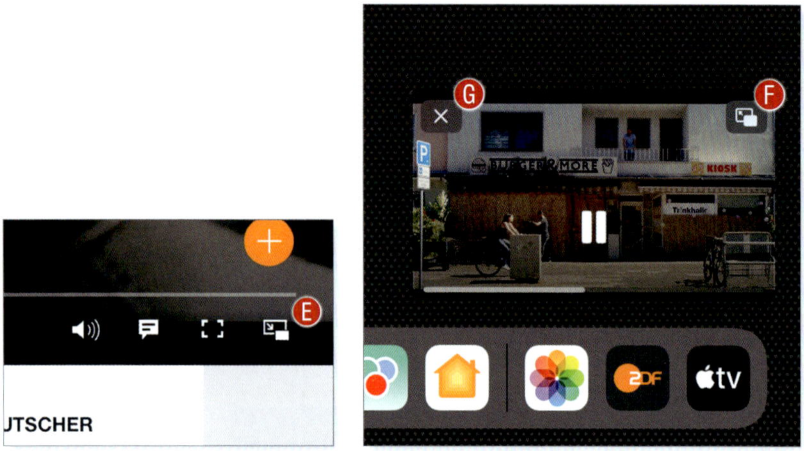

Filme können als „Bild-in-Bild" nebenbei abgespielt werden.

> **!** Sollte das bei Ihnen nicht klappen, dann prüfen Sie bitte **Einstellungen–> Allgemein –> Bild-in-Bild**.

Filme und TV-Sendungen entfernen

Die Filme und TV-Sendungen können jederzeit vom iPad gelöscht werden. In der *Mediathek* öffnen Sie dafür den Bereich *Geladen*. Danach tippen Sie den jeweiligen Film bzw. die TV-Sendung an, die Sie vom iPad löschen wollen. In den Infos für den Film- bzw. der TV-Sendung tippen Sie anschließend auf *Geladen*, um ein Kontextmenü zu öffnen. Dort finden Sie dann die Funktion *Download entfernen*.

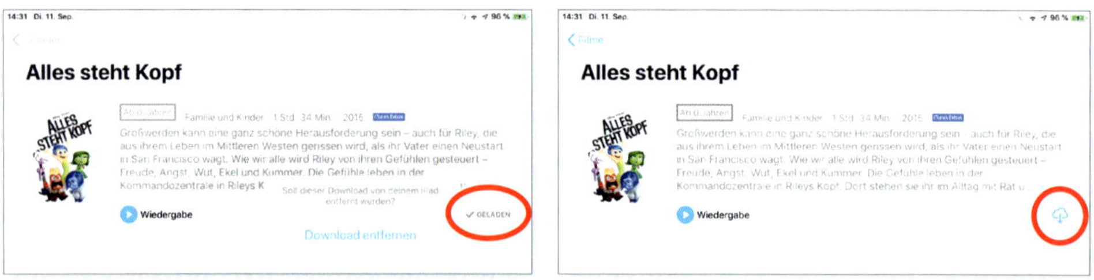

Geladene Filme und TV-Sendungen können jederzeit wieder vom iPad entfernt werden (links) oder erneut heruntergeladen werden (rechts).

Der Titel ist dann zwar vom iPad gelöscht, aber immer noch in der Übersicht aufgelistet. Dies können Sie am kleinen Wolkensymbol erkennen. Dieses Symbol bedeutet, dass der Titel mit Ihrer Apple-ID verknüpft ist und jederzeit wieder heruntergeladen werden kann. Wenn Sie das Wolkensymbol antippen, wird der Film wieder auf das iPad geladen.

> **!** Sie können den Titel auch direkt abspielen, ohne ihn herunterzuladen. Tippen Sie dazu auf den Abspielknopf, und der Titel wird via Streaming abgespielt. Streaming bedeutet, dass immer nur ein Teil des Films geladen wird. Nach dem Abspielen wird das Teilstück sofort wieder gelöscht. Auf diese Weise wird der Speicherplatz nicht belastet. Allerdings gestaltet sich das Vor- und Zurückspulen etwas behäbiger.

Apple Book Store

Der letzte Store, dem wir uns widmen, ist der *Apple Book Store*. Im Apple Book Store können Sie E-Books und Hörbücher erwerben. Der Apple Book Store ist an die App *Bücher* gekoppelt, deswegen müssen Sie diese App starten, um an den Store zu kommen.

Wenn Sie die App geöffnet haben, finden Sie in der Symbolleiste am unteren Displayrand die verschiedenen Bereiche. Der Apple Book Store verbirgt sich hinter *Book Store* ❶ für E-Books und *Hörbücher* ❷ für Hörbücher. Außerdem können Sie noch die Suche ❸ verwenden, um im Apple Book Store zu stöbern. Im Bereich *Bibliotehk* ❹ finden Sie alle E-Books und Hörbücher, die Sie auf Ihr iPhone geladen haben, bzw. die Bücher, die Sie im Apple Book Store erworben haben.

Zu jedem Buch bzw. Hörbuch können Sie sich vor dem Kauf eine Leseprobe ❺ (*Auszug*) herunterladen, damit Sie nicht die Katze im Sack kaufen. Der Kaufvorgang funktioniert dann genauso wie im App Store und iTunes Store. Das gekaufte bzw. heruntergeladene Buch finden Sie dann im Bereich *Bibliothek* ❹.

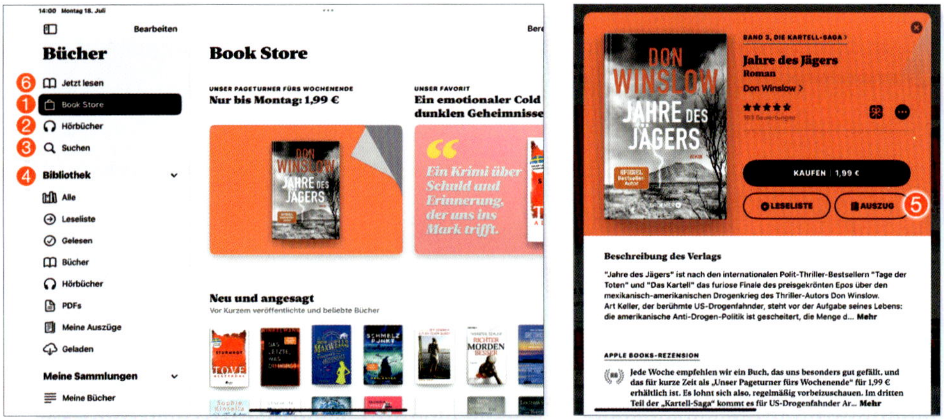

Der „Book Store" ist in der der App „Bücher" enthalten.

Der Bereich *Jetzt lesen* ❻ enthält nicht nur Empfehlungen zum Lesen, sondern Sie können dort auch das zuletzt geöffnete Buch weiterlesen. Die Empfehlungen werden von einer speziellen Redaktion bei Apple ausgesprochen und ändern sich täglich.

Wie bei allen Stores werden auch die Bücher mit Ihrer Apple-ID verknüpft. Sie können also jederzeit die Bücher vom iPhone entfernen und zu einem späteren Zeitpunkt wieder herunterladen. Dazu wechseln Sie zu *Jetzt lesen* ❻ und tippen im Kopfbereich rechts auf das Symbol Ihrer Apple-ID. Dadurch wird ein Fenster geöffnet, das den Bereich *Meine Käufe* enthält. Dort können Sie dann Ihre erworbenen Bücher und Hörbücher erneut auf das iPad laden.

> **!** Der Apple Book Store bietet auch kostenlose E-Books an. Diese finden Sie, wenn Sie im Bereich **Book Store** rechts oben bei **Bereiche durchstöbern**. Dort finden Sie dann den Punkt **Angebote und Gratisbücher**.

Bibliothek

Wenn Sie sehr viele Bücher haben, ist es wichtig, diese auch richtig zu organisieren. Der Bereich *Bibliothek* enthält einige Funktionen, die die Organisation von Büchern erleichtern.

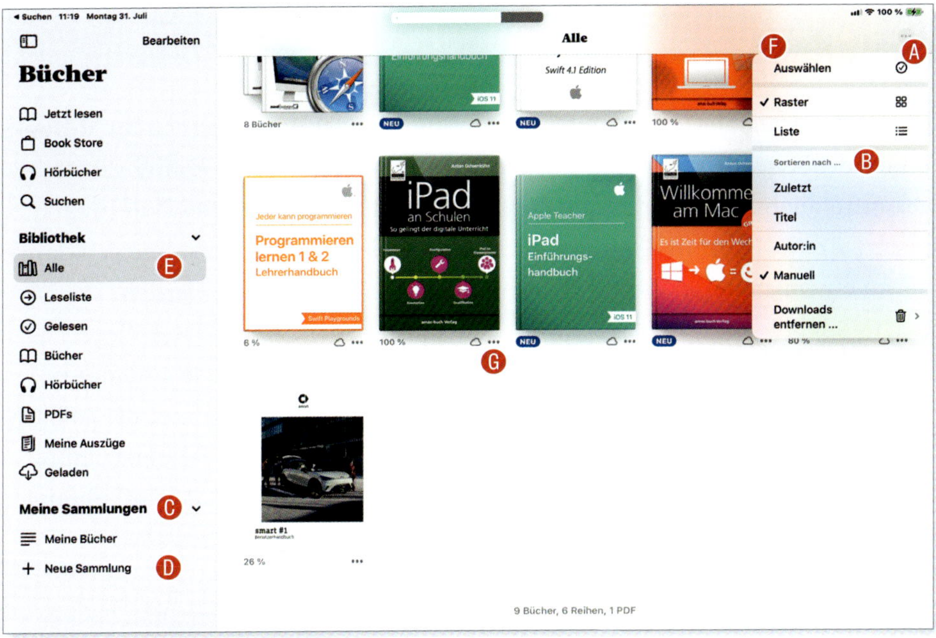

Die „Bibliothek" verwaltet Ihre E-Books und Hörbücher.

Die Bücher sind standardmäßig mit ihren Titelseiten in der Bibliothek aufgelistet. Sie können sie aber auch in einer Namensliste sortieren lassen. Dazu müssen Sie nur rechts oben A auf das entsprechende Symbol tippen. Wollen Sie die Sortierung der Bücher ändern, um z. B. die Titel oder die Autoren alphabetisch aufgelistet zu erhalten, dann tippen Sie auf *Sortieren* nach B und wählen die gewünschte Sortierart aus.

Es gibt noch eine andere Möglichkeit, die Bücher zu sortieren, und zwar mithilfe von Sammlungen. Eine Sammlung kann man mit einem Ordner vergleichen, in dem die Bücher nach eigenen Kriterien gesammelt werden. Die *Sammlungen* finden Sie in der Seitenleiste C. Sie können mit *Neue Sammlung* D eine eigene anlegen. Anschließend können Sie die Bücher in die Sammlung legen. Tippen Sie auf *Bibliothek –> Alle* und dann auf A und nun auf F *(Auswählen)* und wählen alle Titel aus, die in die Sammlung kommen sollen und *Bearbeiten* E, anschließend auf *Hinzufügen* am unteren Bildschirmrand. Nun müssen Sie nur noch die Sammlung bestimmen, in die die Bücher eingeordnet werden.

Wenn Sie nur ein einzelnes Buch einer Sammlung hinzufügen wollen, dann tippen Sie auf die drei kleinen Punkte G, um das Kontextmenü zu öffnen. Dort haben Sie dann nicht nur die Möglichkeit das Buch in eine Sammlung zu legen, sondern können es auch noch Umbenennen oder aus der Bibliothek entfernen.

Bücher aus der Bibliothek entfernen

Damit der Speicher des iPads nicht unnötig belastet wird, können Sie E-Books und Hörbücher auch wieder aus der Bibliothek entfernen. Dabei verbleiben gekaufte Bücher aus dem Apple Book Store und Bücher die mit iCloud synchronisiert sind, weiterhin als Vermerk in der Bibliothek. Auf diese Weise können Sie zu einem späteren Zeitpunkt erneut auf das iPad geladen werden.

Um Bücher wieder aus der Bibliothek zu entfernen, gibt es zwei Wege:

1. In der Übersicht der Bibliothek tippen Sie rechts oben auf A und dann auf F und wählen anschließend das Buch bzw. die Bücher aus, die gelöscht werden sollen. Danach tippen Sie links unten auf das Mülleimer-Symbol.
2. Sie öffnen das Kontextmenü für ein Buch, indem Sie auf das Symbol mit den drei Punkten tippen. Anschließend wählen Sie *Entfernen* aus.

! Wenn Sie Ihre Bücher mit iCloud synchronisieren, dann erhalten Sie beim Entfernen die Auswahlmöglichkeit, die Bücher nur vom aktuellen Gerät oder komplett aus der iCloud zu löschen. Wenn Sie die Option **Überall löschen** wählen, dann wird das Buch nicht nur von Ihrem iPad entfernt, sondern von allen Geräten (iPhone und Mac) die den gleichen iCloud-Account nutzen.

Bücher lesen und anhören

Im Bereich *Bibliothek* sind alle E-Books und Hörbücher aufgelistet, die Sie auf dem iPad geladen bzw. im Apple Book Store erworben haben. Um ein Buch zu lesen, müssen Sie es nur auswählen. Nach wenigen Sekunden öffnet sich die Leseumgebung, die einige Funktionen für das Lesen enthält.

! In **Einstellungen –> Bücher** kann **Leseziele** aktiviert werden. Das könnte vielleicht Kinder dazu motivieren, mehr auf dem iPad zu lesen. Ein Versuch ist es allemal wert.

E-Books im ePub-Format

Zuerst sollten Sie wissen, dass Sie ein Buch im Hoch- oder Querformat lesen können. Wenn Sie das iPad kippen, wird automatisch ins Querformat gewechselt und der Inhalt an das neue Format angepasst.

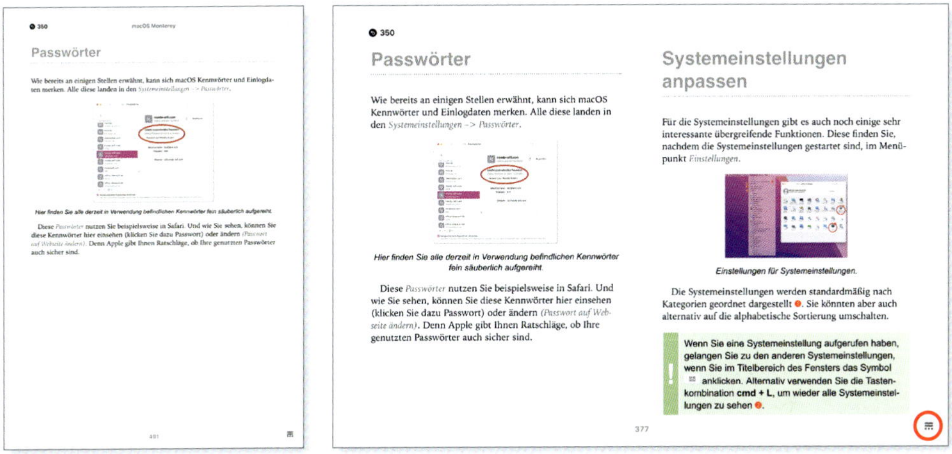

Beim Lesen eines E-Books können Sie jederzeit zwischen Hoch- und Querformat wechseln. Tippen Sie auf das kleine Symbol rechts unten, um weitere Feineinstellungen vornehmen zu können.

Umblättern können Sie das Buch, wenn Sie die Seite nach links (vorwärtsblättern) oder nach rechts (rückwärtsblättern) verschieben. Sie können unten bei der Seitenzahl ❶ mit dem Finger nach rechts bzw. links wischen, um vor oder zurück zu blättern. Das Gute an E-Books ist, dass Sie viele Dinge an Ihre eigenen Lesegewohnheiten anpassen können. So können Sie bei ❷ die Helligkeit ❸, die Schriftgröße ❹, die Schriftart ❺ und die Hintergrundfarbe ❻ ändern.

> ! Wenn Sie auf eine der Kacheln bei ❺ oder ❻ länger tippen und **Thema anpassen** auswählen, dann können Sie die Schriftart, den Zeilenabstand, den Zeichenabstand etc. noch im Detail einstellen.

Jedes Buch hat ein *Inhaltsverzeichnis*, das Sie über ❼ einblenden können. Dort müssen Sie nur das gewünschte Kapitel antippen, um an dieser Stelle weiterzulesen. Außerdem können Sie *Lesezeichen* ❽ hinzufügen, mit denen Sie wichtige Textstellen bzw. Seiten markieren können. Die Übersicht der Lesezeichen finden Sie im gleichen Bereich wie das Inhaltsverzeichnis.

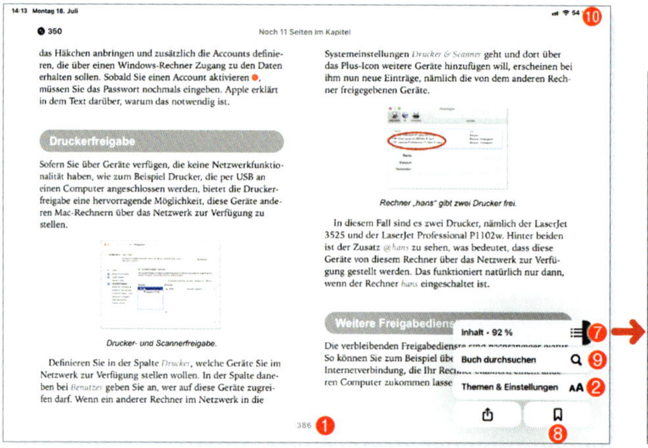

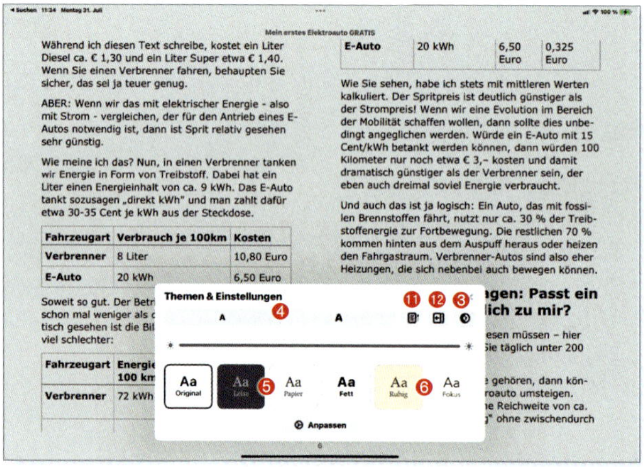

Für das Lesen von E-Books in der App „Bücher" stehen zahlreiche Funktionen zur Verfügung. Rechts oben sehen Sie das Inhaltsverzeichnis, mit dem Sie rasch in verschiedenste Kapitel springen können

Ein weiterer großer Vorteil eines E-Books ist die Volltextsuche, die Sie mit dem Lupensymbol ⑨ öffnen können. Die Volltextsuche übertrifft jedes Index- oder Stichwortverzeichnis: Sie tippen einfach den gewünschten Suchbegriff ein, und schon erhalten Sie alle Fundstellen innerhalb des Buchs. Die Leseumgebung können Sie übrigens wieder verlassen, wenn Sie auf das ⓧ ⑩ tippen. Damit wechseln Sie wieder zurück zum Bereich *Bibliothek*.

> **!** Haben Sie die Funktion ⑪ schon entdeckt? Damit können Sie ein E-Book fortlaufend und eben nicht mehr seitenweise lesen. Viele Anwender finden das schlichtweg genial. Und via ⑫ können Sie noch definieren, wie weiter geblättert werden soll.

PDF

Die App Bücher kann nicht nur mit E-Books und Hörbüchern umgehen, sondern auch mit PDF-Dateien. Allerdings gestaltet sich das Lesen von PDF-Dateien etwas anders als das Lesen von E-Books. Sie können z. B. keine Schriftart oder Schriftgröße einstellen, da ein PDF immer ein festes Layout hat. Wenn Sie den Text größer haben wollen, müssen Sie in die Seite hineinzoomen (Daumen und Zeigefinger auf dem Display auseinanderziehen). In der unteren Leiste **A** sehen Sie die Seiten in Miniaturansicht – so können Sie in der PDF-Datei schnell blättern. Es gibt auch ein *Inhaltsverzeichnis* **B**.

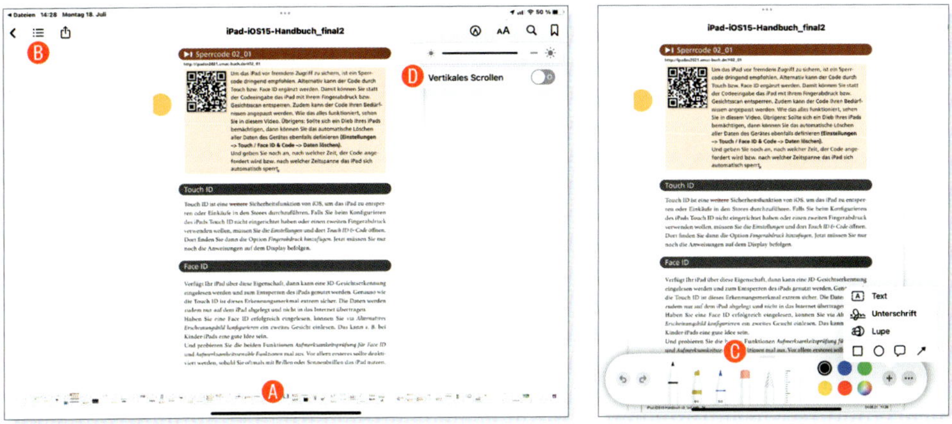

Für eine PDF-Datei stehen andere Funktionen während des Lesens zur Verfügung.

Es lassen sich sogar Markierungen **C** hinzufügen. Mit dieser Funktion können Sie im PDF eigene Markierungen unterschiedlichster Art hinzufügen. Damit lassen sich z. B. Textstellen kennzeichnen oder mit Kommentaren versehen. Und das vertikale Scrollen **D** steht ebenfalls für PDF-Dateien zur Verfügung und damit können Sie bequem fortlaufend nach unten weiterlesen.

> **!** Wenn Sie mit PDF-Dateien arbeiten möchten, dann müssen Sie diese nicht zwangsläufig in die Bücher-App übertragen. Z. B. können Sie direkt in der Mail-App PDF-Anhänge öffnen und den Inhalt einsehen. Selbst Markierungen sind hier möglich. Zudem können ausfüllbare PDFs direkt mit Inhalte gefüttert seren.

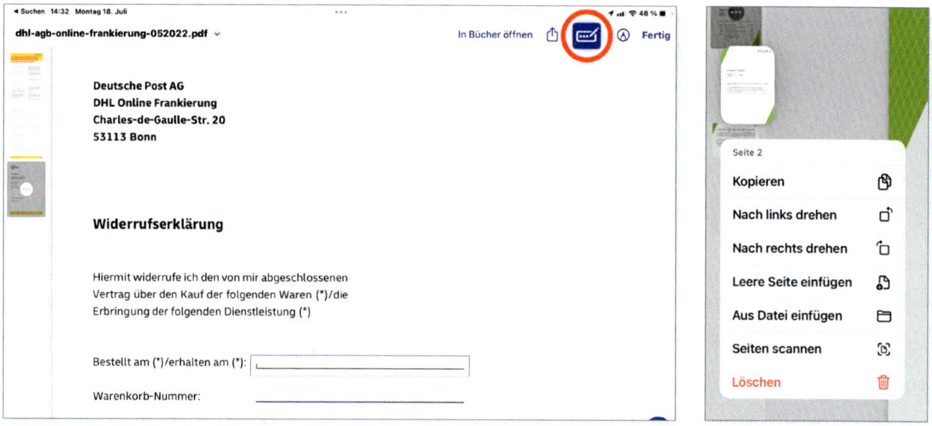

Eine PDF-Datei wird in der Mail geöffnet und kann bearbeitet werden. Am Kringel oben erkennen Sie die Ausfüllfunktionalität. Tippen Sie auf die Miniaturen in der linken Leiste, um weitere Funktionen zu erhalten.

Hörbücher

Hörbücher werden natürlich nicht gelesen, sondern abgespielt. In der Abspielumgebung gibt es neben dem Starten und Stoppen ❶ auch noch andere Funktionen. Mit den beiden Symbolen ❷ können Sie das Hörbuch jeweils um 15 Sekunden vor- und zurückspulen. Wichtig ist natürlich die Lautstärke ❸, die Sie mit einem Regler justieren können. Die Abspiel- bzw. Lesegeschwindigkeit können Sie links unten ändern ❹. Direkt unter dem Buchcover gibt es einen weiteren Schieberegler ❺, mit dem man gezielt zu einer Stelle springen kann. Es gibt sogar eine Schlummerfunktion ❻, bei der Sie einstellen können, nach wie vielen Minuten das Hörbuch automatisch stoppen soll – perfekt fürs Einschlafen geeignet. Umfangreiche Hörbücher bestehen sehr oft aus mehreren Teilen (Tracks). Diese können Sie rechts oben ❼ einsehen und aufrufen. Die Abspielumgebung können Sie links oben mit dem Pfeil ❽ wieder verlassen.

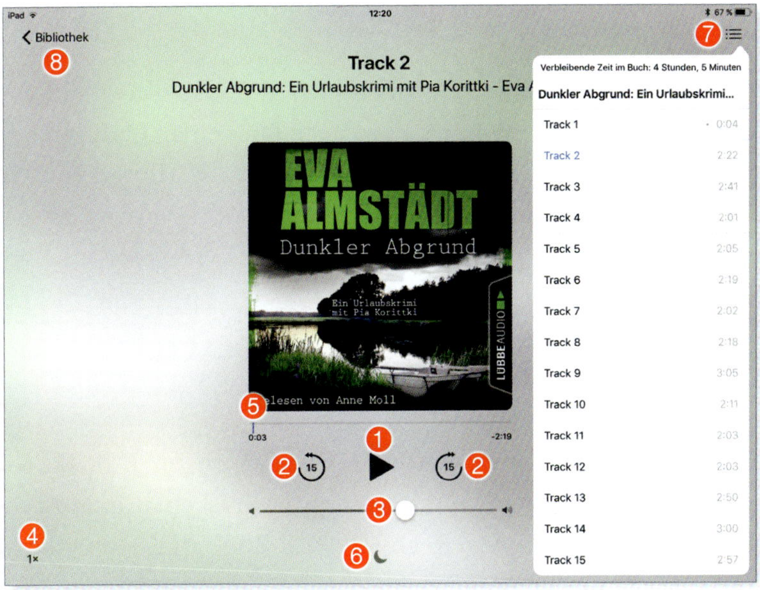

Die Oberfläche für Hörbücher bietet viele Funktionen, z. B. auch eine Schlummerfunktion (rechts).

Bücher aus anderen Quellen nutzen

Der Apple Book Store ist nicht die einzige Quelle, aus der Sie E-Books auf das iPad übertragen und in der App Bücher lesen können. Grundsätzlich können Sie jedes E-Book im Format ePub in der App Bücher öffnen, egal woher es stammt. Aber wie kommen solche Bücher in die App? Dafür gibt es mehrere Möglichkeiten.

E-Mail

Die einfachste und schnellste Methode besteht darin, sich das E-Book als E-Mail-Anhang auf das iPad zu schicken. Wenn Sie die E-Mail auf dem iPad erhalten haben, müssen Sie nun nur auf das angehängte E-Book tippen und dann *Teilen* verwenden. Im daraufhin geöffneten Menü wählen Sie die Option *In Bücher öffnen* aus – fertig!

> **!** Achten Sie bitte darauf, dass Sie das E-Book im Format **ePub** mit der Dateiendung **.epub** verschicken. Sie können keine komprimierten **ZIP**-Dateien oder E-Books mit dem Format **Mobipocket** an die App Bücher übertragen.

Safari

Eine andere Möglichkeit ist der Download des E-Books direkt vom jeweiligen Online-Anbieter bzw. Shop. Wenn Sie ein Buch über einen Online-Shop erworben haben, dann tippen Sie auf den Download-Link. Im Hintergrund wird nun das E-Book auf das iPad heruntergeladen. Über die App *Dateien* finden Sie es im Downloads-Ordner und von dort kann es ebenfalls via *Teilen* zur Bücher-App gelangen.

iCloud Drive

Die Nutzung von *iCloud Drive* ist ein weiteres Verfahren, um E-Books vom Rechner auf das iPad zu übertragen. Voraussetzung dafür ist ein iCloud-Account. Mit iCloud Drive können Sie auf dem Rechner das E-Book an iCloud übertragen, es dann auf dem iPad mit der App *Dateien* herunterladen und in der App Bücher öffnen. Sie öffnen dazu die App und wechseln zum Bereich *iCloud Drive*. Dann müssen Sie nur noch auf das E-Book tippen, damit es heruntergeladen und automatisch in der App *Bücher* geöffnet wird.

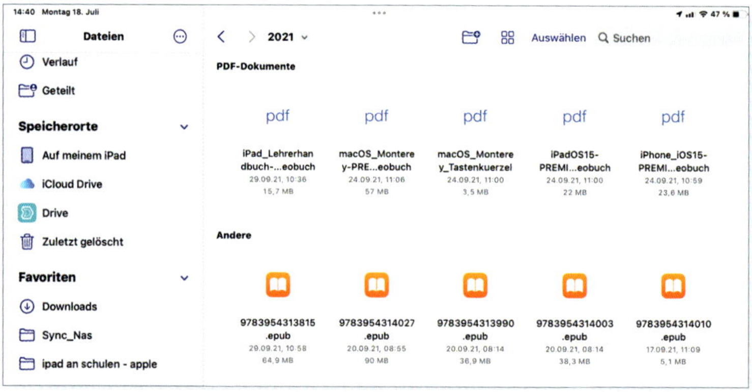

Sie können „iCloud Drive" zur Übertragung von E-Books auf das iPad verwenden.

Via iCloud synchronisieren

Die Übertragung eines E-Books auf das iPad, die Sie mit der App *Dateien* manuell durchführen, können Sie auch automatisieren. Mithilfe von iCloud können Sie die Bibliothek von der App *Bücher* auf dem Mac mit der App *Bücher* auf dem iPad automatisch synchronisieren. Dadurch wird das E-Book, das Sie in die App

Bücher auf dem Mac hinzugefügt haben, automatisch zu iCloud hochgeladen und sofort an die App Bücher auf dem iPad übertragen. Das funktioniert natürlich auch in die andere Richtung.

Damit die Synchronisation funktioniert, müssen Sie zuerst auf dem Mac die Verwendung von iCloud für die App *Bücher* aktivieren. Öffnen Sie die *Systemeinstellungen –> iCloud* (bzw. *Apple-ID* ab macOS Catalina) und danach die *Optionen* von *iCloud Drive*, die Sie im Bereich *iCloud* finden. Dort aktivieren Sie die App *Bücher*. Damit werden nun die Bücher vom Mac zu iCloud hochgeladen.

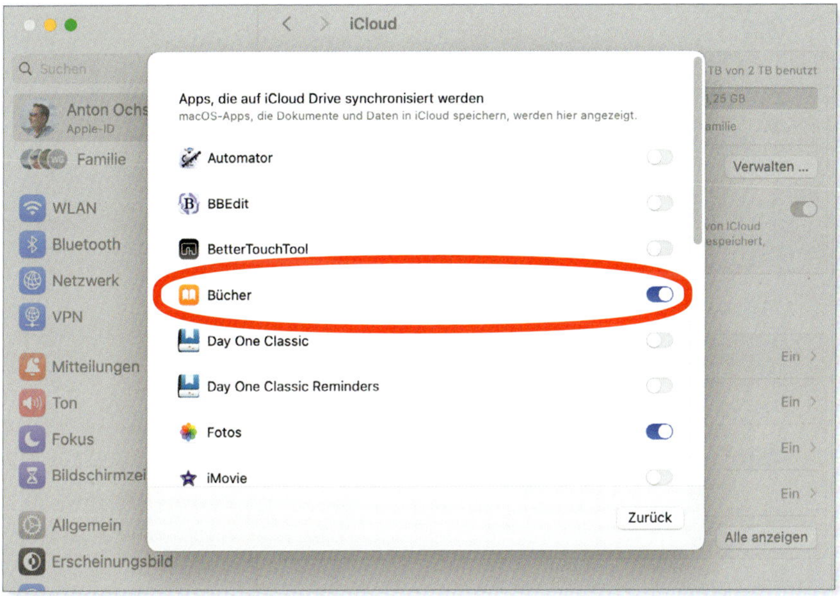

Auf dem Mac muss in „iCloud Drive" die Funktion „Bücher" eingeschaltet werden.

Jetzt müssen Sie noch auf dem iPad die Synchronisation einschalten. Öffnen Sie *Einstellungen –> Ihr Name (Apple-ID, iCloud, Medien & Käufe) –> iCloud* und aktivieren Sie dort die Option *Bücher*. Wenn Sie nun die App Bücher starten, werden Sie sehen, dass plötzlich alle E-Books vom Mac aufgelistet sind. Sie sind aber noch nicht auf das iPad heruntergeladen. An dem kleinen Wolkensymbol erkennen Sie, dass die Bücher bei iCloud gespeichert sind. Wenn Sie nun eines der Bücher öffnen, wird es heruntergeladen und Sie können es lesen.

Teilen-Menü

Für das iPad gibt es hunderttausende Apps. Davon sind zigtausende ebenfalls in der Lage mit PDF- oder E-Book-Dateien umzugegen.

Möchten Sie hingegen, das Lesen aller elektronischen Bücher mit der App *Bücher* nutzen, dann müssen Sie über das Teilen-Menü diese an die Bücher-App gesendet werden.

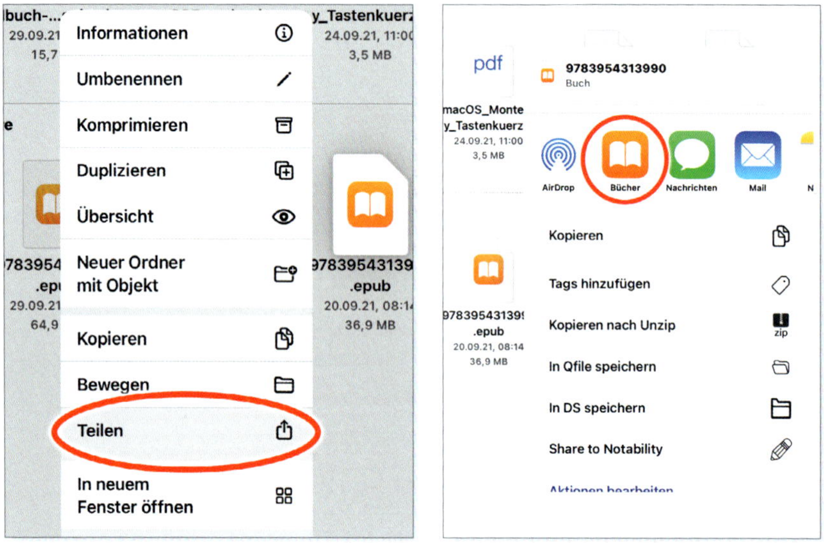

Via „Teilen" können Daten zwischen verschiedenen Apps ausgetauscht werden.

Damit existiert dann die Datei zweimal. Einmal nun in der Bücher-App und das Original bleibt in der vorherigen App ebenso existent. Sie könnten es ja dort löschen, wenn Sie es nicht doppelt haben möchten.

Kapitel 7 Die Kamera

Das iPad eignet sich übrigens sehr gut für Schnappschüsse. Denn in Ihrem iPad steckt eine sehr gute Kamera, mit der ausgezeichnete Bilder gelingen. Das trifft auch auf die Aufnahme von Videos zu.

Die aufgenommenen Fotos und Videos wollen jedoch auch verwaltet werden, da ansonsten ein heilloses Durcheinander auf dem iPad entsteht. Dafür nutzen Sie die App *Fotos*. Mit ihrer Hilfe können Sie alle Aufnahmen problemlos organisieren.

In diesem Kapitel erfahren Sie, wie Sie die Kamera des iPads bedienen und die Bilder mit der App *Fotos* perfekt verwalten.

Die Kamera

Das iPad besitzt auf seiner Rück- und Vorderseite jeweils eine Kamera. Die Kamera auf der Rückseite hat eine höhere Auflösung und wird deswegen zum Fotografieren verwendet. Die Kamera auf der Vorderseite hat eine niedrigere Auflösung und wird hauptsächlich für Selfies und Videochats per Facetime oder Skype eingesetzt. Aber egal welche Kamera Sie nutzen, beide werden mit der App *Kamera* gesteuert.

Die App kann auf drei verschiedene Weisen geöffnet werden:

1. auf dem Home-Bildschirm durch Antippen der Kamera-App
2. über das Kontrollzentrum mit dem Kamera-Symbol
3. im Sperrbildschirm durch Verschieben des Displays nach links

Die Bedienung

Die Kamera-App bietet verschiedene Funktionen zum Aufnehmen von Bildern und Videos. In der Mitte ❶ ist der Sucherbereich, und der große Knopf dient als

Auslöser ❷. Alternativ dazu können Sie auch die *Lauter-* oder *Leiser-Taste* an der Seite des iPads verwenden: Beide Tasten können als Auslöser genutzt werden.

Bevor Sie eine Aufnahme machen, sollten Sie bei ❸ entscheiden, welche Art von Aufnahme Sie haben wollen. Einzelheiten zu den verschiedenen Aufnahmearten können Sie auf Seite 157 nachlesen. Mit dem Symbol ❹ können Sie zwischen der Kamera auf der Rück- und der Vorderseite hin- und herwechseln.

Die Kamera-App mit allen Funktionen.

Für besonders brillante Aufnahmen können Sie die *HDR*-Funktion ❺ einschalten. HDR steht für „High Dynamic Range“, eine Technik für besonders detailreiche Bilder. Dabei nimmt die Kamera eigentlich drei Fotos mit unterschiedlichen Belichtungen auf, die dann in der App kombiniert werden. Auf diese Weise entstehen Bilder mit besserem Kontrast. Nutzen Sie *Einstellungen –> Kamera –> Intelligente HDR*, um diese Funktion immer automatisch zu verwenden.

Die Kamera-App hat auch einen *Selbstauslöser* ❻, mit dem Sie ein Foto mit einer Zeitverzögerung von 3 oder 10 Sekunden aufnehmen können. Zudem können Sie einen *Zoom* ❼ für das Fotografieren verwenden. Da es aber ein digitaler Zoom ist, sollten Sie ihn sparsam einsetzen. Der digitale Zoom vergrößert die Bilder künstlich, was zu einer schlechten Qualität führt.

Mit dem Symbol ❽ werden Live Photos aufgenommen. Diese sind eine Mischung aus einem Foto mit einer angehängten kurzen Videosequenz.

> ! Bitte beachten Sie, dass nicht jede Aufnahmeart auch alle Funktionen zur Verfügung hat. So können Sie z. B. bei der Aufnahme eines Videos kein HDR verwenden.

Wenn Sie einen Blitz benötigen, können Sie ihn mit dem Symbol ❾ einschalten bzw. auf Automatik setzen. Die fertigen Aufnahmen können Sie bei ❿ betrachten, wo sie auch bearbeitet oder gelöscht werden können (siehe Seite 167).

Aufnahmearten

Mit der iPad-Kamera können Sie die verschiedensten Arten von Aufnahmen machen. Neben normalen Fotos und Videos gibt es noch die folgenden interessanten Aufnahmemöglichkeiten:

- *Quadrat:* Das ist eigentlich nichts anderes als ein normales Foto im quadratischen Format, was man auch am veränderten Sucherbereich erkennen kann. Solche Fotos können Sie z. B. sehr gut als Profilfoto für Facebook verwenden.
- *Pano:* Das iPad kann damit eine Panoramaaufnahme machen. Dazu müssen Sie das iPad während der Aufnahme nur von links nach rechts bewegen. Im Sucher können Sie erkennen, wie das iPad die Panoramaaufnahme zusammenstellt.

Panoramabilder sind sehr schnell und einfach erstellt.

- *Serienbilder:* Das iPad verfügt auch über die Möglichkeit, Serienbilder aufzunehmen. Dabei werden je nach iPad-Modell bis zu zehn Bilder pro Sekunde aufgenommen – eine ideale Funktion, um actionreiche Fotos zu machen. Für Serienbilder müssen Sie den Auslöser länger gedrückt halten. Solange Sie ihn halten, werden Fotos aufgenommen. Ein Zähler direkt über dem Auslöser zeigt Ihnen an, wie viele Fotos bereits gemacht wurden.

Serienbilder sind mit dem iPad kein Problem. Während der Aufnahme können Sie verfolgen, wie viele Bilder geschossen werden.

- *Slo-Mo:* Diese Abkürzung steht für „Slow Motion". Damit lassen sich also Videos mit Zeitlupenaufnahmen machen. Je nach Voreinstellung der Kamera-App können damit Videoaufnahmen mit 120 oder 250 Bildern pro Sekunde angefertigt werden.
- *Zeitraffer:* Das Gegenteil der Zeitlupe. Die Aufnahmen werden damit in einem höheren Tempo erstellt. Somit können langsame Bewegungen, die normalerweise mehrere Minuten dauern, zu wenigen Sekunden zusammengefasst werden.
- *Live Photo*: Mit diesem iPad können Sie Kurzfilme (Live Photos) inkl. Audio aufnehmen. Tippen Sie dazu auf das dazugehörige Symbol .

> **!**
>
> **Porträt:** (nur iPad Pro ab 2018 und neuer) In diesem Modus können Sie mit einem Schärfentiefe-Effekt arbeiten. Dabei bleibt Ihr Motiv scharf, während der Hintergrund verschwommen ist. Zudem stehen verschiedene Filter wie **Natürliches Licht, Studiolicht, Konturenlicht, Bühnenlicht, Bühnenlicht Mono** und **High-Key-Licht Mono** zur Verfügung. Verwendet werden kann hierzu nur die Selfie-Kamera am iPad Pro. Ist das Foto geschossen, kann der Schärfentiefe-Effekt nachträglich mit einem Schieberegler noch geändert werden.

Aufnahmen bearbeiten

Alle Aufnahmen können Sie direkt in der Kamera-App bearbeiten oder auch wieder löschen. Tippen Sie dazu auf die kleine Miniatur der letzten Aufnahme. Nun wird die letzte Aufnahme eingeblendet. Sie können aber auch die älteren Aufnahmen einsehen, wenn Sie nach links bzw. rechts scrollen.

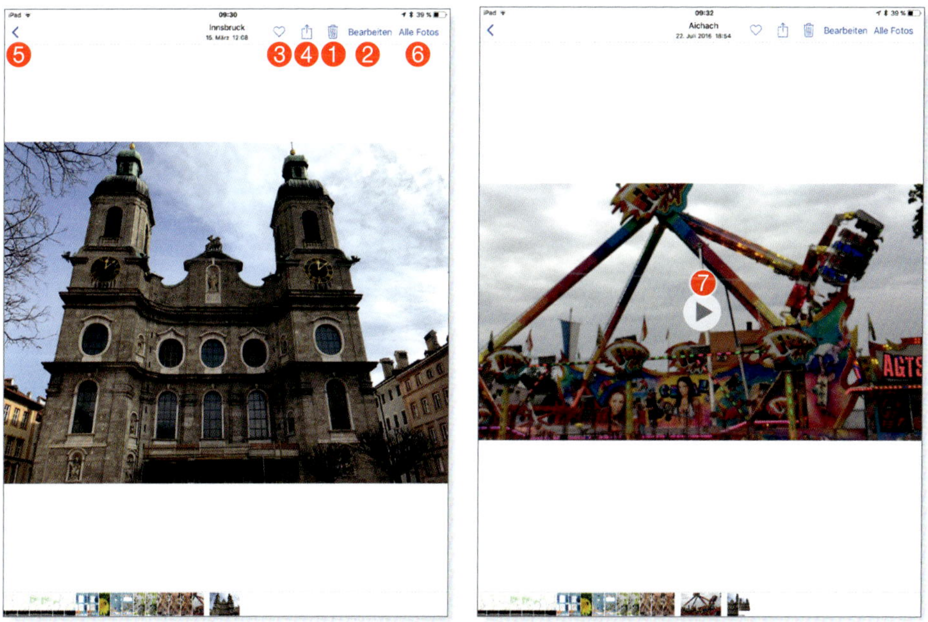

Die Aufnahmen können direkt in der Kamera-App nachbearbeitet oder gelöscht werden.

Um die aktuelle Aufnahme zu löschen, müssen Sie nur auf den Papierkorb ❶ tippen. Um eine Aufnahme zu bearbeiten, klicken Sie auf *Bearbeiten* ❷. Damit wechseln Sie in eine andere Umgebung, die je nach Art der Aufnahme verschiedene Werkzeuge enthält. Wie man Fotos und Videos nachbearbeitet, erfahren

Sie ab Seite 167 bei „Fotos“, da die *Kamera*-App und die *Fotos*-App dafür die gleichen Funktionen verwenden. Mit dem Herzsymbol ❸ wird das Bild den Favoriten hinzugefügt.

Die Aufnahme lässt sich sogar direkt aus der Kamera-App mit der *Teilen*-Funktion ❹ an andere Apps übergeben oder per Nachricht oder Mail verschicken. Links oben ❺ verlassen Sie die Aufnahmen und kehren wieder zur Kamera zurück. Es gibt auch eine direkte Anbindung zur App *Fotos*, um z. B. die aktuelle Aufnahme dort zu bearbeiten oder zu versenden. Mit der Funktion *Alle Fotos* ❻ wechseln Sie zur App *Fotos*.

Wenn es sich bei der Aufnahme um ein Serienbild handelt, können Sie die Anzahl der Bilder in der linken oberen Ecke der Aufnahme ablesen. Außerdem können Sie aufgenommene Videos direkt abspielen ❼.

Auch die Live Photos lassen sich bearbeiten. Tippen Sie dazu auf das Live Photo Icon, dass Sie links ganz oben neben der Aufnahme sehen. Dabei können Sie die Länge der Filmsequenz festlegen und das Schlüsselfoto definieren. Dazu wählen Sie mit dem Finger ein Bild innerhalb der Filmsequenz aus und tippen anschließend auf *Als Schlüsselfoto festlegen*. Ansonsten stehen Ihnen die gleichen Bearbeitungswerkzeuge wie bei normalen Fotos und Videos zur Verfügung.

QR-Codes scannen

Die Kamera-App hat eine sehr hilfreiche Funktion. Sie kann QR-Codes erkennen und die dort hinterlegten Informationen auslesen. Sie halten die Kamera einfach auf den QR-Code, und sofort erscheint eine Mitteilung mit dem Inhalt des Codes. Wenn es sich dabei z. B. um eine Internetadresse handelt, können Sie diese direkt öffnen, wenn Sie auf die Mitteilung tippen.

Die App „Kamera“ erkennt QR-Codes.

! Die automatische Erkennung von QR-Codes lässt sich unter **Einstellungen -> Kamera** mit der Option **QR-Codes scannen** auch ausschalten. Zudem kann das Einscannen von QR-Codes (**Einstellungen -> Kontrollzentrum -> Codescanner**) direkt als Icon ins Kontrollzentrum gelegt werden.

Live-Text

Live-Text ist eine neue Funktion die Texte auf Bildern erkennt. Funktionen wie *Kopieren*, *Nachschlagen* und *Übersetzen* können direkt darauf angewendet werden und es funktioniert in Fotos, in Bildschirmfotos und in Safari, etc.

Mit dem Finger oder dem Apple Pencil markiert man einen Text im Bild und erhält ein Kontextmenü, mit dem man den Text zum Beispiel übersetzen lassen kann.

Ein Bildschirmfoto einer Webseite wurde per Live-Text erkannt, weil rechts oben (roter Kringel) diese Funktion aktiviert wurde. Man sieht die Textpassage hell hervorgehoben.

Damit diese Funktion aktiv ist, muss es eingeschalten sein: *Einstellungen -> Allgemein -> Sprache & Region -> Live-Text*.

> **!** Diese Funktion ist nur auf Geräten mit einem A12 Bionic oder neuer verfügbar, weil die Berechnung auf dem iPad direkt erfolgt und somit eine ausreichende Rechenleistung zur Verfügung stehen muss. Und seit iPadOS 16 können Sie Live-Text ebenfalls bei Videos verwenden. Einfach das Video stoppen und den Text herausnehmen.

Objekte aus Fotos freistellen

Und eine weitere sehr verblüffende Funktion ist seit iPadOS 16 einsetzbar: Man kann Objekte aus Fotos freistellen und z. B. über Kopieren in andere Apps übernehmen. Wie funktioniert das?

Ganz einfach: Sie bleiben auf einem Objekt mit dem Finger getippt und dann beginnt nach kurzer Zeit das iPad das Objekte zu erkennen. Sie sehen dabei eine weiße Linie, die um das Objekt wandert. Die Erkennung funktioniert natürlich umso besser, je klar er das Objekt konturiert ist und je simpler der Hintergrund ist.

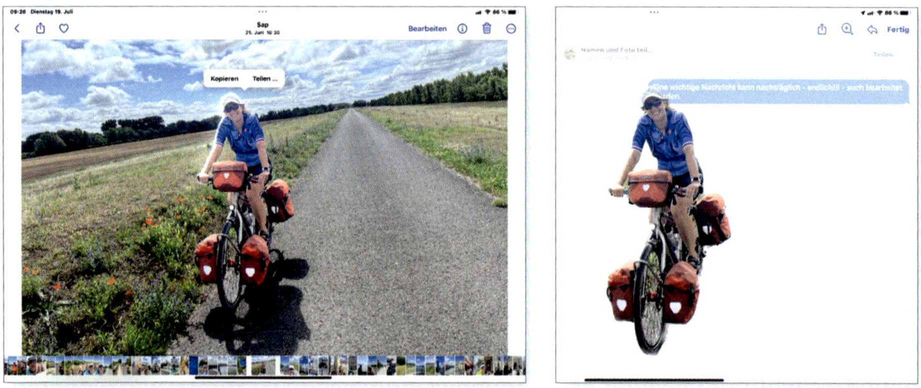

Das Fahrrad samt Fahrerin wurde in der Fotos-App freigestellt (links) und via Kopieren und Einsetzen in die Nachrichten-App übernommen (rechts).

> **!** Selbst Objekte in Videos können freigestellt werden. Dazu stoppen Sie das Video und tippen erneut auf ein Objekt Ihrer Wahl.

Einstellungen für die Kamera

Es gibt für die Kamera-App noch ein paar Einstellungen, die Sie berücksichtigen bzw. kontrollieren sollten, besonders wenn Sie sehr viele Videos aufnehmen. Bei *Einstellungen –> Kamera* gibt es die Möglichkeit, die Auflösung der Videoaufnahmen zu ändern. In der Option *Video aufnehmen* Ⓐ können Sie die Auflösung für alle zukünftigen Filme ändern. Je niedriger die Auflösung ist, desto weniger Speicherplatz benötigen die Filme. Welche Auflösungen Sie zur Verfügung haben, hängt vom iPad-Modell ab.

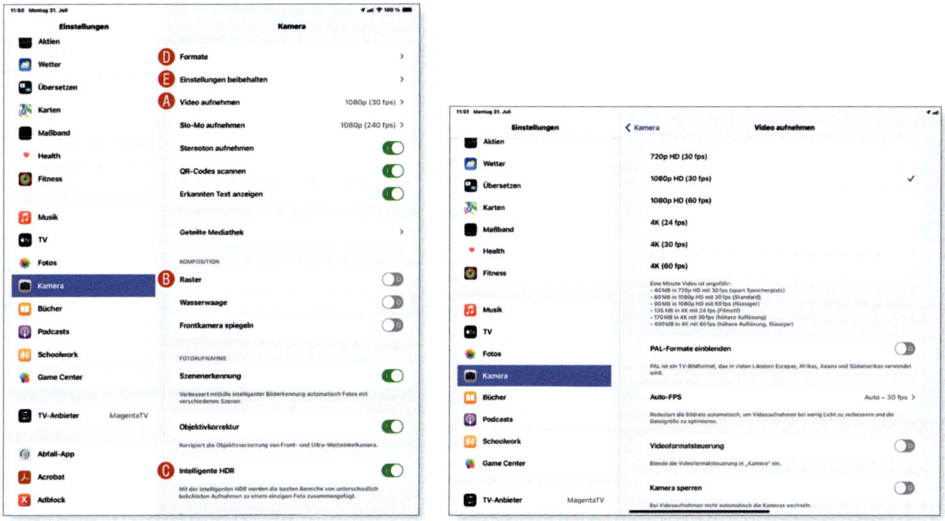

In den „Einstellungen" können Sie unter anderem die Videoauflösung ändern.

Zum besseren Fotografieren können Sie in den Einstellungen ein *Raster* Ⓑ einblenden lassen. Damit lässt sich das iPad bzw. die Kamera besser gerade ausrichten. Um den Speicherplatz nicht zu belasten, können Sie auch die Option *Intelligente HDR* Ⓒ für die HDR-Funktion (siehe weiter vorne) ausschalten. Es gibt noch eine interessante Einstellung, welche die Datengröße der aufgenommen Bilder reduziert und somit mehr Speicher auf dem iPad schafft. Unter *Formate* Ⓓ haben Sie die Möglichkeit auf das HEIF/HEVC-Format umzuschalten. HEIF steht für High-Efficiency-Format und reduziert die Datenmenge von Fotos wesentlich besser als das bekannte JPEG-Format. Allerdings wir das HEIF-Format nicht von jeder App unterstützt. Wenn Sie an die Weiterbearbeitung der Fotos in einer anderer App denken, sollten Sie auf das bekannte JPEG-Format umschalten (*Maximale Kompatibilität*). Und via *Einstellungen beibehalten* Ⓔ können Sie definieren, ob Live Photo stets aktiv sein soll und ob die Kamera-App sich die letzte Einstellung merken soll.

> **!** Je nach iPad-Typ und den integrierten Kamera-Modulen können die Einstellungen variieren.

Die App „Fotos"

Die Bilder, die Sie mit der Kamera aufnehmen, werden in der App *Fotos* verwaltet. In der App können Sie die Fotos in Alben zusammenfügen, löschen, bearbeiten und mit anderen Personen teilen.

> **!** Natürlich können Sie mit dem Computer Fotos auf das iPad übertragen. Selbst andere Digitalkameras bzw. SD-Karten können mit dem passenden Kabel bzw. Adapter mit dem iPad verbunden werden. Im Handumdrehen werden die Bilder importiert und in der Fotos-App eingereiht.

Alben

Die Alben sind wohl die einfachste Art, um Bilder zu organisieren bzw. zu sortieren. Im Bereich *Meine Alben* der App *Fotos* können eigene Alben erstellt werden. Einige Standardalben sortieren die vorhandenen Fotos nach ihrer Art, z. B. *Videos*, *Bildschirmfotos*, *Personen*, *Orte*, *Serien* oder *Selfies* und sind in *Medienarten* bzw. unterhalb von der *Mediathek* zu finden. Auf diese Weise sind die Bilder schon vorsortiert. Wenn Sie ein Album öffnen, werden alle dazugehörigen Bilder aufgelistet.

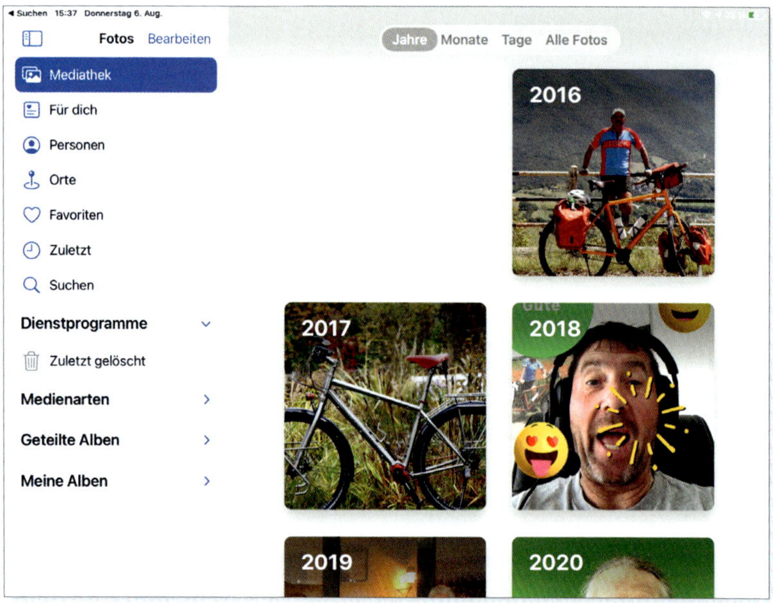

Die „Alben" helfen beim Verwalten der Bilder.

Wenn Sie ein eigenes Album anlegen wollen, dann tippen Sie bei *Meine Alben* auf *Neues Album*. Anschließend vergeben Sie einen Namen für das neue Album. Danach können Sie nun die Bilder und Videos auswählen, die in diesem Album gesammelt werden sollen. Natürlich können Bilder auch zu einem späteren Zeitpunkt dem Album hinzugefügt werden. Wenn Sie fertig sind, finden Sie das neue Album am Ende im Bereich *Meine Alben* einsortiert.

Es gibt noch einen anderen Weg, um ein Album zu erstellen oder die Bilder einem Album zuzuordnen. Wenn Sie z. B. *in Album* öffnen, finden Sie rechts oben die Funktion *Hinzufügen*. Damit können Sie nun die Bilder markieren, die Sie in ein neues Album legen oder einem bereits vorhandenen hinzufügen wollen.

Sortierung nach Datum und Ort

Die Fotos-App hat auch eine automatische Sortierung der Fotos nach Datum und Ort. Wenn Sie Bilder mit dem iPad aufnehmen, werden automatisch das Datum und der Aufnahmeort ins Bild gesichert. Der Aufnahmeort kann aber nur mitgespeichert werden, wenn Sie die *Ortungsdienste* (*Einstellungen –> Datenschutz*) für die Kamera aktiviert haben.

Schieben Sie ein Foto mit dem Finger nach oben, um den eventuell vorhandenen Aufnahmeort zu sehen.

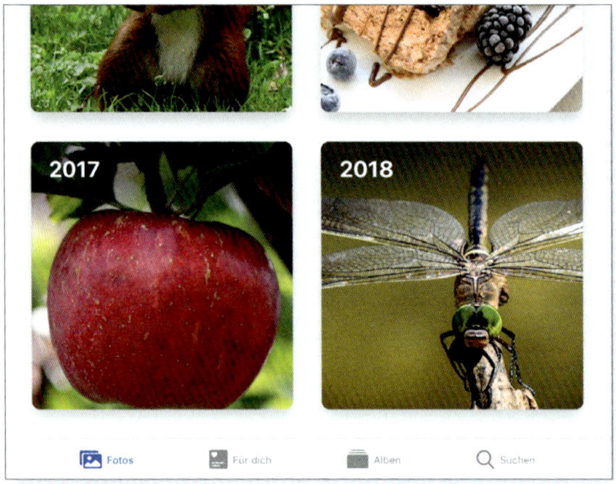

Im Bereich „Fotos“ werden die Bilder chronologisch sortiert (Jahre, Monate, Tage, Alle Fotos).

Geteilte Alben

Wenn Sie einen iCloud-Account besitzen, können Sie die Bilder und Videos mit anderen Personen teilen. Dabei bestimmen Sie selbst, wer die Bilder und Videos sehen darf. Das Ganze wird als „Fotostream“ bezeichnet. Um Fotostreams zu nutzen, müssen Sie erst in den *Einstellungen –> Ihr Name (Apple-ID, iCloud, Medien & Käufe) –> iCloud –> Fotos* die Option *Geteilte Alben* einschalten. Damit werden dann auch in der in der Fotos-App in der Seitenleiste die *Geteilten Alben* sichtbar.

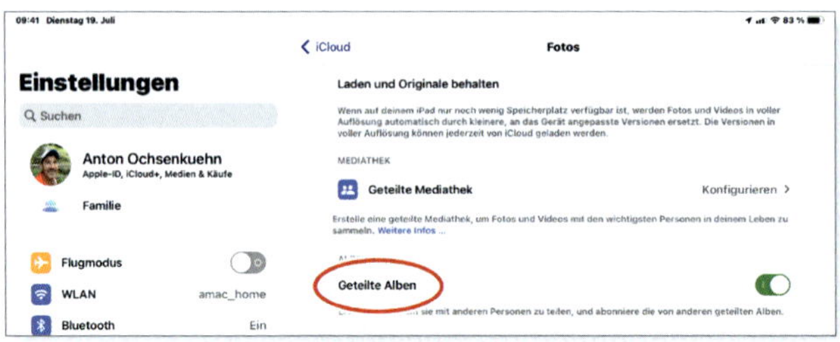

Sind die „Geteilten Alben“ aktiviert, können Sie Ihre Aufnahmen mit anderen teilen.

Gehen Sie wie folgt vor:

- Lassen Sie sich im Bereich Mediathek am besten *Alle Fotos* einblenden.
- Aktivieren Sie *Auswählen*.
- Nun können Sie beliebige Fotos mit einem blauweißen Haken versehen.
- Tippen Sie unten links *Teilen* an.
- Wählen Sie dort *Zu geteiltem Album hinzufügen*, um dann
- ein *Neues geteiltes Album* zu erzeugen.

- Vergeben Sie einen Namen für das Album und laden Sie Personen dazu ein. Diese müssen über eine Apple-ID verfügen, damit diese daran teilnehmen können.

Bilder und Videos bearbeiten

Wie bereits bei der Kamera-App erwähnt, kann man auch in der *Fotos*-App Bilder und Videos nachbearbeiten. Mit ihr können Sie nachträglich einen Filter auf Bilder anwenden bzw. die Bilder drehen und beschneiden sowie Farbkorrekturen ausführen. Videos hingegen können zudem noch gekürzt werden. Bei Slo-Mo-Videos können Sie den Zeitlupenbereich definieren. Um ein Bild oder auch einen Film zu bearbeiten, müssen Sie es zuerst in der Fotos-App öffnen. Tippen Sie auf *Bearbeiten*.

Für das Bearbeiten der Bilder und Videos gibt es eine eigene Umgebung.

Dort können Sie eine Fülle von Funktionen verwenden. Wichtig sind dabei unter anderem:

1. Damit verlassen Sie die Umgebung ohne Änderungen
2. Alle Änderungen akzeptieren und das Foto bzw. den Film so speichern
3. Foto / Video beschneiden und begradigen

4. Zu den vielfältigen Filterfunktionen umschalten, die anschließend rechts erscheinen 6
5. Individuelle Änderungen vornehmen wie Helligkeit, Kontrast, Sättigung, Lebendigkeit, Farbton und vieles mehr
6. Regler zum Feinjustieren der individuellen Änderungen
7. Selbst Anmerkungen bzw. Markierungen können einem Foto zugefügt werden.

Beim Bearbeiten von Videos haben Sie viele ähnliche Funktionen zur Verfügung, aber darüber hinaus typische Videobearbeitungsoptionen.

Selbst Videos können nachträglich bearbeitet werden.

Besonders interessant sind die Möglichkeiten, ein Video zu schneiden bzw. es zu trimmen A. Zusätzlich können Sie ein Video nachträglich drehen B oder farblich anpassen, wie Sie es eben schon bei den Fotos gesehen haben.

Kapitel 8 Das Allroundtalent

Was muss ein Tablet wie das iPad alles können? Auf verschiedene Arten kommunizieren? Ja, kann es! Im Internet surfen und E-Mails verwalten? Ja, kann das iPad! Unterhaltung bieten? Kann das iPad auch!

Für viele Nutzer wären diese Funktionen ausreichend, aber eben nicht für alle. Sehr viele Anwender wollen das iPad für die Verwaltung des täglichen Lebens nutzen. Sie wollen z. B. an Termine, Medikamenteneinnahmen oder Aufgaben erinnert werden oder einen Kalender für die Wochenplanung haben. Und genau für solche Zwecke sind in das iPad die entsprechenden Funktionen bzw. Apps integriert.

In diesem Kapitel lernen Sie die Apps und Funktionen kennen, die Ihnen bei der Organisation Ihres Alltags helfen sollen, damit Sie z. B. nie mehr einen Termin verpassen. Außerdem werden Sie Ihren persönlichen Assistenten kennenlernen: Siri.

Split View

Bevor wir uns den einzelnen Apps zuwenden, hier eine Funktion, die Ihnen beim Umgang mit den Apps behilflich sein kann: *Split View*. Split View ist eine Funktion, mit der Sie zwei Apps gleichzeitig am Bildschirm einblenden können. Wenn Sie also z. B. in Safari surfen, können Sie gleichzeitig in der Karten-App einen Ort suchen oder eine E-Mail schreiben.

Split View teilt das Display in zwei Hälften. Jede der Hälften zeigt die Oberfläche einer App. Somit können Sie dann gleichzeitig in zwei Apps arbeiten.

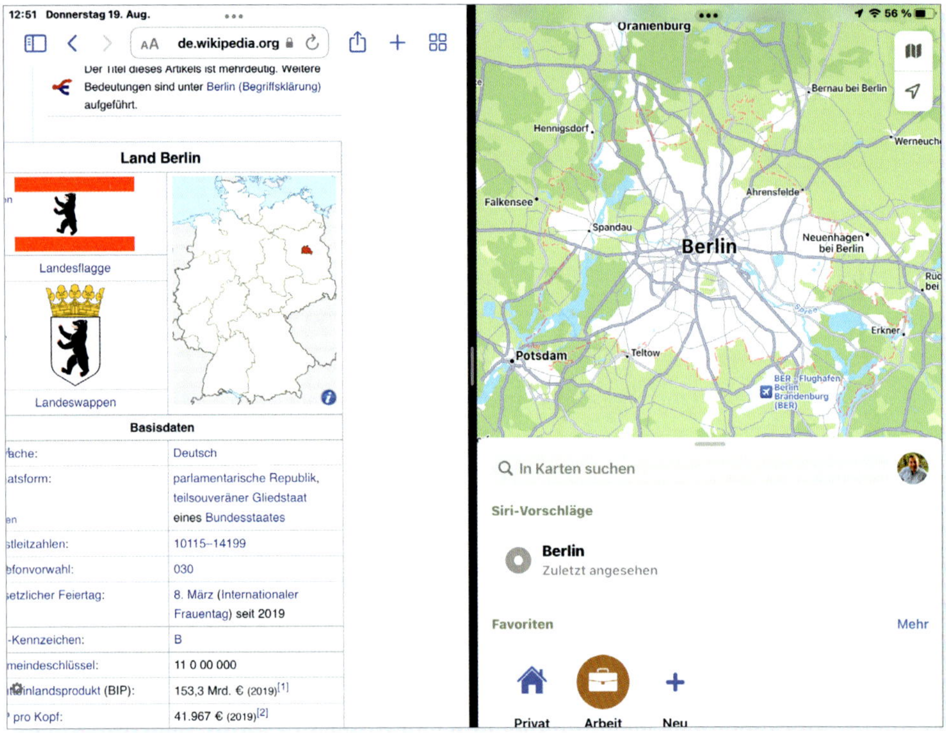

Mit „Split View" haben Sie zwei Apps gleichzeitig im Blick.

Wie erhält man nun Split View? Um diese Frage zu beantworten, müssen Sie wissen, dass es Split View in zwei Varianten gibt. Die erste Variante hat den Namen Slide Over und die zweite nennt man eben Split View.

> **!** Side Over und Split View gibt es nur, wenn sie eine App geöffnet haben, und nicht auf dem Homescreen des iPads. Sie können also nicht gleichzeitig den Homescreen und die Oberfläche einer App eingeblendet haben.

Slide Over

Slide Over ist der kleine Bruder von Split View. Mit Slide Over können Sie zwar auch zwei Apps und mehr gleichzeitig anzeigen, aber das Display wird standardmäßig nicht gleichmäßig geteilt, was vielen Usern missfiel, die sich eine insgesamt flexiblere Gestaltung des Bildschirms wünschten. Der Slide-Over-Bereich hingegen liegt als eigenes Fenster über einer anderen App und lässt sich frei auf dem Bildschirm positionieren.

▶I Slide Over 08_01

http://ipados2023.amac-buch.de/#08_01

Damit können Sie eine App über eine andere legen und mit beiden sozusagen gleichzeitig arbeiten. Aber damit nicht genug: Slide Over selbst kann weitere Apps aufnehmen und so kann man damit zwischen verschiedenen Slide Over-Apps durchwechseln. Hört sich interessant an und ist es auch. Wie es funktioniert, sehen Sie in diesem Video.

▶I Split View 08_02

http://ipados2023.amac-buch.de/#08_02

Es gibt drei Möglichkeiten, wie man zwei Apps nebeneinander auf den iPad-Bildschirm bringen kann:

- z. B. in Safari ein neues Fenster erzeugen
- Slide Over in Split View umwandeln
- Oder direct Split View mit zwei Apps erzeugen

Natürlich kann die Split View Darstellung auch wieder aufgehoben werden.

▶I Viele Fenster und App Exposé 08_03

http://ipados2023.amac-buch.de/#08_03

Viele Apps erlauben es nunmehr auch, mehrere Fenster geöffnet zu haben. So können Sie viele Webseiten aus Safari in verschiedenen Split Views haben. Damit Sie hier den Überblick nicht verlieren, gibt es eine sehr pfiffige Funktion. Aber sehen Sie selbst…

▶I Und es geht noch mehr: Split View + Slide Over 08_04

http://ipados2023.amac-buch.de/#08_04

Wenn Sie extrem anspruchsvolle Dinge mit dem iPad erledigen wollen, dann ist diese Funktionalität für Sie optimal: viele viele Apps auf einmal auf dem iPad-Display.

Seit iPadOS 15 ist das Aufrufen von Split View bzw. Slide Over noch einmal einfacher geworden. In sehr vielen Apps finden Sie mittlerweile oben mittig drei hellgraue Punkte.

Split View und Slide Over können noch einfacher aufgerufen werden.

Sollten die drei Punkte fehlen, dann gehen Sie zu *Einstellungen –>Multitasking & Gesten* und aktivieren *Split View & Slide Over.*

▶❙ Split View noch einfacher nutzen 08_05

http://ipados2023.amac-buch.de/#08_05

Sehen Sie, wie einfach Sie Split View aktivieren können und von Split View zu Slide Over wechseln können. Zudem verfügen einige Apps über eine neue Fenster-Darstellung.

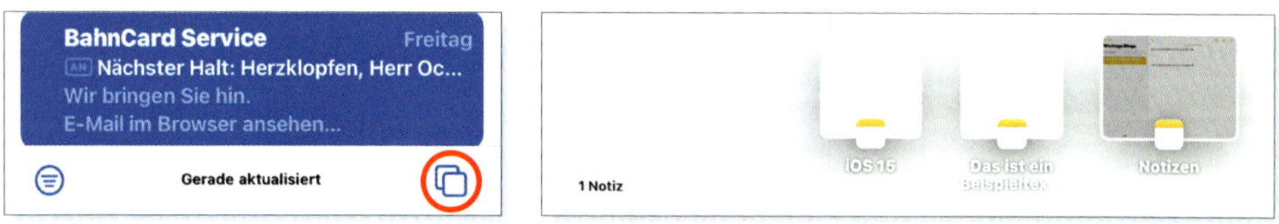

In der App Mail können die zuletzt verwendeten Fenster eingeblendet werden und in der Notizen-App (rechts) erscheinen diese direkt um unteren Rand.

Stage Manager

Wer über ein geeignetes iPad verfügt, der kann die Funktion *Stage-Manager* aufrufen. Am einfachsten gelingt dies über *Einstellungen –> Multitasking & Gesten –> Stage Manager.*

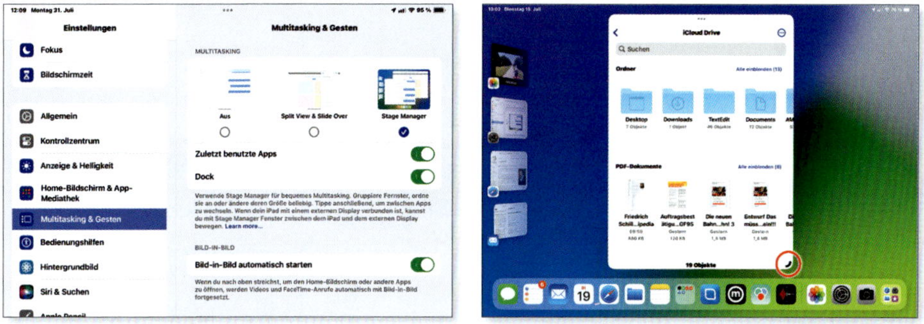

Sobald der Stage Manager aktiv ist, können Sie ihn nutzen und noch einfacher mit mehreren Apps arbeiten. Bis zu vier Fenster finden seitlich Platz.

Die verwendeten Apps werden links am Bildschirmrand angezeigt und mit einem Fingertipp können diese nun aktiviert werden und erscheinen als Fenster (!!!) auf dem iPad-Bildschirm. Diese Fenster können durch antippen am Rand oder an den Ecken ganz einfach in der Größe geändert werden.

▶I Stage Manager im praktischen Einsatz 08_06

http://ipados2023.amac-buch.de/#08_06

Rasch ist der Stage Manger eingerichtet und bietet völlig neue Möglichkeiten mit den Apps und damit auch mit Fenstern auf dem iPad zu arbeiten. Sie können zudem im Kontrollzentrum sich ein Icon für den Stage Manager einblenden lassen.

!

Der Stage Manager macht vor allem dann Sinn, wenn Sie das iPad mit einem externen Monitor verbunden haben. Denn dann verfügen Sie über zwei Displays und können bequem mit vielen Apps gleichzeitig arbeiten. Es fühlt sich an, als hätten Sie einen Computer im Einsatz :-)

Im Gegensatz zu früheren Versionen von iPadOS wird seit Version 16 nunmehr nicht nur der Bildschirm des iPads auf dem Zweitmonitor gespiegelt, sondern kann als zusätzliches Display zur Verfügung stehen.

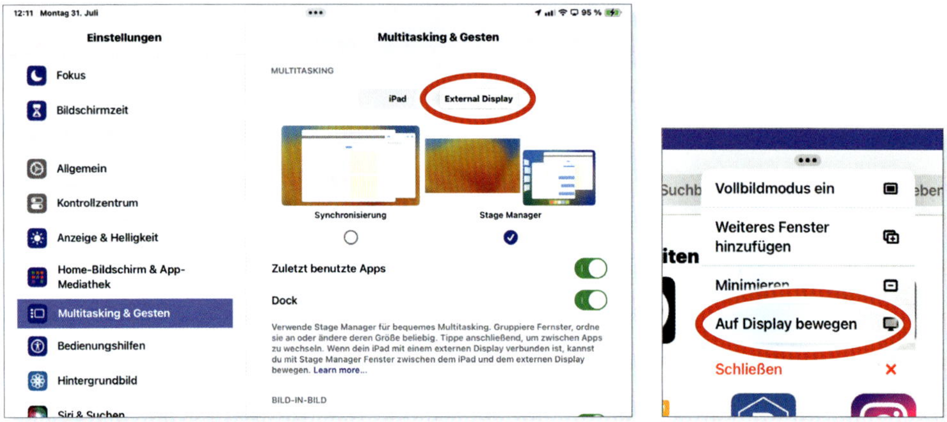

Sobald ein externer Monitor erfolgreich angeschlossen wurde, können Sie entscheiden ob dieser den Bildschirm das iPads spiegelt („Synchronisierung") oder ein zusätzliches Display sein soll („Stage Manager"). Über die drei Pünktchen oben in den Apps stehen nun andere Optionen zur Verfügung (rechts).

Erinnerungen

Mit der App *Erinnerungen* können Sie eine Liste mit Aufgaben erstellen, an die Sie das iPad erinnern soll. Dabei können die Aufgaben sowohl von einem Zeitpunkt als auch einem Ort abhängig sein. Lassen Sie sich z. B. also daran erinnern, das Licht auszuschalten, wenn Sie Ihr Zuhause verlassen.

▶I Erinnerungen erstellen 08_07

http://ipados2023.amac-buch.de/#08_07

Mit der App **Erinnerungen** können Sie ganz einfach alle ToDos bequem verwalten und sich zudem daran erinnern lassen. Dabei gibt es einige clevere Feinheiten, die Sie kennen sollten. Besonders toll ist das Erstellen von Erinnerungen über die Teilen-Funktionalität.

▶I Listen erstellen und teilen, diverse Feinheiten 08_08

http://ipados2023.amac-buch.de/#08_08

Um viele ToDos ordentlich zu verwalten, sollten diese in Listen unterteilt werden. Wie man Listen erzeugt und mit anderen Personen teilt, zeigt dieses Video. Dabei gibt es zudem noch einige pfiffige Zusatzfunktionen zu bestaunen.

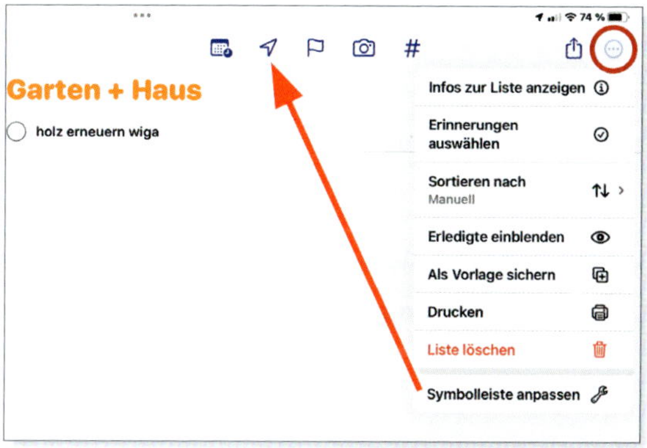

Viele nützliche Funktionen im Zusammenhang mit Listen findet man nun seit iPadOS 14 rechts oben im dazugehörigen Menü (runder Kringel). Oben mittig gibt es seit iPadOS 16 eine Symbolleiste mit weiteren Icons.

! Im Menü sehen Sie ganz unten zudem den Eintrag **Symbolleiste anpassen** womit die Icons in der obersten Zeile Ihren Bedürfnissen entsprechend geändert werden können.

Tags integrieren

Wie in der App *Notizen*, kann man nun auch einer Erinnerung *Tags* hinzufügen. Dies funktioniert über die ⓘ –> *Tags* anschließend tragen Sie ihre gewünschten Tags ein.

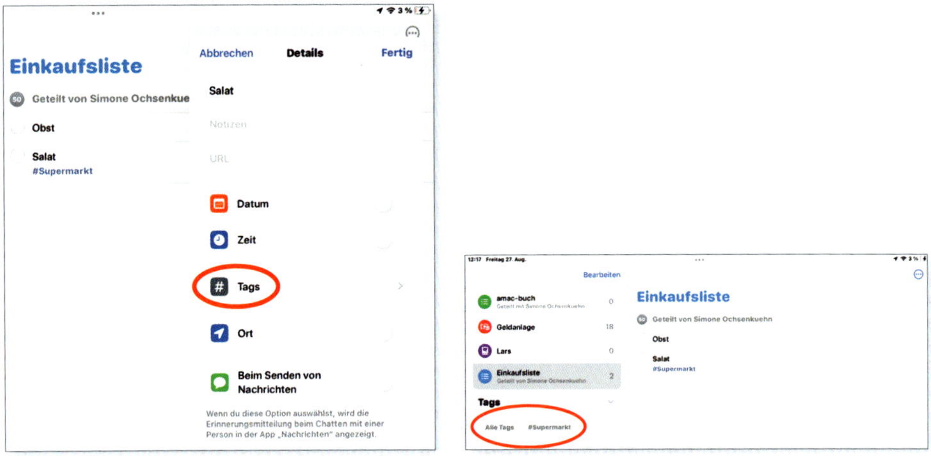

In der Seitenleiste der App „Erinnerungen“ sind die „Tags“ einfach aufrufbar (rechts).

! Haben Sie den Begriff **Abschnitt hinzufügen** schon entdeckt? Damit können Sie in Listen mehrere Begriffe zu einem Abschnitt zusammenfassen.

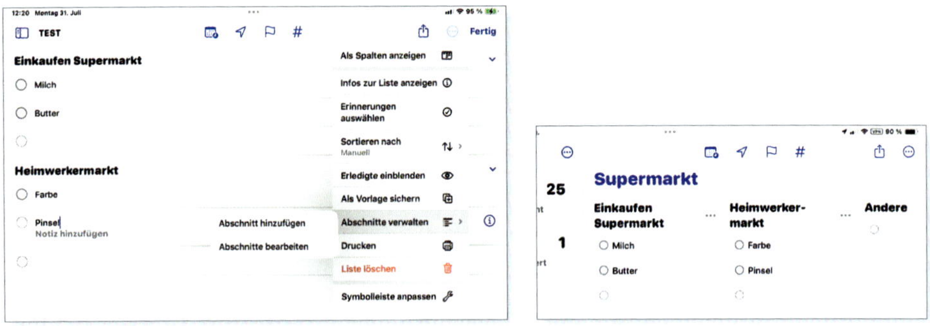

Listen können mehrere Abschnitte enthalten. Zudem können Listen via „Als Vorlage sichern“ für neue Listen zum Einsatz kommen. Rechts sehen Sie eine Liste mit Abschnitten in der Darstellung „Als Spalten anzeigen“.

Pfiffige Listen

Noch toller ist es, wenn Sie eine neue Liste sogleich als Einkaufsliste anlegen. Dann werden Abschnitte automatisch erstellt.

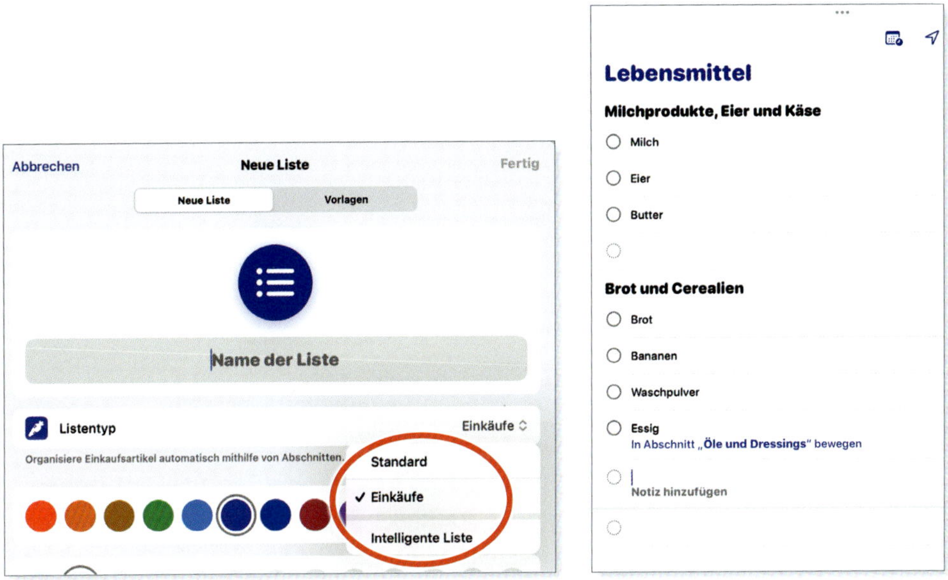

Im Nu entsteht so eine struktierte Einkaufsliste.

Oder wählen Sie *Intelligente Liste* aus, wenn Sie Kriterien haben, nach denen Erinnerungen zu einer Liste zusammengetragen werden sollen wie z. B. nach Priorität, nach Ort, nach Tags, etc.

Kalender

Der *Kalender* ist eine weitere App, mit der Sie Termine und Aufgaben verwalten können. Die Ereignisse bzw. Termine können mit anderen Personen geteilt und via iCloud mit anderen Geräten synchronisiert werden.

Der Kalender bietet vier verschiedene Ansichten: die Jahres-, Monats-, Wochen- und Tagesansicht. Dazu müssen Sie nur auf den entsprechenden Punkt oben in der Mitte tippen.

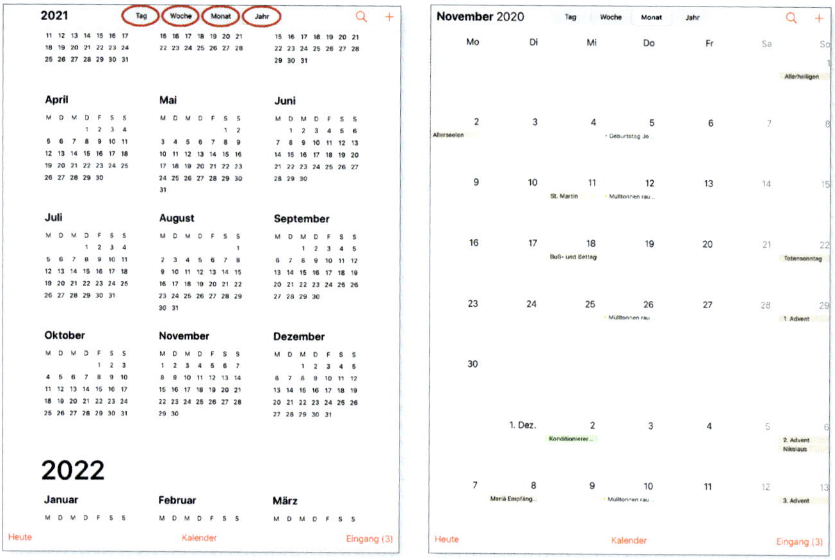

Zwischen den Ansichten können Sie jederzeit wechseln.

! Wenn Sie im Kalender stöbern, um z. B. künftige Termine anzusehen, kommen Sie sehr schnell mit **Heute** (links unten) wieder zum aktuellen Tag zurück. Aktivieren Sie in **Einstellungen** –> **Kalender** die Eigenschaft **Kalenderwochen**, um in der Tages-, Wochen- und auch Monatsdarstellung diese angezeigt zu bekommen.

▶I Kalenderereignis erstellen 08_09

http://ipados2023.amac-buch.de/#08_09

Die Kalender-App ist einfach in der Bedienung. Im Handumdrehen sind Termine mit Wiederholungen etc. erstellt und an andere Personen versendet. Sehen Sie hier, wie man Termine professional am iPad erzeugen kann.

▶I neue Kalender erzeugen, teilen und abonnieren 08_10

http://ipados2023.amac-buch.de/#08_10

Wer viele Termine hat, sollte diese strukturiert in verschiedene Kalender ablegen. Dies ist ganz einfach zu bewerkstelligen. Beruflich kann das gemeinsame Arbeiten an einem Kalender interessant sein, darum kann ein Kalender auch geteilt werden. Nutzen Sie den Automatismus eines Abos, um keine Termine mehr zu versäumen.

Notizen + Schnellnotizen

Die App *Notizen* ist eine weitere App, die Ihnen beim Organisieren des täglichen Lebens behilflich sein kann. Wie der Name schon ausdrückt, können Sie in dieser App Gedanken oder Ideen notieren. Die angelegten Notizen können dann via iCloud mit Ihren anderen Apple-Geräten synchronisiert werden. Und genauso wie die *Erinnerungen* oder den *Kalender* können Sie auch Notizen mit anderen Personen teilen. Eine Notiz kann übrigens nicht nur reinen Text enthalten, sondern auch To-do-Listen, URLs sowie Fotos, und sogar selbstgezeichnete Scribbles sind möglich.

▶I neue Notiz erzeugen 08_11

http://ipados2023.amac-buch.de/#08_11

Notizen können verschiedenste Elemente enthalten wie

- Text
- Checklisten
- Tabellen
- Skizzen
- Fotos oder Dokumente
- Links zu Safari, Karten, etc.

Sehen Sie in diesem Video, wie das alles funktioniert.

Sie können ebenfalls einfach Begriffe innerhalb von Notizen markieren und mit Hyperlinks versehen. Dabei kann das Ziel eine Webseite oder eine andere Notiz sein.

▶I Notiz anheften, teilen und sperren 08_12

http://ipados2023.amac-buch.de/#08_12

Mit Notizeinträgen kann man noch einiges anstellen. Was dabei möglich ist, sehen Sie in diesem Film. Seit iPadOS 16 können Sie für gesperrte Notizen entweder das Gerätepasswort oder ein eigenes verwenden. Die Nutzung von Face ID bzw. Touch ID ist dabei zu empfehlen.

▶I Notizen in Ordnern verwalten 08_13

http://ipados2023.amac-buch.de/#08_13

Sehen Sie wie einfach Sie Ordner, Unterordner für Notizen erstellen können und Notizen darin ablegen können.

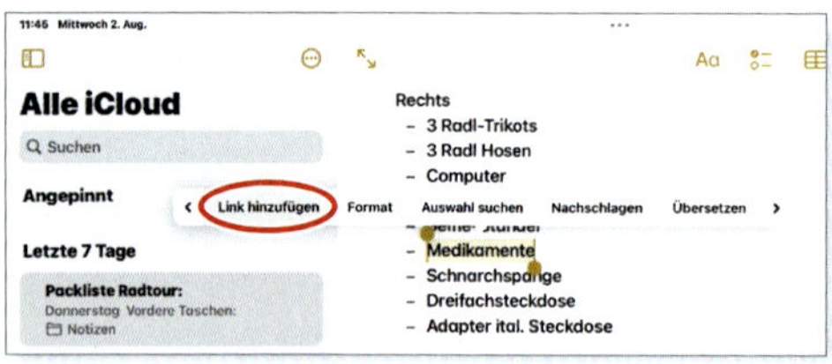

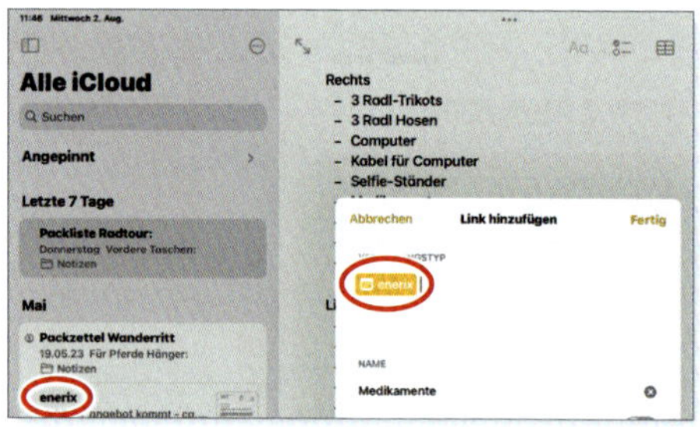

Geben Sie den Titel einer Notiz an, um damit zu verlinken.

!

Möchten Sie beim Erstellen von Skizzen noch Gitterlinien haben, dann können Sie dies unter **Einstellungen –> Notizen –> Linien & Gitter** erledigen.

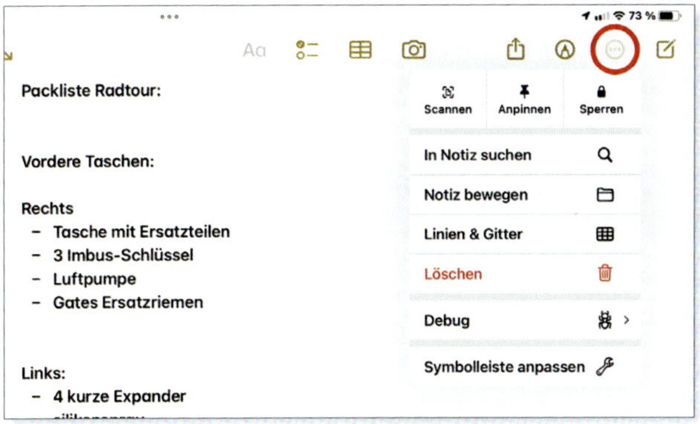

Viele weitere Funktionen für einen Notizeneintrag finden Sie seit iPadOS 14 in dem Aktionsmenü (Kreis mit den drei Pünktchen).

> **!** Vielleicht haben Sie in früheren iPadOS-Versionen die Suchen-Funktion schon verwendet? (**In Notiz suchen**). Seit iPadOS 16 gibt es darüber hinaus die Eigenschaft **Suchen & Ersetzen**.

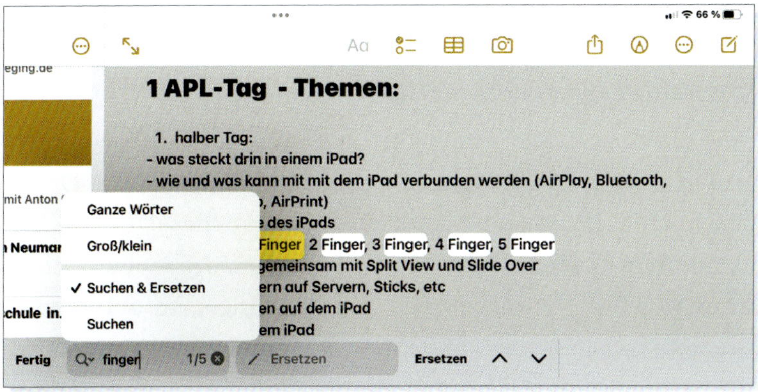

Tippen Sie auf den Pfeil nach unten neben der Suchlupe, um zwischen „Suchen" und „Suchen & Ersetzen" umzuschalten.

Notizen im Sperrbildschirm

Eine neue Notiz können Sie auch direkt vom Sperrbildschirm aus anlegen. Dies kann auf zwei Arten geschehen, entweder über das Kontrollzentrum oder mit dem Apple Pencil. Das iPad muss dazu nicht entsperrt werden. Wenn Sie das Kontrollzentrum aufrufen, brauchen Sie nur auf das Notiz-Symbol tippen (siehe Kapitel 2 ab Seite 46) oder Sie berühren mit dem Apple Pencil das Display. In beiden Fällen wird sofort eine neue Notiz angelegt.

! Damit dies funktioniert, müssen Sie unter **Einstellungen –> Notizen** die Funktion **Zugriff im Sperrbildschirm** aktivieren.

Tags

Mit der Verwendung von *Tags* kann man die Notizen kategorisieren. Dazu muss man lediglich Begriffe in der Notiz mit Raute schreiben – wie z. B. #Reisen oder #Einkaufliste.

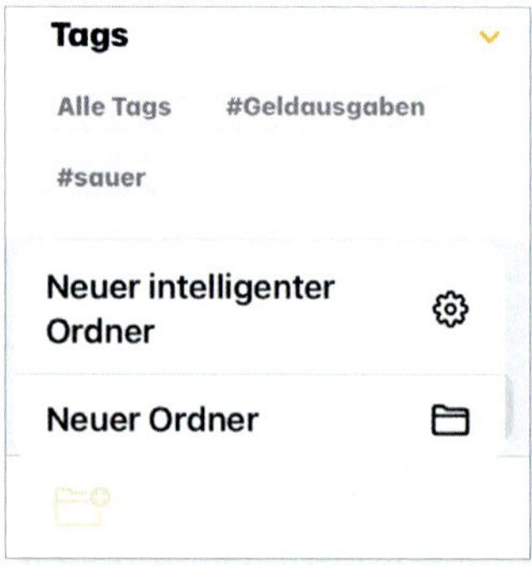

Alle Tags werden automatisch im Tag-Browser in der Seitenleiste dargestellt.

In dem man auf einen Tag tippt, bekommt man eine schnelle Übersicht über alle Notizen mit diesem Tag oder einer Kombination dieser Tags. Über das Ordner-Icon kann man *neue intelligente Ordner* erstellen, in denen Notizen anhand von Kriterien wie Tags, Erwähnungen, Dateianhänge, etc. automatisch zusammengefasst werden.

Schnellnotizen

Eine neue *Schnellnotiz* erstellen Sie, in dem Sie, mit dem Finger oder dem Apple Pencil vom rechten unteren Rand, in die Mitte des Displays wischen (*Einstellungen –> Notizen –> Eckengesten*). Hierbei wird eine neue Notiz erstellt. Alternativ verwenden Sie das Icon im Kontrollzentrum (*Einstellungen –> Kontrollzentrum –> Schnellnotiz*).

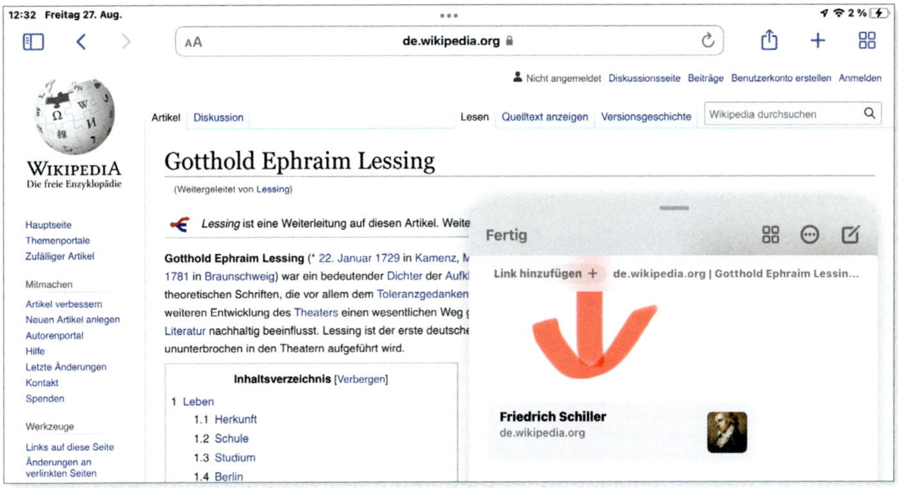

Wie der Name schon sagt, sind Schnellnotizen von überall her aufrufbar. So kann beispielsweise die aktuelle Safari-Webseite direkt in eine Schnellnotiz übernommen werden.

Dieses Notizfenster kann man zum Weiterarbeiten verkleinern, in dem man es an den den linken oder rechten Displayrand verschiebt. Via *Fertig* beendet man die Eingabe oder erstellt über das Stiftsymbol rechts in der Ecke eine neue Schnellnotiz.

Alle Schnellnotizen landen in der Notizen-App im gleichnamigen Bereich. Von dort aus können diese in andere Ordner bewegt werden. Und: Schnellnotizen werden standardmäßig via iCloud auf das iPhone und und den Mac übertragen.

Notizen im Account „Auf meinem iPad"

Normalerweise werden Notizen sofort zu iCloud hochgeladen, wenn Sie einen iCloud-Account besitzen und aktiviert haben. Sie können die Notizen auch lokal auf dem iPad abspeichern. Dazu müssen Sie *„Auf meinem iPad"-Account* einschalten. Diesen finden Sie unter *Einstellungen –> Notizen*. Sobald er aktiviert ist, wird in der App Notizen ein neuer Bereich mit dem Namen *Auf meinem iPad* eingeblendet. Alle Daten, die dort erstellt bzw. abgelegt werden, existieren nur auf dem iPad.

> **!** Die Funktion steht nur zur Verfügung, wenn Sie mit einem Account (iCloud o.ä.) arbeiten. Sobald Sie weder iCloud noch einen beliebigen Account für die Notizen verwenden, werden diese automatisch nur auf dem iPad gesichert.

Notizen an Pages weiterreichen

Bisweilen kann es notwendig und sinnvoll sein, Notizenseiten an ein professionelles Textverarbeitungsprogramm wie Pages weiter zu geben. Nichts leichter als das: Tippen Sie den gewünschten Notizenzettel an und wählen nun rechts oben das Teilen-Symbol und dort *In Pages öffnen* aus.

Sogleich wird der gesamte Notizenzettel an Pages weitergereicht und kann dort bearbeitet werden.

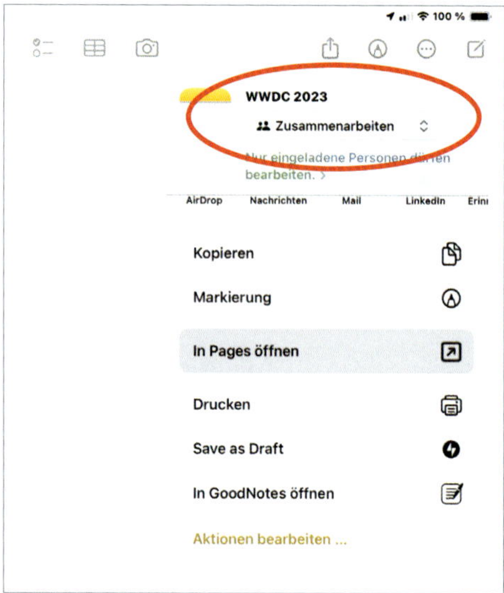

Notizenzettel können an Pages übergeben werden, ausgedruckt werden oder für eine Zusammenarbeit mit anderen genutzt werden.

Freeform

Diese recht junge App ist sehr einfach zu bedienen. Ähnlich wie in den Notizen können Sie hier allerhand Informationen kombinieren und auf einem virtuellen Zettel zusammentragen. Der Unterschied zu den Notizen ist, dass Sie deutlich kreativer agieren können. Sie haben sozusagen ein leeres weißes Blatt, auf dem die Elemente ❶ beliebig kombiniert werden können. Auf Wunsch können Sie ein Gitter einblenden ❷ und die Zoomstufe ❸ beliebig ändern. Fehler bügeln Sie aus, in dem Sie die letzten Aktionen rückgängig machen ❹. Wenn Sie sich fragen, wie das tolle Fahrrad ❺ auf die Folie kommt, dann sollten Sie das Icon ❺ ansteuern. Dort gibt es zudem eine Suchfunktion :-).

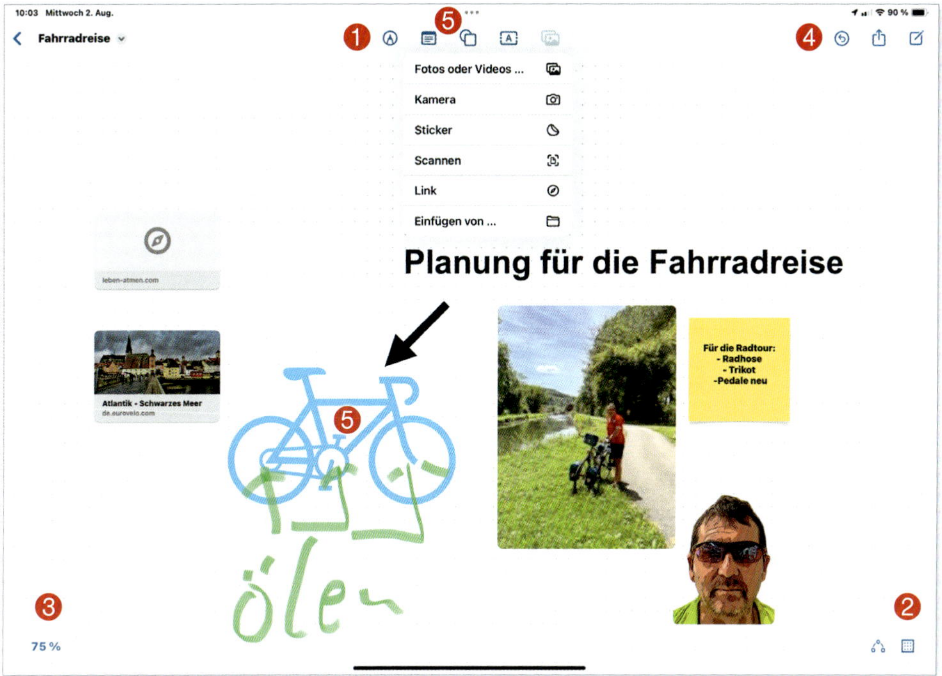

In Sekundenschnelle entstehen so wunderbäre Pläne, Skizzen etc.

Wie schon in den Notizen gezeigt, können von vielen Apps via *Teilen* Inhalte oder Elemente an Freeform übergeben werden.

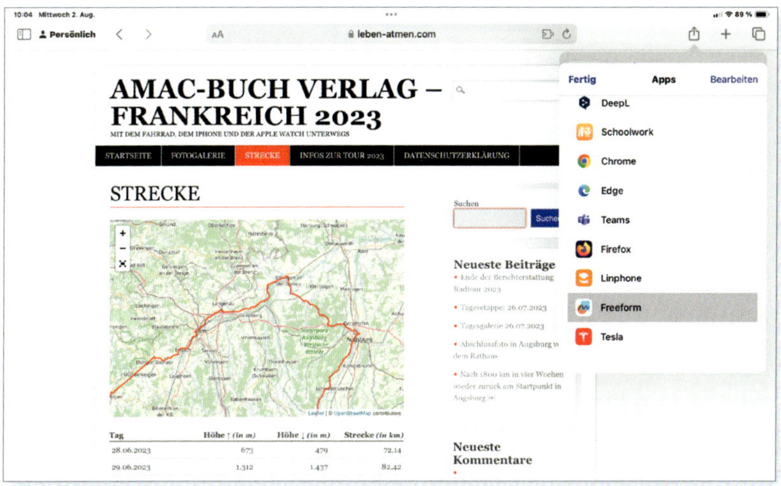

Hier wird eine Internetseite als Link an Freeform gesendet.

Elemente, die sich auf dem Blatt befinden können frei bewegt werden und Ihren Wünschen entsprechend modifiziert werden.

Sobald Sie ein Element antippen, erhalten Sie mögliche Editierwerkzeuge. Diese sind je nach Elementart natürlich verschieden.

Und zu guter letzt sollten Sie Ihr Blatt noch benamen.

Tippen Sie oben links auf den kleinen Pfeil nach unten und so erhalten Sie einige sinnvolle Funktionen.

Wie Sie sehen, ist das Drucken oder exportieren als PDF ebenfalls möglich. Und wie schon bei vielen anderen Apps auch, werden die Freeform-Daten über die iCloud an das iPhone bzw. an den Mac weiter geleitet und umgekehrt natürlich ebenso. Damit haben Sie ein cooles Werkzeug für Ihre Ideen an der Hand. Und einfach zu bedienen ist es obendrein.

Übrigens: Ein Freeformzettel wird als *Board* bezeichnet.

Karten

Wissen Sie, wo Sie sich gerade befinden? Nein? Dann fragen Sie doch Ihr iPad! Durch die integrierte GPS-Ortung weiß das iPad immer ganz genau, wo es sich gerade befindet (und Sie auch). Die Standortbestimmung können Sie dazu nutzen, um sich vom iPad zu bestimmten Orten navigieren zu lassen oder bestimmte Orte in der näheren Umgebung zu suchen. Dafür benötigen Sie die App *Karten*, die nun ein interaktiver Globus ist.

Damit die Karten-App den aktuellen Standort herausfinden kann, müssen Sie der App erlauben, die *Ortungsdienste*, also die GPS-Ortung (iPad mit Wi-Fi + Cellular) zu nutzen. In den *Einstellungen* bei *Datenschutz & Sicherheit* sollten Sie also zuerst kontrollieren, ob die *Ortungsdienste* eingeschaltet sind und ob die App *Karten* diese verwenden darf.

▶❙ Karten-App: Standort anzeigen, Routen planen 08_14

http://ipados2023.amac-buch.de/#08_14

Die Karten-App kann bequem zum Planen von Routen benutzt werden. Denn in Sekundenschnelle sind Orte gesucht und als **Favoriten** oder in **Sammlungen** abgelegt. Seit iPadOS 14 kann die Route ebenfalls für das Fahrrad bzw. via ÖPNV geplant werden.

▶❙ Karten-App: Flyover und 3D-Satellitenansicht 08_15

http://ipados2023.amac-buch.de/#08_15

Wenn Sie fremde Orte genauer unter die Lupe nehmen wollen, dann können Sie das ebenfalls mit der Karten-App tun.

!

Vielleicht haben Sie das kleine Fernglas-Symbol schon entdeckt, mit dem man Street View in der App Karten nutzen kann. Es funktioniert noch nicht überall, aber es sieht wirklich fantastisch aus. Wie Sie auf dem Bildschirmfoto sehen, steht Street View nur dann zu Verfügung, wenn die Straße etwas dunkel eingefärbt ist. Die „weißen" Straßen bieten es also aktuell noch nicht an.

Bewegen Sie das Fernglas an einen bestimmten Ort, um sich genauer umsehen zu können. Via „Fertig" beenden Sie die Funktion wieder.

!

Und noch ein genialer Tipp: Sie können Kartenmaterial auf Ihr iPad herunterladen so Offline nutzen. Das macht Sinn, wenn Sie z. B. eine Stadt besichtigen und Ihr iPad dabei haben wollen, aber keine SIM-Karte im iPad haben. Alle Kartendetails sind mit den Offline-Karten dennoch verfügbar.

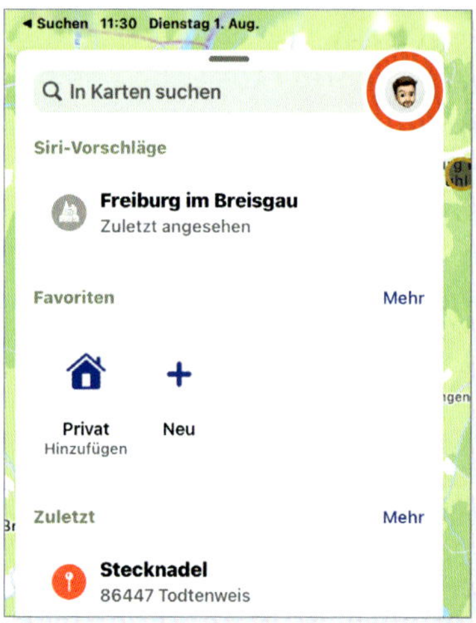

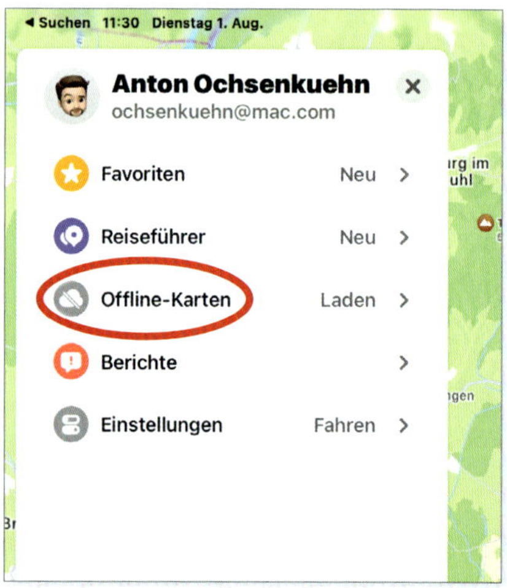

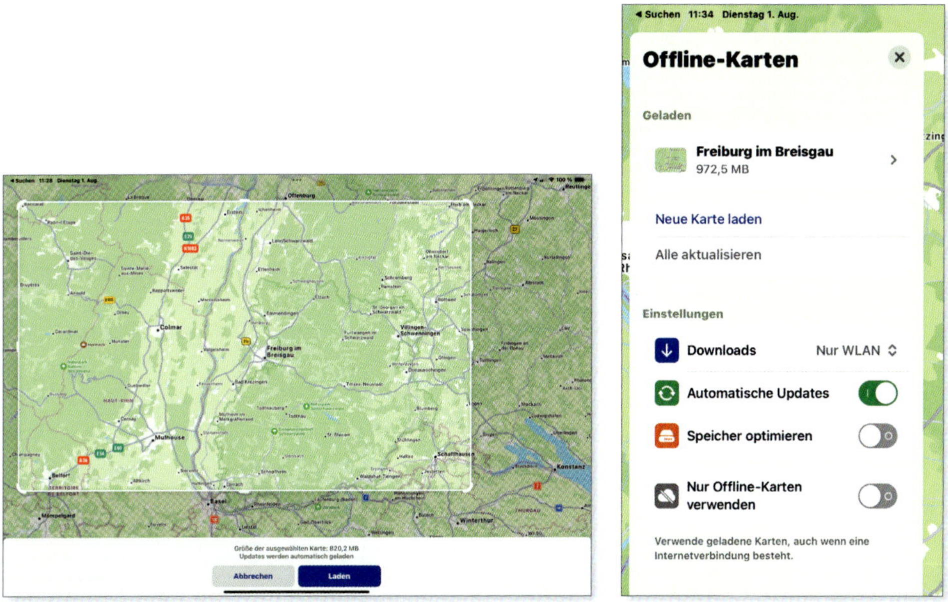

Das Herunterladen von Kartenmaterial ist im Handumdrehen erledigt.

Nicht mehr benötigte Karten können gelöscht werden. Tippen Sie die Karte dazu an und wählen im nächsten Fenster unten *Karte löschen* aus.

Aktien

Mit der Aktien-App haben Sie immer einen Überblick über Ihre Aktien in der Tasche. Die App zeigt die aktuellen Kurse von ausgewählten Aktien an. Dabei bleibt es nicht nur beim aktuellen Kurs, sondern Sie können sich auch ein Chart mit der Kursentwicklung anzeigen lassen. Die Einstellungen für die App können mit Hilfe von iCloud mit dem Mac und iPhone synchronisiert. Seit macOS Mojave gibt es auch für den Mac eine Aktien-App, die synchron zur iPadOS-App arbeitet.

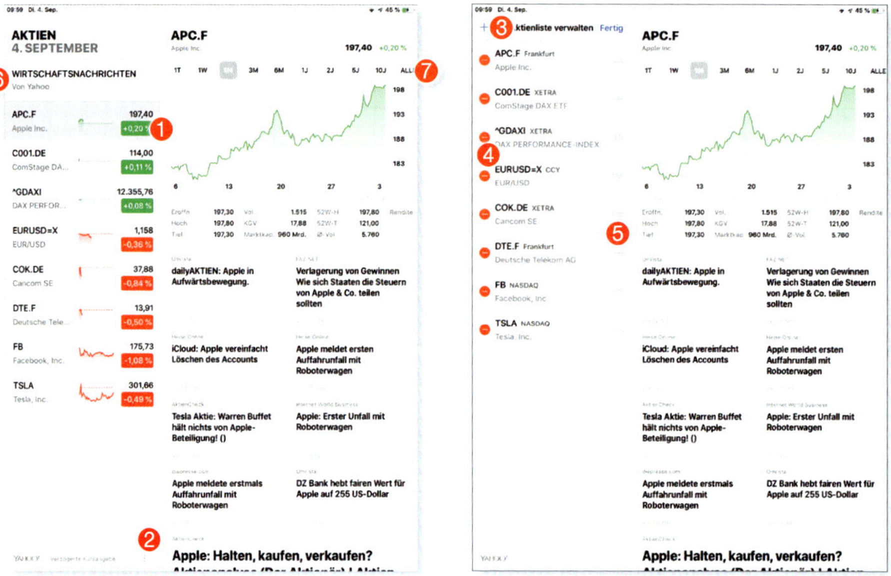

Mit der App „Aktien" haben Sie die Kurse von ausgewählten Aktien im Blick.

Die Aktien-App enthält bereits einige Aktien bzw. Indexe. Die Liste kann natürlich angepasst werden. Neben den Aktien sehen Sie in grünen bzw. roten Feldern die Kursentwicklung. Wenn Sie eines der Felder antippen ❶, können Sie die Anzeige zwischen prozentualer Änderung, Kursänderung und Marktkapitalisierung wechseln. Um die Liste zu bearbeiten, müssen Sie unten auf das Symbol ❷ tippen. Wenn Sie eine zusätzliche Aktie in der Liste haben wollen, dann tippen Sie auf das blaue Plussymbol ❸ links oben. Mit den weiß-roten Minuszeichen ❹ können Sie einen Eintrag wieder entfernen. Die Reihenfolge der Aktien in der Liste wird mit den drei Strichen ❺ auf der rechten Seite geändert. Fassen Sie einen Eintrag an diesen drei Strichen, und verschieben Sie ihn nach oben bzw. unten.

In der Übersicht sehen Sie im oberen Bereich ❻ die *Wirtschaftsnachrichten*. Wenn Sie diesen Bereich öffnen erhalten Sie aktuelle Nachrichten zu den Aktien, die in Ihrer Liste enthalten sind. Wenn Sie gezielt zusätzliche Informationen und Nachrichten zu einer Ihrer Aktien haben wollen, dann müssen Sie diese nur antippen. Die Aktie wird dann mit allen Details geöffnet.

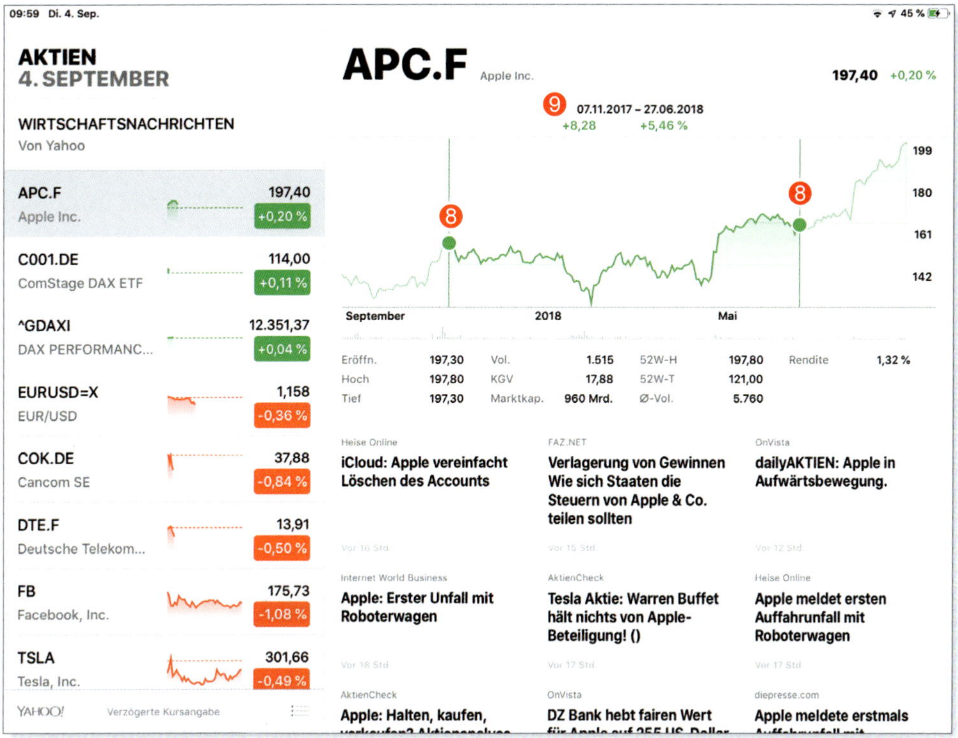

Wenn man eine Aktie antippt erhält man detaillierte Informationen und Charts. Mit zwei Fingern kann man die Kursentwicklung über einen bestimmten Zeitraum einblenden.

Im oberen Bereich können Sie den Zeitraum ❼ für das Chart ändern und somit die Kursentwicklung über einen bestimmten Zeitraum abbilden. Um noch bessere Informationen über die Entwicklung innerhalb eines Zeitraums zu erhalten, legen Sie jeweils einen Finger an den Beginn und das Ende des gewünschten Zeitraums ❽. Die App zeigt Ihnen dann die prozentuale und reelle Kursentwicklung an ❾.

Wecker und Timer

Zwei Funktionen, die Ihr tägliches Leben erleichtern können, sind der Wecker und der Timer, die Bestandteil der App *Uhr* sind. Mit dem Wecker und dem Timer können Sie sich an ausgewählte Uhrzeiten erinnern lassen. Im Gegensatz zu der App *Erinnerungen* ertönt das Wecker- bzw. Timersignal so lange, bis Sie es ausschalten. Bei einer Erinnerung erhalten Sie nur einmal einen Signalton, der dann sehr leicht überhört werden kann.

Wenn Sie die App *Uhr* starten, finden Sie in der unteren Symbolleiste den *Wecker* ❶ und den *Timer* ❷. Außerdem enthält die App unter *Weltuhr* ❸ eine Anzeige mit verschiedenen Uhrzeiten von Orten auf der Welt und eine *Stoppuhr* ❹.

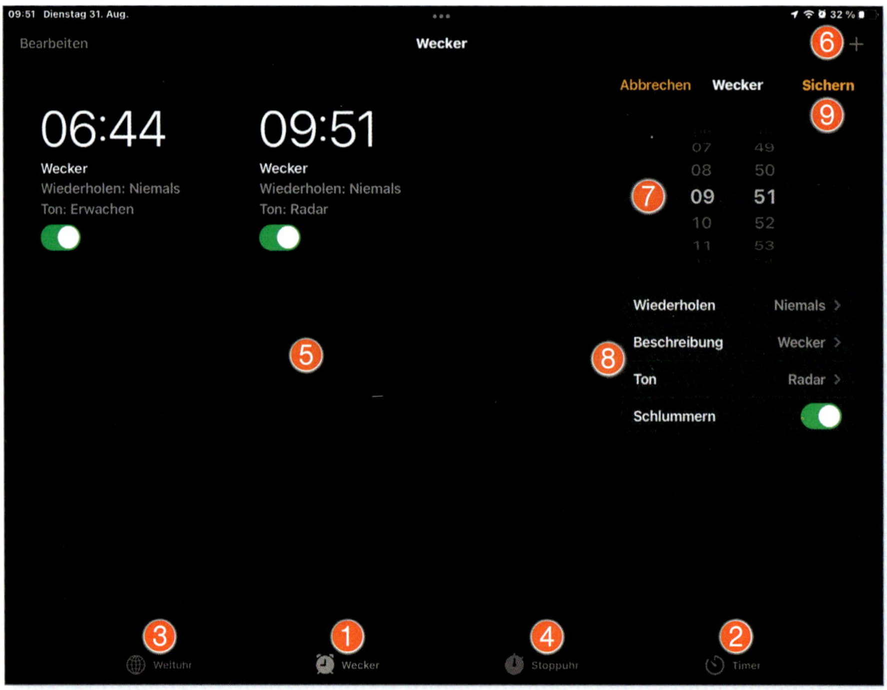

Die App „Uhr" ist für den „Wecker" und den „Timer" zuständig.

Wenn Sie eine Weckzeit einstellen wollen, blenden Sie den Bereich *Wecker* ❺ ein und tippen dort rechts oben auf das Plussymbol ❻. Anschließend bestimmen Sie die Weckzeit ❼ und die Optionen ❽ für den Wecker. In den Optionen können Sie bei *Wiederholen* den Wecker automatisch an ausgewählten Tagen läuten lassen. Mit *Sichern* ❾ nehmen Sie den Wecker in die Liste auf. Er ist dann sofort aktiv. Sie können noch weitere Weckzeiten für verschiedene Zwecke hinzufügen.

> ! Ein aktiver Wecker wird durch ein kleines Symbol in der Statusleiste des iPads angezeigt.

Dieses Symbol zeigt einen aktiven Wecker an.

> ! Seit iPadOS 17 können Sie zugleich mehrere Timer erstellen und mit einer Beschreibung versehen.

Sprachmemos

Die App *Sprachmemos* gibt es schon seit längerem für das iPhone. Seit iOS 12 hat diese App ebenfalls den Weg auf das iPad gefunden. Da es diese App auch für das iPhone und den Mac (ab macOS Mojave) gibt, können Sie Sprachaufnahmen mit Hilfe von iCloud mit den anderen Geräten synchronisieren.

Die Bedienung der App ist ganz einfach. Wenn Sie sie starten, müssen Sie nur einmal auf den Aufnahmeknopf ❶ tippen und Ihre Memo aufzeichnen. Nach der Aufnahme wird das Sprachmemo in die Liste einsortiert und kann abgespielt werden ❸. Mit zwei Buttons ❹ können Sie die Aufzeichnung jeweils 15 Sekunden vor- oder zurückspulen. Falls Sie die Ortungsdienste für die App aktiviert haben, wird automatisch der aktuelle Standort als Name für das Memo verwendet ❷ (*Einstellungen –> Sprachmemos –> Ortsabhängige Benennung*; dort kann zudem die Audioqualität noch justiert werden). Wollen Sie den Namen ändern, tippen Sie zweimal kurz hintereinander auf den vorhandenen Namen.

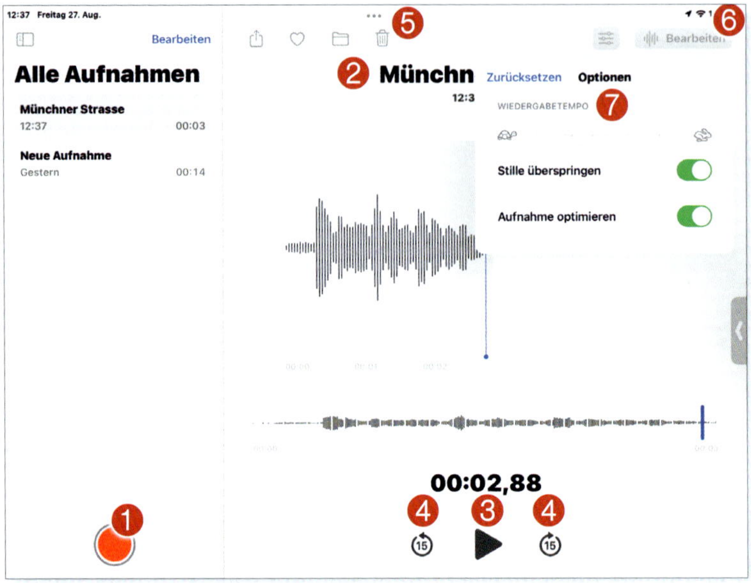

Die App „Sprachmemos" zeichnet Ihre gesprochenen Gedanken auf.

Um eine Aufzeichnung zu löschen, tippen Sie auf das Mülleimersymbol ❺. Für die Nachbearbeitung müssen Sie auf *Bearbeiten* ❻ tippen. Dort lässt sich die Aufnahme kürzen, duplizieren oder weiterleiten. Und via ❼ können Sie z. B. das Wiedergabetempo steuern.

Aufnahmen kürzen

Wenn Sie eine Sprachmemo aufzeichnen, dann kann es schon mal passieren, dass Sie am Beginn oder am Ende störende Geräusche aufgezeichnet haben. Diese lassen sich aus der Sprachmemo sehr leicht entfernen, da Sie jede Aufzeichnung auch kürzen können. Dazu wählen Sie zuerst die Aufnahme aus und tippen auf *Bearbeiten* ❻. Danach tippen Sie auf das Symbol fürs *Kürzen* Ⓐ. Mit den gelben Linien am Anfang und Ende der Aufzeichnung Ⓑ können Sie die Aufnahme von vorne bzw. hinten kürzen. Sobald Sie dann auf *Kürzen* Ⓒ tippen wird die Aufnahme beschnitten. Zum Abschluss tippen Sie rechts oben auf *Sichern*.

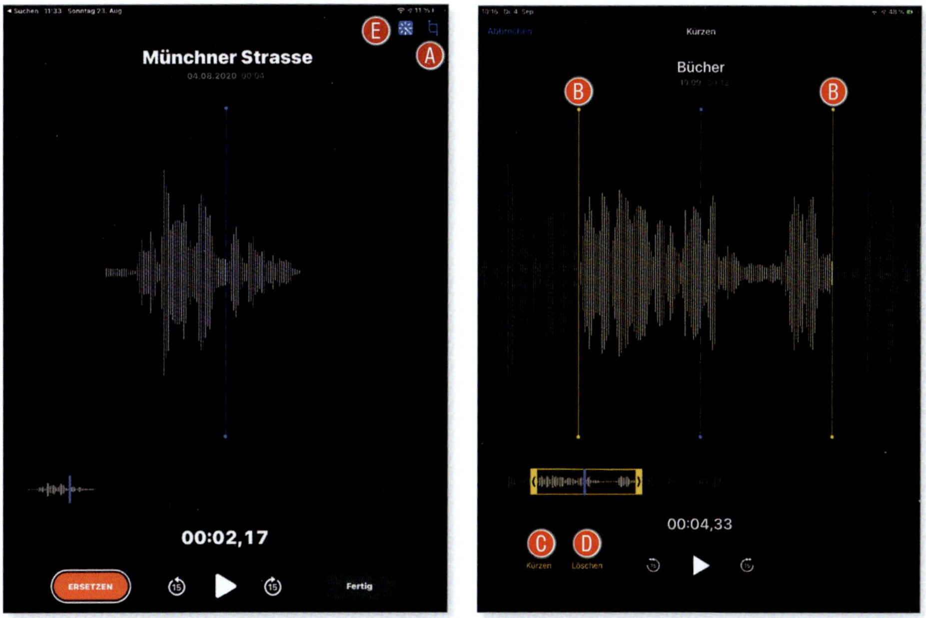

Aufgezeichnete Memos lassen sich nachträglich kürzen und mit einem Fingertipp optimieren E.

Teilbereiche löschen

Neben dem Kürzen können Sie auch Teile einer Aufnahme entfernen. Dazu müssen Sie genauso vorgehen wie beim Kürzen (siehe vorherigen Abschnitt). Der Unterschied besteht nur darin, dass Sie mit den beiden gelben Linien den Bereich eingrenzen, der entfernt werden soll. Wenn dies geschehen ist, dann tippen Sie auf *Löschen* D und der Bereich zwischen den beiden gelben Linien wird aus der Aufnahme entfernt.

Die Aufnahme überschreiben oder fortführen

Teilbereiche einer vorhandenen Sprachmemo können jederzeit überschrieben oder fortgeführt werden. Dazu müssen Sie zuerst in den *Bearbeiten*-Modus. Nun platzieren Sie die blaue Linie (Abspielkopf) an die Stelle die überschrieben bzw. an der die Aufnahme fortgesetzt werden soll. Jetzt müssen Sie nur noch auf *Ersetzen* tippen und die Aufzeichnung wird gestartet. Dabei werden die vorhandenen Bereiche überschrieben. Wenn Sie die Aufnahme beendet haben, tippen Sie auf *Fertig* und die Änderung zu sichern.

Maßband

Unglaublich, aber wahr: mit dem iPad können Sie mithilfe der App *Maßband* Dinge ausmessen. Möglich macht es die AR-Software (Argumented Reality), die Bestandteil von iPadOS ist.

Sobald die App gestartet und die nunmehr geöffnete Kamera ein Objekt erkannt hat, können Sie loslegen. Tippen Sie auf das Plus-Symbol ❶ und bewegen die Kamera am Objekt entlang. Ein erneutes tippen auf das Plus-Symbol beendet die Messung und zeigt mit einer Linie die Bemaßung ❷ an.

Über die Maßband-App ist es ein Leichtes, Längen auszumessen.

Aber damit nicht genug. Die App kann ebenso zweidimensionale Objekte bzw. Flächen in einem Arbeitsschritt vermessen. Die Objekte werden automatisch erkannt und eben in beiden Dimensionen ausgemessen. Mit der Taste ❸ können Sie von der Vermaßung einen Screenshot erstellen lassen. Sie haben auch die Möglichkeit die Messung rückgängig ❹ zu machen und zu löschen ❺ und von vorne zu beginnen.

Wetter

Die Wetter-App kennen Sie vielleicht schon vom iPhone oder der Apple Watch. Nun endlich ist diese auf dem iPad angekommen und funktioniert so, wie Sie es womoglich schon gewohnt sind. Sofern Sie iCloud nutzen, werden die Ortsdaten sogleich auf dem iPad vorhanden sein.

Die Wetter-App bietet manigfaltige Wetterdaten für verschiedendste Orte an.

> **!** Alle rechteckigen Bereiche der rechten Seite können Sie mit dem Finger antippen, um Detailinformationen einsehen zu können.

Siri – alles noch einfacher

Die vielen Apps und Funktionen des iPads sind meistens sehr benutzerfreundlich und intuitiv. Es gibt aber Situationen, in denen ein Assistent ganz gut wäre, der Ihnen die Arbeit abnimmt, z. B. das Tippen einer E-Mail oder die Suche im Internet. So einen Assistenten haben Sie bereits auf dem iPad: Sein Name ist Siri.

Siri ist ein intelligenter Sprachassistent, der Ihnen die unterschiedlichsten Aufgaben abnehmen kann. Anstatt z. B. einen Text für eine Nachricht oder E-Mail mühsam über die kleine Tastatur einzutippen, können Sie ihn mithilfe von Siri einfach diktieren. Siri kann auch neue Kalendereinträge, Notizen oder Erinnerungen für Sie anlegen. Siri ist fest in das Betriebssystem des iPads integriert und kann deswegen sehr viele Aufgaben erledigen. Sogar wenn Ihnen langweilig ist und Sie ein bisschen Unterhaltung brauchen, können Sie mit Siri ein „Gespräch" führen.

Bevor Sie mit Siri arbeiten, sollten Sie sicherstellen, dass Siri auch aktiviert ist. Normalerweise können Sie das bereits beim Einrichten des iPads erledigen. Falls dies nicht geschehen ist, dann öffnen Sie die *Einstellungen* und danach *Siri & Suchen*. Dort finden Sie den Schalter *Für Siri Home-Taste drücken*, bzw. *Für Siri obere Taste drücken* um Siri zu aktivieren.

▶❙ Siri im Einsatz 08_16

http://ipados2023.amac-buch.de/#08_16

Siri ist einfach genial, da es auf viele Fragen Antworten kennt und Ihnen allerlei Arbeit abnehmen kann. Über Siri-Vorschläge wird der tägliche Umgang mit dem iPad noch zusätzlich erleichtert. In diesem Video sehen Sie konkrete Beispiele und Sie werden staunen…

Schreiben statt sprechen

Normalerweise kommunizieren Sie mit Siri per Sprache. Es gibt aber Situationen, in denen man nicht sprechen kann oder will. In solchen Situationen können Sie Ihre Anweisungen für Siri auch eintippen. Um dies zu tun, müssen Sie allerdings unter *Einstellungen –> Bedienungshilfen –> Siri* die Option *Siri-Anfragen tippen*. Sobald Sie diese Option eingeschaltet haben, werden beim Aufruf von Siri die Tastatur und ein Eingabefeld eingeblendet. In das Feld müssen Sie Ihre Frage bzw. Anweisung für Siri nun eintippen.

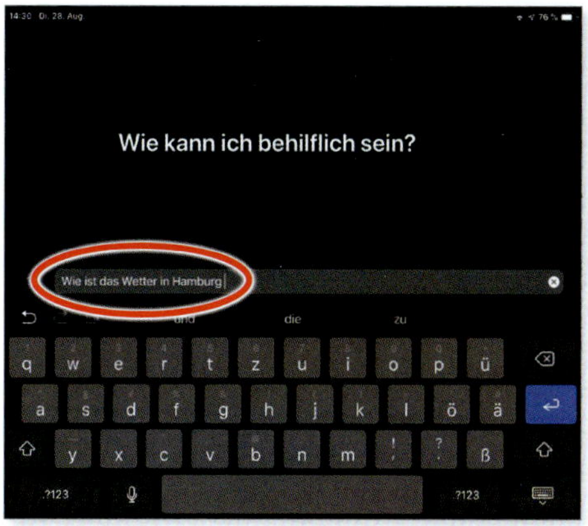

Die Anweisungen für Siri können auch eingetippt werden.

Hey Siri

Normalerweise wird Siri durch ein längeres Drücken der *Home-Taste* aufgerufen. Es kann aber auch auf das Kommando „Hey Siri" hören.

Zuerst müssen Sie die Funktion *Hey Siri* einrichten bzw. einschalten. Öffnen Sie die *Einstellungen* und wechseln Sie dann zu *Siri & Suchen*. Dort finden Sie die Option *Auf „Hey Siri" achten*. Wenn Sie die Option aktivieren, müssen Sie anschließend die Funktion in mehreren Schritten konfigurieren. Dabei müssen Sie mehrmals „Hey Siri" in das Mikrofon des iPads sprechen, damit Siri später nur mit Ihrer Stimme gestartet werden kann. Ist alles eingerichtet, können Sie Siri nun mit dem Ausruf „Hey Siri" öffnen. Zusätzlich verbessert Siri die Spracherkennung mit jeder Nutzung.

Weiterhin stehen nun eine Vielzahl an Anfragen auch offline zur Verfügung.

> **!** Die Audiodaten werden standardmässig nur noch auf dem iPad verarbeitet. Aber unter **Datenschutz & Sicherheit –> Analyse & Verbesserungen –> Siri & Diktat verbessern** können Sie diese Informationen weiterhim online mit Apple teilen.

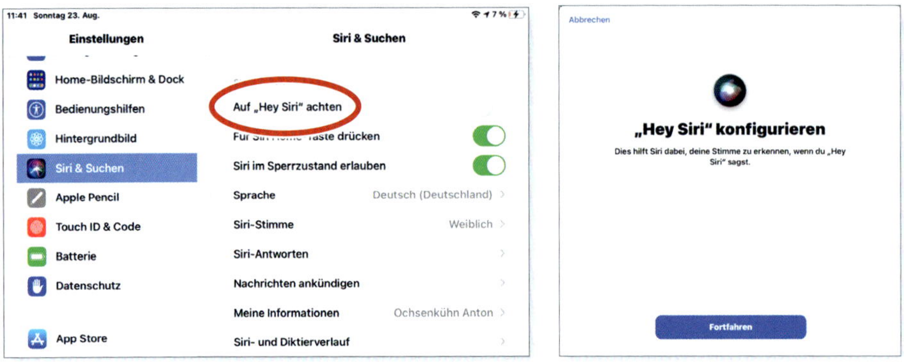

„Hey Siri" muss vor der ersten Benutzung eingerichtet werden.

! Wenn Sie „Hey Siri" einmal kurzfristig nicht verwenden möchten, dann legen Sie Ihr Gerät mit dem Display nach unten auf den Tisch. Sobald Sie es wieder umdrehen, funktioniert „Hey Siri" auch wieder. Soll Siri auch dann funktionieren, wenn das iPad-Display verdeckt ist, dann finden Sie das in **Einstellungen –> Bedienungshilfen –> Siri –> Immer** auf **„Hey Siri" achten**.

Kontakte

Wie der Name bereits sagt, können Sie in der App *Kontakte* die Namen und Adressen von Personen speichern. Die Kontakte können bei einem aktiven iCloud-Zugang dann automatisch auf Ihre anderen Geräte übertragen bzw. mit ihnen synchronisiert werden. Wenn Sie also z. B. in Outlook unter Windows einen neuen Kontakt anlegen, wird dieser via iCloud sofort mit dem iPad synchronisiert, umgekehrt natürlich genauso.

Neuen Kontakt anlegen

Wenn Sie die *Kontakte*-App öffnen, sehen Sie die Liste mit allen bereits vorhandenen Kontakten. Oben gibt es ein Plussymbol ❶, mit dem Sie einen neuen Kontakt anlegen können. Zuerst sollten Sie natürlich den Namen ❷ eingeben. Danach können Sie auf Wunsch ein Foto für den Kontakt auswählen ❸. Dabei können Sie entweder direkt ein Foto aufnehmen oder eines aus Ihrer Fotomediathek wählen. Als Nächstes ist die Telefonnummer ④ an der Reihe – Sie können hier übrigens auch mehrere Telefonnummern hinterlegen. Um welche Art von Telefonnummer (*Privat*, *Arbeit*, *iPhone*, *Mobil* etc.) es sich handelt, lässt sich ebenfalls bestimmen. Sie müssen dazu nur auf den Begriff vor der Telefonnummer tippen ⑤.

Ist die Telefonnummer eingegeben, können Sie weiter nach unten scrollen und weitere Informationen eintragen, etwa E-Mail-Adresse, Adresse, Geburtstag, URL. Am unteren Ende gibt es noch die Funktion *Feld hinzufügen*, mit der Sie zusätzliche Felder, wie z. B. *Spitzname* oder *Geburtsname*, in den Kontakt aufnehmen können.

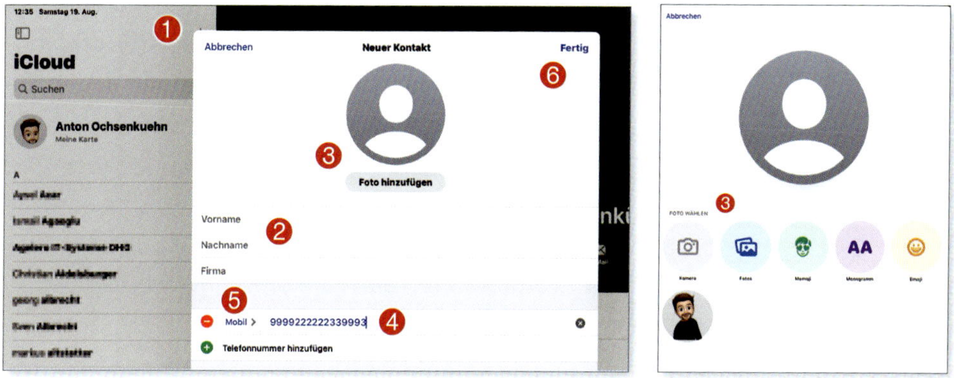

Ein neuer Kontakt wird angelegt.

Wenn Sie alle Angaben gemacht haben, tippen Sie rechts oben auf *Fertig* ⑥, damit der Kontakt gesichert wird. Wollen Sie die Kontaktdaten nachträglich ändern, tippen Sie auf *Bearbeiten*, und Sie können die vorhandenen Daten bearbeiten und ergänzen.

Gruppen bzw. Listen

Die Kontakte-App bietet auch die Anzeige von Kontaktgruppen. Damit können Sie nur ganz bestimmte Personen in der App anzeigen lassen. Seit iPadOS 16 können Sie neue Kontaktelisten direkt auf dem iPad erstellen und mit Kontaktpersonen befüllen. Auf dem Mac können Sie ebenfalls im Programm *Kontakte* neue Gruppen anlegen und die Kontaktdaten entsprechend auf die Gruppen verteilen. Via iCloud werden die Gruppen dann mit Ihrem iPad synchronisiert und umgekehrt.

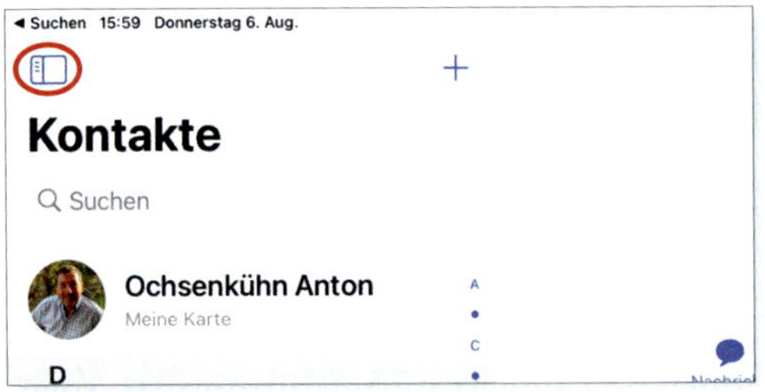

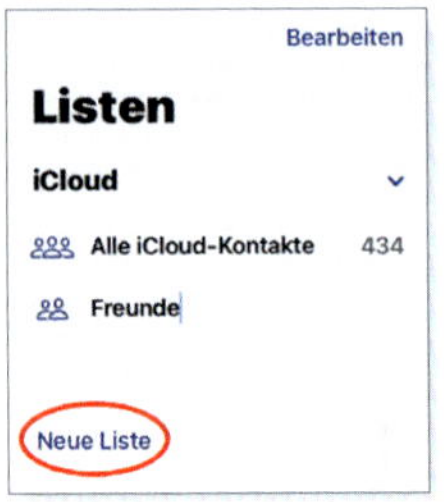

Die „Kontakte"-App zeigt auch die Kontaktgruppen von iCloud oder anderen Diensten an (links). Zudem können (rechts) nunmehr auch neue Listen erstellt werden.

Kontakt löschen

Die Kontaktdaten einer Person sind schnell gelöscht. Zuerst müssen Sie die Kontaktdaten öffnen, danach tippen Sie rechts oben auf *Bearbeiten*. Nun scrollen Sie ganz nach unten, bis Sie die Option *Kontakt löschen* sehen. Tippen Sie die Option an, um die Daten von Ihrem iPad zu entfernen.

! Beachten Sie bitte, dass bei der Verwendung von iCloud der Kontakt nicht nur auf dem iPad gelöscht wird, sondern auch auf allen anderen Geräten, auf denen Sie iCloud verwenden.

Kontakte verwenden

Die Kontakte-App bietet viele Möglichkeiten, die Daten auf unterschiedlichste Weise zu verwenden. Wenn Sie einen Kontakt geöffnet haben, können Sie direkt aus der App heraus eine Nachricht versenden ❶, die Person via FaceTime anrufen ❷ oder einen Videochat tätigen ❸ beziehungsweise eine E-Mail senden ❹. Für diese Funktionen können Sie entweder einen der Buttons verwenden, oder Sie tippen direkt auf die Telefonnummer, E-Mail-Adresse, URL usw. Jeder Eintrag, der in blauer Farbe angezeigt wird, hat eine Verknüpfung zu den anderen Apps auf Ihrem iPad. Wenn Sie also z. B. auf eine URL tippen, wird sofort Safari gestartet und die entsprechende Internetseite aufgerufen. Mit Adressen können Sie sofort eine Routenführung in der Karten-App starten: Dazu müssen Sie nur auf die Miniaturkarte ❺ tippen. Man kann die Kontakte-App als Kommunikationszentrale betrachten, da man von hier aus eine Person auf unterschiedlichste Weise erreichen kann.

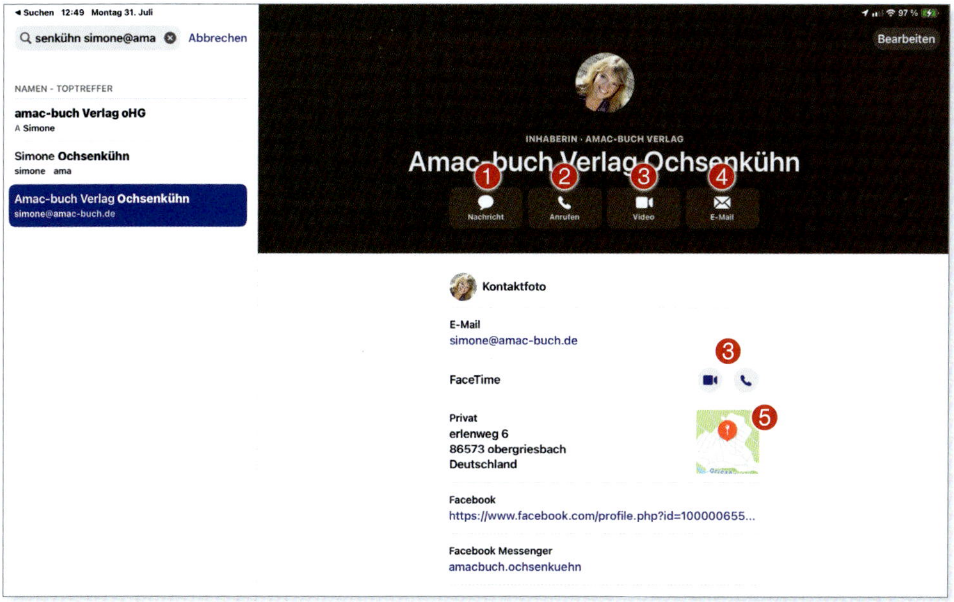

Mithilfe der Kontaktdaten können Sie direkt mit einer Person kommunizieren

Einstellungen für Kontakte

Für die Kontakte-App gibt es noch eine Handvoll Einstellungen, die Sie kontrollieren bzw. ändern sollten. Öffnen Sie dazu die *Einstellungen –> Mail –> Account*. Bei *Accounts* Ⓐ können Sie festlegen, von welchen E-Mail-Accounts Sie die Kontakte verwalten, übernehmen und synchronisieren wollen. Falls Sie z. B. die Kontakte von einem Google-Konto *(Gmail)* nicht auf dem iPad haben wollen, können Sie diese deaktivieren.

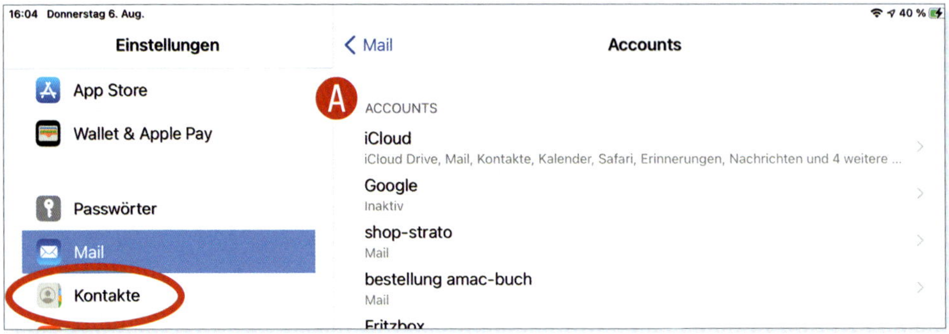

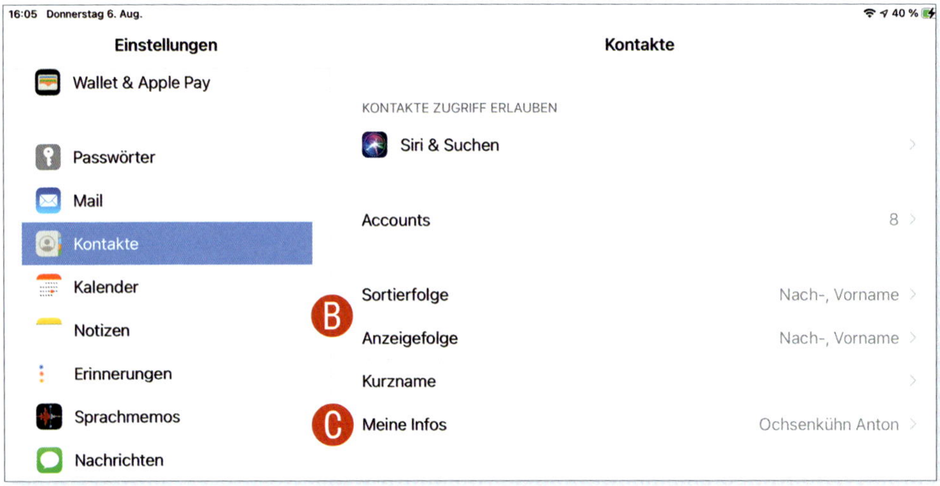

Die Einstellungen für die App „Kontakte".

Falls Ihnen die Sortierung der Namen in der Kontaktliste nicht gefällt, dann können Sie unter *Einstellungen –> Kontakte* die *Sortierfolge* und *Anzeigefolge* B ändern. Die Sortierfolge ist für die Sortierung in der Übersicht zuständig, während die Anzeigefolge z. B. beim Eingehen eines Anrufs interessant ist. Bei der Option *Meine Infos* C legen Sie Ihre eigenen Kontaktdaten fest.

Die „Anzeigefolge" bestimmt, wie der Name eines Kontakts z. B. bei einem eingehenden Anruf angezeigt wird.

Übersetzen

Haben Sie die App *Übersetzen* schon entdeckt? Damit ist es ein Leichtes eingetippte oder gesprochene Texte von der einen in die andere Sprache übersetzen zu lassen. Das kann auch *Offline* passieren, wenn Sie vorab die Sprache auf das iPad heruntergeladen haben.

▶I Übersetzen 08_17

http://ipados2023.amac-buch.de/#08_17

Doch die allerbeste Funktion dieser App ist die **Konversation**. Das müssen Sie in der Tat einmal ausprobieren. Sehen Sie zunächst in diesem Video, wie einfach das in der Handhabung ist. Oder verwenden Sie die **Kamera**, um rasch fremdsprachige Dokumente übersetzen zu lassen.

Health

Mit dem Update auf iPadOS 17 ist die Health-App nun auf das iPad gekommen. Diese App gibt es seit vielen Jahren schon auf dem iPhone. Haben Sie z. B. eine Apple Watch, dann können Sie Ihren Sport dokumentieren lassen und sehen die Ergebnisse in der Health-App. Und wie Sie schon korrekt vermuten, werden diese Daten via iCloud zwischen iPhone und iPad abgeglichen.

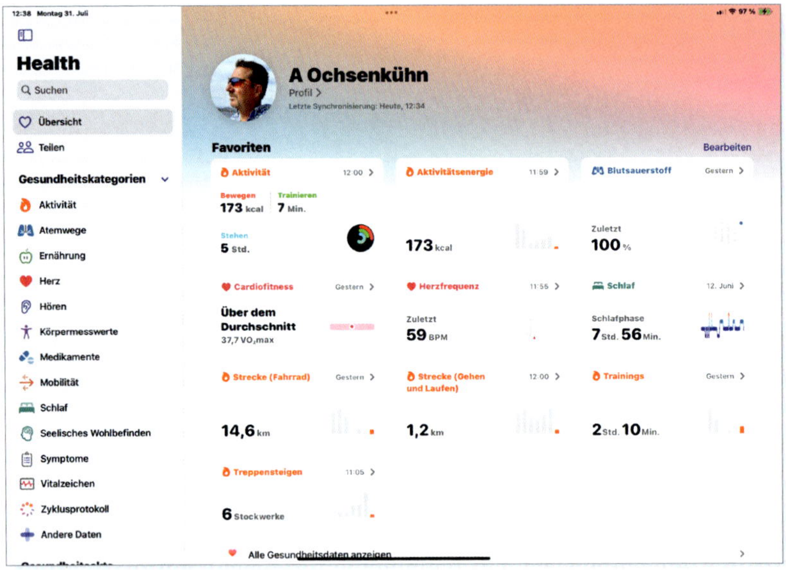

Beachten Sie die stattliche Anzahl an Einträgen in der linken seitlichen Leiste.

Alle Funktionen würde den Rahmen dieses Buches sprengen. Auf ein Highlight möchte ich Sie jedoch hinweisen: *Medikamente*.

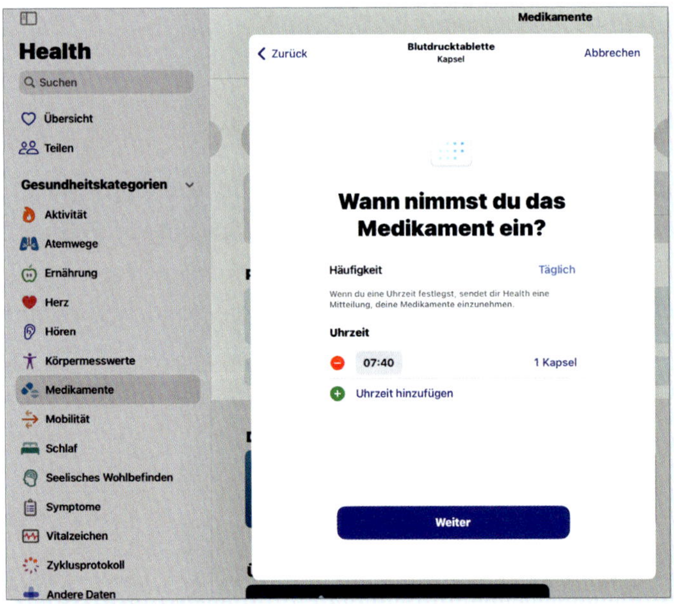

Hier können Sie Ihre Medikation eintragen und werden selbstredend vom iPad an die Einnahmen erinnert. Diese Medikamente werden zudem über iCloud abgeglichen und stehen damit auf dem iPhone und der Apple Watch genauso zu Verfügung.

Kapitel 9 Datenaustausch

Auf den ersten Blick bietet das iPad keinerlei Anschlüsse, um z. B. einen USB-Stick einzustecken. Man bekommt den Eindruck, dass mit dem iPad keinerlei Datenaustausch mit anderen Geräten möglich ist. Das ist allerdings ein Irrtum! Es gibt sogar mehrere Methoden, um Dateien vom und zum iPad zu übertragen.

AirDrop

Die einfachste und schnellste Möglichkeit, um Daten auszutauschen, ist *AirDrop*. Mit dieser Technologie können Sie Daten zwischen Apple-Geräten (iPad, iPhone, Mac) austauschen, die sich in unmittelbarer Umgebung befinden. Da AirDrop via Bluetooth und WLAN mit den anderen Geräten kommuniziert, funktioniert es nur mit Geräten, die in Reichweite dieser Dienste sind.

AirDrop ist unkompliziert: Zuerst müssen Sie es einschalten – das passiert im *Kontrollzentrum*. Dort müssen Sie bei *AirDrop* den Empfang von Daten aktivieren. Tippen Sie etwas länger auf das AirDrop-Symbol um die detaillierten Einstellungen zu öffnen. Dort können Sie nun AirDrop aktivieren, wobei Sie die Beschränkung festlegen können, dass z. B. nur Personen aus Ihrem Adressbuch (*Nur Kontakte*) Ihnen etwas per AirDrop schicken können.

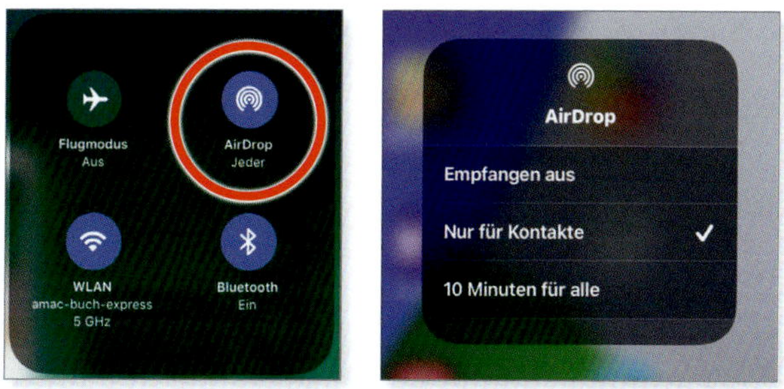

„AirDrop“ kann im Kontrollzentrum eingeschaltet und auf Personen Ihres Adressbuchs beschränkt werden.

Wenn Ihnen nun jemand etwas per AirDrop schicken will, erhalten Sie auf dem Display eine Meldung. In der Meldung können Sie die gesendeten Daten *Annehmen* oder *Ablehnen*. Bei einer Annahme werden die Dateien (z. B. Bilder) automatisch der jeweiligen App zugeordnet.

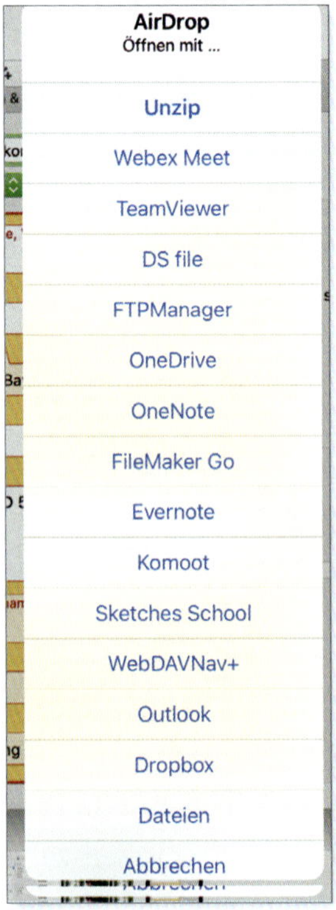

Jemand will Ihnen etwas via „AirDrop" übermitteln. Haben Sie die entsprechende App nicht auf ihrem App, kommt ein Auswahldialog zum Vorschein (rechts). Dieser Dialog erscheint ebenfalls, wenn es für die Dateiart viele mögliche Apps gibt.

Falls Sie selbst etwas per AirDrop verschicken wollen, gehen Sie folgendermaßen vor:

1. Zuerst öffnen Sie das Dokument, das Sie weitergeben wollen, z. B. ein Foto, eine Notiz oder eine Internetseite.
2. Danach tippen Sie auf das *Teilen*-Symbol.
3. Im oberen Bereich des *Teilen*-Menüs sind nun alle Geräte bzw. Personen aufgelistet, die via AirDop erreichbar sind. Tippen Sie auf einen entsprechenden Kontakt, damit der Empfänger eine Meldung erhält.
4. Wenn der Empfänger die Daten annimmt, läuft die Übertragung. Das war es auch schon!

Über das „Teilen"-Menü können Sie alles Mögliche per „AirDrop" (A) verschicken.

Auf diese Weise können Sie Dokumente bzw. Daten aus den unterschiedlichsten Apps übertragen. Grundsätzlich kann jede App, die das *Teilen*-Symbol enthält, ihre Daten via AirDrop übertragen. Wie Sie in der ersten Zeile des *Teilen*-Menüs sehen können, lernt das iPad ständig dazu und listet Ihnen häufig verwendete Funktionen direkt ganz oben (B) auf.

> **!** Die Übertragung via AirDrop funktioniert auch vom iPad zum Mac und umgekehrt. Auf dem Mac müssen Sie dazu in der Seitenleiste **AirDrop** öffnen. Dann werden alle erreichbaren Geräte bzw. Kontakte eingeblendet. Per Drag-and-Drop können Sie dann z. B. ein E-Book aufs iPad übertragen.

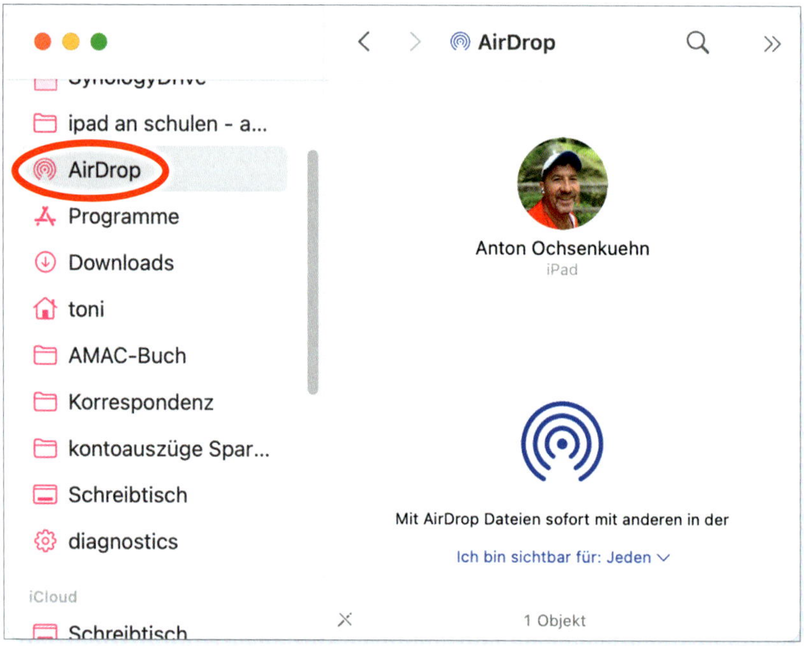

„AirDrop" gibt es für den Mac und ebenso für das iPhone.

AirPlay

AirPlay ist sozusagen ein Verwandter von AirDrop. Es wird verwendet, um Filme oder Musik des iPads auf anderen Geräten abzuspielen. Zusätzlich kann damit auch der Bildschirminhalt übertragen werden. Mit AirPlay können Sie z. B. die Musik auf einem externen Lautsprechersystem abspielen oder einen Film mithilfe von Apple TV auf einem HD-Fernseher.

AirPlay befindet sich im *Kontrollzentrum*. Für die Übertragung des Displayinhalts via AirPlay, tippen Sie auf *Bildschirmsynchronisierung* ❶. Damit erhalten Sie eine Liste mit allen verfügbaren Geräten im WLAN, die AirPlay-fähig sind. Dort wählen Sie das gewünschte Gerät aus. Damit wird das Display des iPads auf das AirPlay-Gerät gespiegelt.

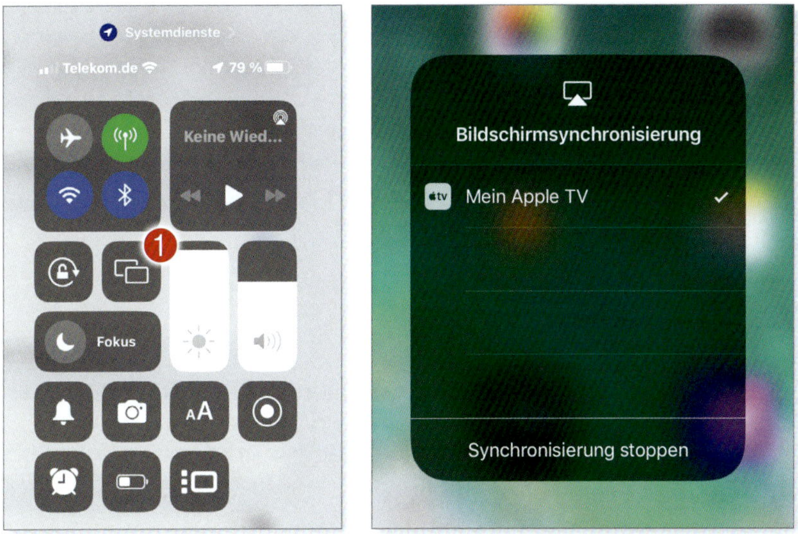

Der Bildschirm des iPads kann via AirPlay auf ein anderes Gerät übertragen werden.

Um die Audioausgabe via AirPlay auf einem anderen Gerät auszuführen, müssen Sie im Kontrollzentrum die Musiksteuerung ❷ öffnen, indem Sie den Finger etwas länger auf das Feld legen. Dort finden Sie ein AirPlay-Symbol ❸. Wenn Sie es antippen erhalten Sie eine Liste von allen Geräten, die eine Audiowiedergabe via AirPlay unterstützen. Die Musik bzw. die Filme oder das Display werden nur auf dem ausgewählten Gerät wiedergegeben.

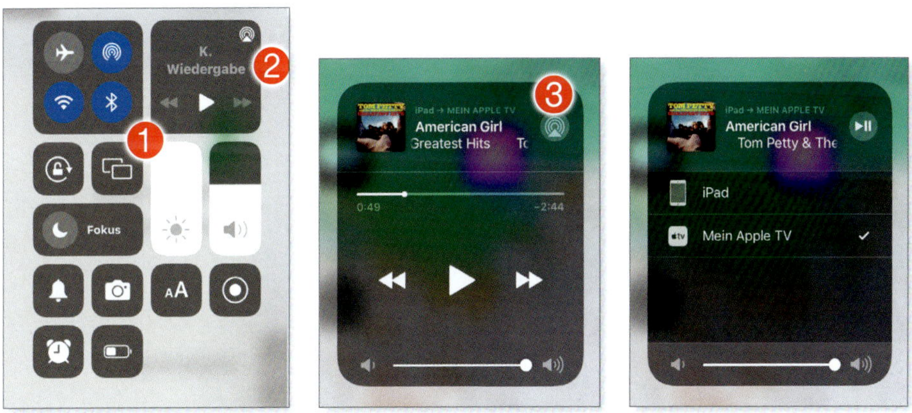

„AirPlay" für die Audioausgabe wird im Kontrollzentrum bei der Musiksteuerung konfiguriert.

> **!** Wenn Sie AirPlay wieder deaktivieren wollen, öffnen Sie erneut die Liste mit den AirPlay-Geräten und wählen **Synchronisierung stoppen** bzw. die internen Lautsprecher des iPads aus. Damit wird AirPlay ausgeschaltet.

AirPrint

Das iPad besitzt auch eine Funktion zum Ausdrucken: *AirPrint*. Voraussetzung für das Drucken mit AirPrint ist ein WLAN-Drucker, der diese Funktion beherrscht.

> **!** Unter der Adresse
>
> **https://support.apple.com/de-de/HT201311**
>
> erhalten Sie eine Liste mit Druckern, die alle über AirPrint verfügen.

Wenn Sie z. B. eine Notiz ausdrucken wollen, müssen Sie zunächst das *Teilen*-Menü ❶ öffnen. Dort finden Sie dann die Funktion *Drucken* ❷. In der Druckfunktion müssen Sie dann einen Drucker ❸ angeben.

Selbst das doppelseitige Drucken gelingt, sofern es der Drucker auch zur Verfügung stellt ❹. Darüber hinaus kann auch der Druckbereich eingestellt werden: Wählen Sie bei *Bereich* ❺ die Seiten aus oder tippen Sie einfach darunter die Miniaturseiten an. Danach können Sie mit *Drucken* ❻ das aktuelle Dokument an den Drucker senden.

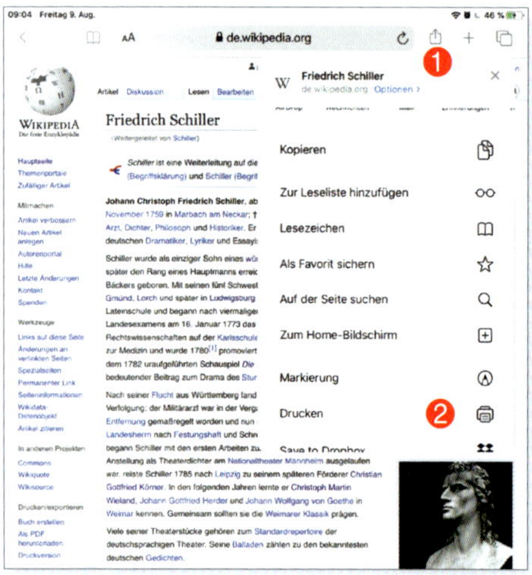

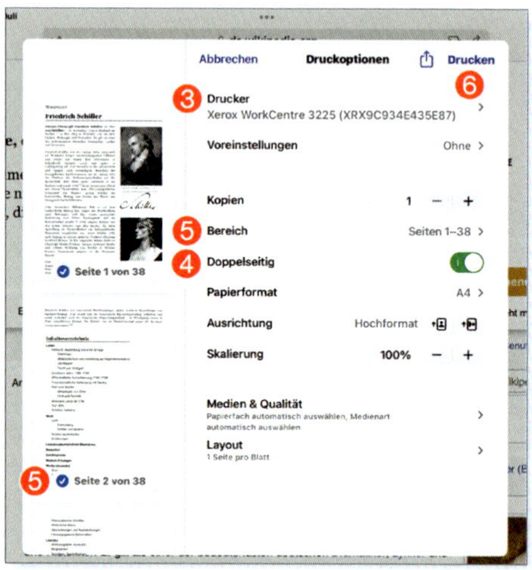

Mit „AirPrint" können Sie vom iPad aus einen Drucker ansteuern.

SharePlay

Via SharePlay können Sie und Ihr Gegenüber z. B. gemeinsam einen Film ansehen oder Musik genießen. Das kann übrigens auch mit mehreren Personen stattfinden. Damit das Ganze funktioniert benötigen Sie einige Voraussetzungen:

- Es muss auf allen Geräten mindestens iOS 15.1 bzw. iPadOS 15.1 oder auf dem Mac minimal macOS 12.1 installiert sein
- Alle beteiligten Personen müssen über die gleichen Abos bzw. Zugänge verfügen. Wenn Sie also etwas aus Apple Music teilen möchten, müssen die anderen Teilnehmer ebenfalls in Apple Music angemeldet sein.

Neben Apple Music können Sie z. B. Spotify, Disney+, TikTok, Apple TV+, etc. nutzen. Beinahe täglich kommen neue Möglichkeiten hinzu. In allen Nicht-Apple-Diensten rufen Sie das Teilen-Menü auf und dort werden Sie dann ebenfalls *SharePlay* starten können.

Sind die Vorgaben erfüllt, geht das Teilen der Medien ganz einfach.

So wird beispielsweise Musik aus Apple Music geteilt (Links via Kontextmenü, mittig bei iOS und rechts via maOS und FaceTime).

Wenn Sie eine aktiven FaceTime-Verbindung haben, dann wechseln Sie einfach in die Musik-App und holen den Song her, den Sie teilen möchten (rechts) und erhalten sogleich die Möglichkeit, *SharePlay* zu aktivieren. Besteht keine FaceTime-Verbindung, dann bringen Sie ebenfalls den zu teilenden Song nach vorne, tippen die drei Punkte im Kreis an und wählen im Kontextmenü *SharePlay* (links).

Sodann können Sie via FaceTime oder Nachrichten (ab iOS bzw. iPadOS 16 und macOS 13) Personen zum Mithören einladen.

Ihr Gegenüber bekommt einen Hinweis, dass SharePlay aktiviert wurde.

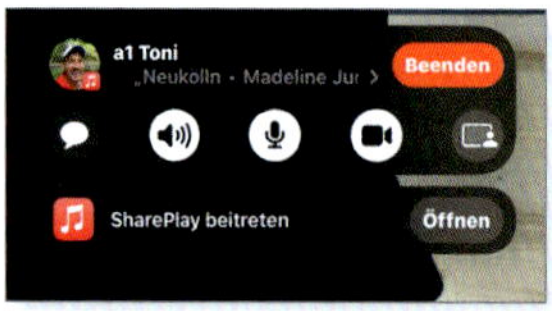

Der Shareplay-Hinweis erscheint in FaceTime (links) und über ein zweimaliges Beitreten hört der Teilnehmer nun die gleiche Musik (rechts).

Wenn Sie SharePlay via FaceTime nutzen, bleibt natürlich diese Verbindung auch bestehen.

Soll die SharePlay-Verbindung wieder gekappt werden, dann ist das über das Icon während der laufenden FaceTime-Verbindung möglich.

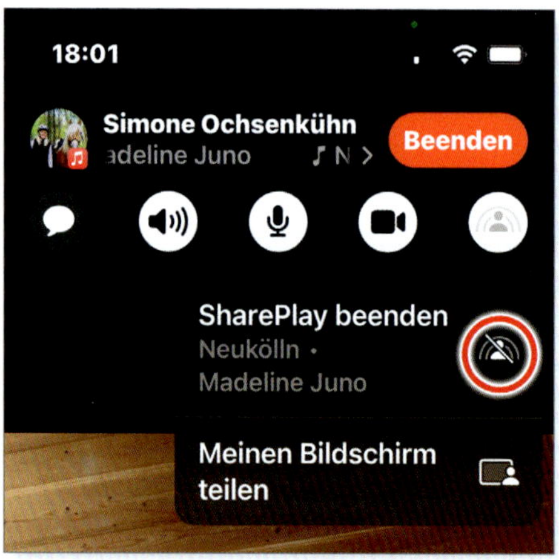

Die Verbindung kann jederzeit vom Sender bzw. Empfänger gestoppt werden.

Sollte Shareplay bei Ihnen nicht funktionieren, dann prüfen Sie bitte, ob es via *Einstellungen –> FaceTime* auch aktiviert ist.

Die App „Dateien“

Mithilfe dieser App können Sie problemlos jegliche Art von Daten bzw. Dokumenten zwischen dem iPad, dem iPhone und dem Mac austauschen. Mit einfachem Drag-and-Drop laden Sie Daten auf dem Mac zum iCloud Drive hoch und anschließend auf das iPad herunter. Selbst der Zugriff auf USB-Datenträger oder Server im Netzwerk ist nun möglich.

▶I Dateien-App: ein kleiner Rundgang 09_01

http://ipados2023.amac-buch.de/#09_01

Die Dateien-App in iPadOS ist vielseitig einsetzbar. Der Funktionsumfang ist ähnlich dem eines Explorers unter Windows bzw. des Finders am Mac. Der erste Rundgang zeigt die wichtigsten Grundfunktionen wie das

- Erstellen von Ordnern und Unterordner
- Ablegen von Dateien
- Verschieben von Daten
- Anwenden von Schnellaktionen

Seit iPadOS 14 hat sich das Erscheinungsbild der Dateien-App leicht geändert. Um nun die Sortierung zu ändern, tippen Sie auf das entsprechende Icon ❶. Dort können Sie die Darstellungsart und die Sortierung angeben. Das Symbol zum Erstellen eines neuen Ordners ❷ ist nun permanent vorhanden und kann so einfacher erreicht werden.

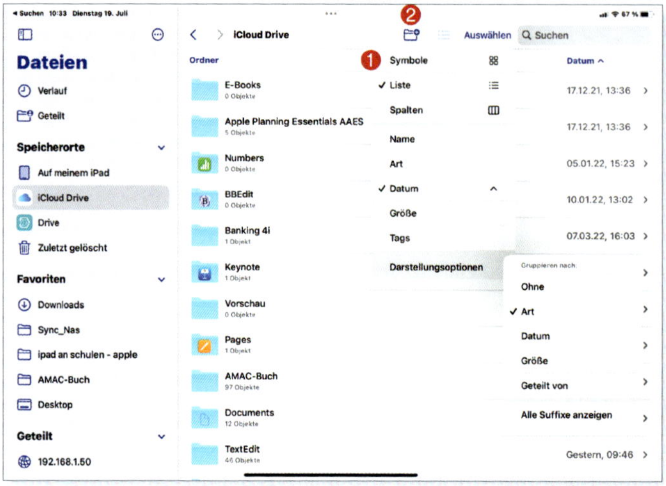

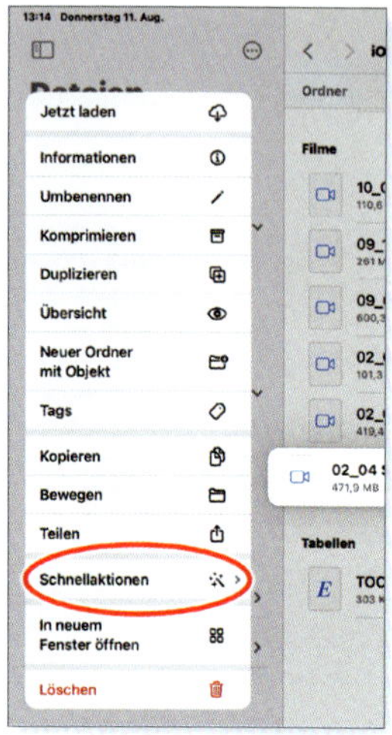

Via Haptic Touch auf einem Ordner oder einer Datei erscheint ein Kontextmenü (rechts) mit allerhand nützlichen Funktionen. Je nach Dateityp stehen auch Schnellaktionen zur Verfügung.

! In der Listen-Darstellung kann man durch Wischen von rechts nach links Dateien und auch Ordner samt Inhalt löschen.

▶❙ Speicherorte verwalten 09_02

http://ipados2023.amac-buch.de/#09_02

Mit der Dateien-App in iPadOS können nunmehr auch USB-Laufwerke bzw. Server im Zugriff sein. Wie das geht und was damit alles angestellt werden kann, sehen Sie in diesem Video.

▶I Tags, zip-Archive und einige weitere Details 09_03

http://ipados2023.amac-buch.de/#09_03

Sie können in der Dateien-App Daten nach verschiedenen Kriterien auflisten lassen. Tags sind eine weitere und zwar begriffliche und farbliche Kennzeichnung. Aber auch darüber hinaus kann die Dateien-App Funktion anbieten, die Sie von einem normalen Computer schon kennen:

- Dateien komprimieren
- Dateien aus einem Archiv auspacken
- Kopieren, Löschen, Duplizieren, Umbenennen, etc.

Natürlich können die Tags auch Ihren Bedürfnissen entsprechend modifziert werden.

!

In nahezu jeder App kann man via **Teilen** ❶ auf die App Dateien und somit auf die Speicherorte (**In Dateien sichern** ❷) zugreifen und damit Daten dort ablegen bzw. von da auch wieder öffnen.

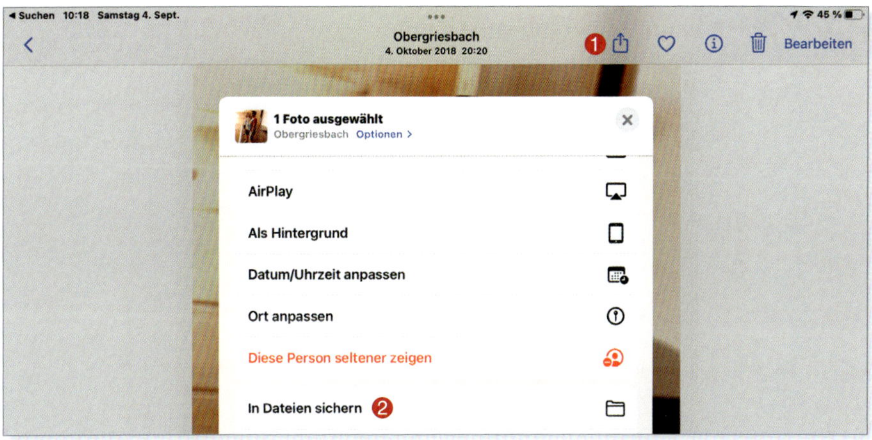

Aus der App Fotos wird ein Bild in die App Dateien übergeben.

Dateien teilen

Die Daten, die auf dem iCloud Drive liegen, können Sie anderen Personen zugänglich machen und so gemeinsam an Dateien arbeiten. Voraussetzung dafür ist, dass die Empfänger der Dateien über einen iCloud-Zugang verfügen.

Um eine Datei freizugeben, öffnen Sie zuerst durch längeres Fingerauflegen das Kontextmenü und wählen dort die Funktion *Teilen* aus. Tippen Sie nun auf

Personen hinzufügen. Danach müssen Sie noch bestimmen, auf welche Weise die Datei an den oder die Empfänger verschickt werden soll, z. B. per E-Mail. Der oder die Empfänger erhalten dann eine E-Mail mit der Datei und können diese in ihr eigenes iCloud Drive übernehmen. Vergessen Sie zudem nicht, unter *Freigabeoptionen* noch zu definieren, ob die eingeladenen Personen die Daten *Nur ansehen* oder auch bearbeiten dürfen (*Bearbeitung erlauben* – ist standardmässig eingestellt).

! Wichtig ist noch, dass der oder die Empfänger die jeweilige App besitzen, um die Dateien zu bearbeiten. Wenn Sie z. B. ein Pages-Dokument teilen, sollte der Empfänger auch die App Pages installiert haben.

Gemeinsam an Dateien bzw. Ordnern arbeiten 09_04

http://ipados2023.amac-buch.de/#09_04

Die Daten in iCloud Drive werden auf alle Geräte mit derselben Apple ID synchron gehalten. Nun können Sie zusätzlich mit anderen Apple-Anwendern gemeinsam an Dateien bzw. Ordnern arbeiten. Diese müssen eine Apple ID haben und eben ein Apple-Gerät wie iPhone, iPad oder Mac. Sobald Dateien gemeinsam bearbeitet werden, erscheinen diese seit iPadOS 14 in der Seitenleiste der Dateien-App unter **Geteilte Dokumente**. Wie die gemeinsame Arbeitsweise eingerichtet wird, sehen Sie in diesem Film.

Handoff

Es gibt noch eine pfiffige Technik, mit deren Hilfe Sie Daten zwischen den Apple-Geräten austauschen können. Die Technik *Handoff* ist zwar nicht für den eigentlichen Datenaustausch gedacht, sondern vielmehr für das nahtlose Weiterarbeiten beim Wechseln des Geräts. Stellen Sie sich vor, Sie sitzen am Mac und erstellen gerade einige Notizen. Wenn Sie den Arbeitsplatz verlassen, können Sie mithilfe von Handoff die Notizen am iPad weiterbearbeiten. Das funktioniert z. B. auch mit dem *Kalender* oder mit *Safari* und geht in beide Richtungen. Wenn Sie also auf dem iPad in den *Erinnerungen* arbeiten, können Sie damit nahtlos auf dem Mac weitermachen.

Die Voraussetzungen für Handoff sind nur ein aktiviertes Bluetooth und die Verwendung der gleichen Apple-ID auf den verwendeten Geräten. Außerdem müssen Sie auf dem iPad in den *Einstellungen* bei *Allgemein –> AirPlay & Handoff* die Funktion eingeschaltet haben. Im Dock wird die App, die Sie gerade auf einem anderen Gerät nutzen, mit einem speziellen Symbol gekennzeichnet. Sie müssen nur darauf tippen, um die jeweilige App auf dem iPad zu öffnen und das entsprechende Dokument weiterzubearbeiten.

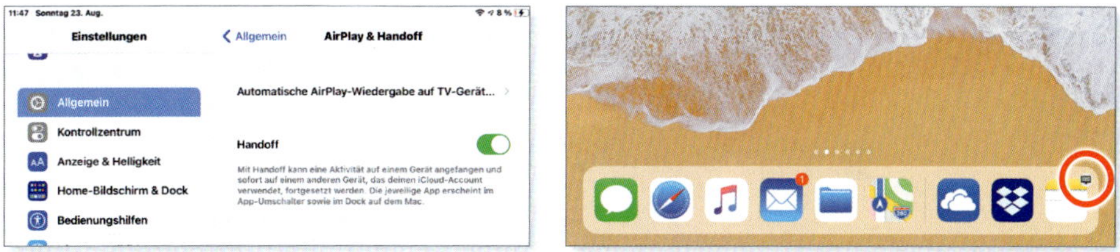

Wenn „Handoff" eingeschaltet ist, wird es auf dem iPad im Dock eingeblendet, ...

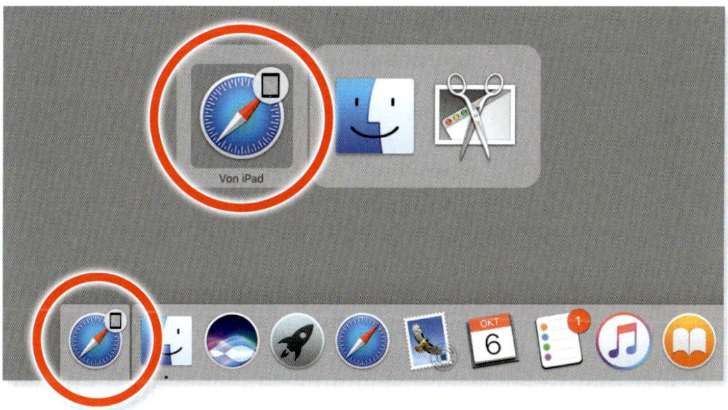

... während es auf dem Mac im Dock und im Programmumschalter auftaucht.

Datenaustausch via iTunes bzw. Finder in macOS

Eine weitere Möglichkeit, Daten und Dokumente mit dem iPad auszutauschen, ist das Programm iTunes auf dem Computer. Viele Apps unterstützen die Dateifreigabe von iTunes, z. B. die Office-Apps von Microsoft. Wenn Sie ein Word-Dokument auf das iPad übertragen wollen, dann können Sie dies mit iTunes tun (bei Verwendung von Windows bzw. macOS vor Catalina).

> **!** Deutlich einfacher geht der Datenaustausch via **iCloud Drive**. Diese Funktion kann sowohl am Mac als auch im iPad/iPhone und sogar am Windows-Rechner aktiviert werden. Ordner und Dokumente, die in die iCloud Drive – übrigens stets und immer von Apple verschlüsselt – abgelegt werden, sind sofort auf allen Geräten verfügbar. Wird an einem Gerät eine Datei geändert, so erfolgt die Synchronisierung automatisch und ohne Ihr Zutun. Nutzen Sie also am besten den Datenaustausch via **iCloud Drive**.

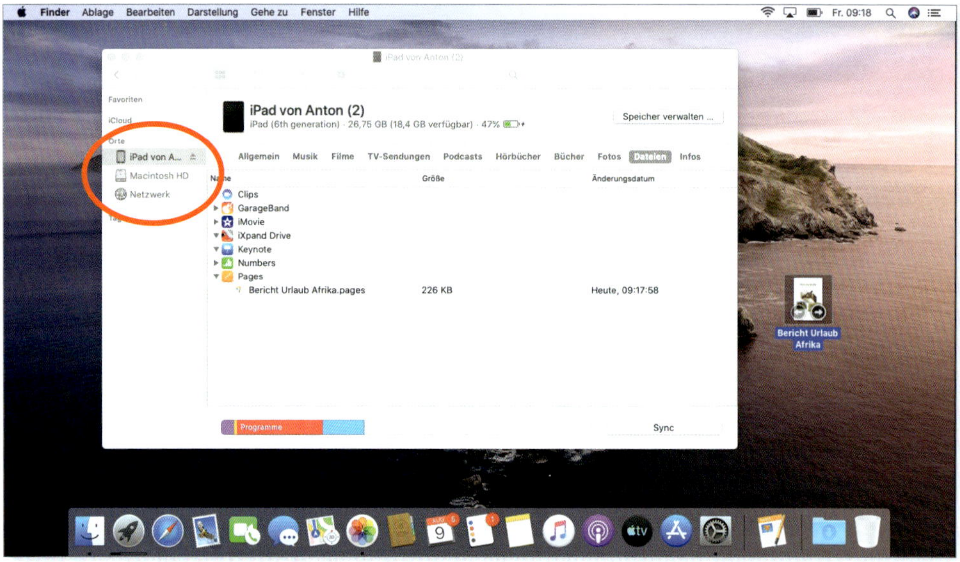

Das iPad muss entweder über WLAN oder ein USB-Kabel mit dem Rechner verbunden sein.

Im Bildschirmfoto sehen Sie einen Rechner mit macOS Catalina. Dort erscheint das iPad nunmehr im Finder in der Seitenleiste im Bereich *Orte* statt eben in iTunes wie unter Windows bzw. auf Mac-Rechnern, die ältere macOS-Versionen verwenden.

In Catalina und neuer tippt man das iPad in der Seitenleiste an und dann rechts daneben den Begriff *Dateien*. Darunter werden alle Apps gelistet, die Daten erzeugen können. Per Drag & Drop kommen Daten auf das iPad oder können heruntergeladen werden.

Sidecar und Universal Control

Wenn Sie sowohl einen Mac als auch ein iPad besitzen, dann können die beiden noch enger zusammenarbeiten. Sie haben die Möglichkeit, Fenster vom Mac auf das iPad zu übertragen (*Sidecar*: das iPad als Zusatzmonitor zu benutzen) oder Tastatur und Maus am Mac und iPad gleichzeitig zu nutzen (*Universal Control*).

Möglich ist das nur auf neueren Geräten und natürlich bei Verwendung einer gleichen Apple-ID auf beiden Produkten und einigen anderen Voraussetzungen: *https://support.apple.com/de-de/HT210380*

Hier finden Sie ganz unten auf der Webseite die Bedingungen, die erfüllt sein müssen.

Wenn bei Ihnen alles passen sollte, dann können Sie die Funktionen aktivieren:

- iPad: *Einstellungen –> Allgemein –> AirPlay & Handoff –> Cursor und Tastatur*
- Mac: *Systemeinstellungen –> Displays –> Weitere Optionen*

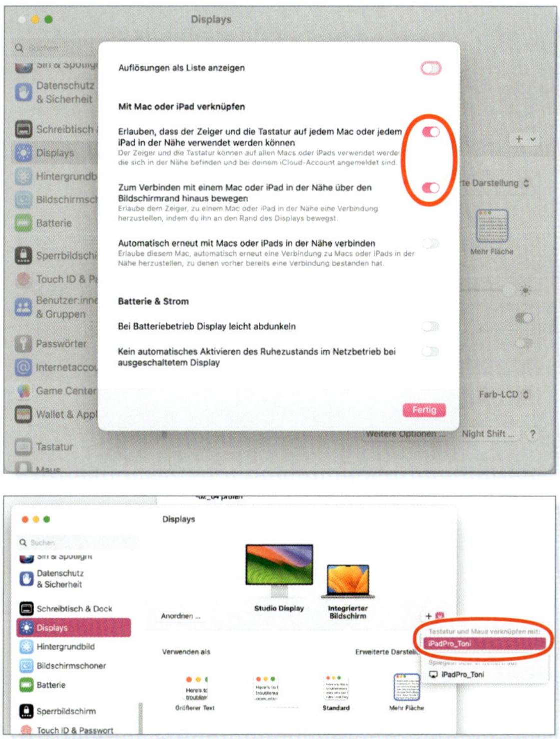

Aktivieren Sie am Mac zumindest die oberen beiden Einträge und klicken auf „Fertig“. Dann klicken Sie auf das Plus-Icon und wählen die Art der Kommunikation.

Wenn Sie die Verbindung hergestellt haben, dann sollten Sie den iPad-Bildschirm noch an die gewünschte Position bringen.

Ist das geschehen, können Sie nun z. B. die Maus in diese Richtung bewegen und dann damit auf dem iPad arbeiten. Zudem können Sie nun ganz einfach per Drag & Drop Inhalte zwischen macOS und iPadOS austauschen.

Möchten Sie hingegen Fenster des Macs auf das iPad bringen, um das iPad als zusätzlichen Monitor zu verwenden, dann benutzen Sie links oben den grünen Fensterknopf.

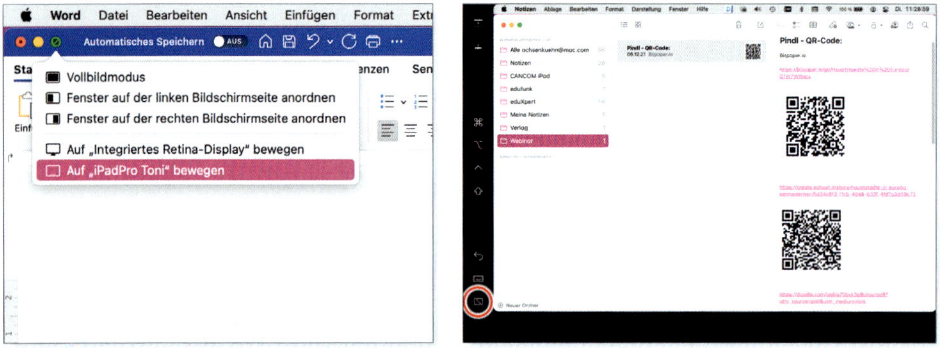

Damit können z. B. Word-Fenster (links) oder Notizen-Fenster (rechts) auf das iPad gesendet werden. Zur Trennung der Verbindung wählen Sie auf dem iPad links in der Leiste das unterste Symbol.

Kapitel 10 Sicherheit, Datenschutz

Auf dem iPad sind Sicherheit und Datenschutz sehr wichtig. Nicht nur die Standard-Apps wie *Safari*, *Karten* oder der *App Store* verwenden Passwörter und Standortbestimmungen, sondern auch sehr viele Apps, die nicht von Apple sind. Damit Ihre Zugangsdaten und Ihre Privatsphäre geschützt werden, bedarf es einiger Einstellungen auf dem iPad.

Sperrcode & Touch ID/Face ID

Eine der wichtigsten Schutzfunktionen auf dem iPad ist der Sperrcode bzw. die Touch ID. Mithilfe dieser beiden Funktionen können Sie Ihr iPad sehr gut schützen. Der Sperrcode wird nicht nur zum Entsperren des iPads genutzt, sondern auch, um alle Sicherheitsfunktionen des iPads zu ändern. Wenn Sie einen sehr einfachen Sperrcode oder vielleicht gar keinen verwenden, machen Sie es Dieben sehr einfach, die Daten auf Ihrem iPad einzusehen.

! Der Sperrcode sollte nicht aus einer vierstelligen Nummer bestehen, sondern mindestens aus einer sechsstelligen. Noch besser ist es, einen alphanumerischer Code zu verwenden.

Der Sperrcode wird in den *Einstellungen* bei *Touch ID & Code* geändert. Dort sollten Sie bei *Code ändern* in den *Codeoptionen* einen längeren und damit sichereren Code vergeben.

Da ein längerer Code beim Entsperren des iPads auch etwas mehr Zeit benötigt, sollten Sie unbedingt noch zusätzlich eine Touch ID bzw. Face ID einrichten. Damit kann das iPad sehr schnell via Fingerabdruck oder Gesichtsscan entsperrt werden. Außerdem können Sie die entsprechende ID für Einkäufe in den Stores auf dem iPad verwenden. Somit entfällt die Eingabe der Apple-ID beim Einkaufen.

Safari

Auch für das Surfen im Internet sollten Sie die Sicherheit bzw. den Datenschutz nicht vernachlässigen. Schließlich können Internetseiten eine Tür zu den Daten auf Ihrem iPad sein. Aus diesem Grund sollten Sie in den *Einstellungen* bei *Safari* einige Änderungen zum Schutz Ihrer Daten vornehmen. In Kapitel 5 ab Seite 114 erfahren Sie mehr darüber, wie Sie den Schutz von Safari nutzen können. Außer über die Einstellungen erfahren Sie dort auch etwas über das Surfen im *Privat-Modus* und über die Sicherung von Zugangsdaten für Internetportale.

! Zudem kann es sinnvoll sein, in **Einstellungen –> WLAN** über das i-Symbol des aktiven Hotspots noch das Tracking zu beschränken und **Private WLAN-Adresse** zu nutzen.

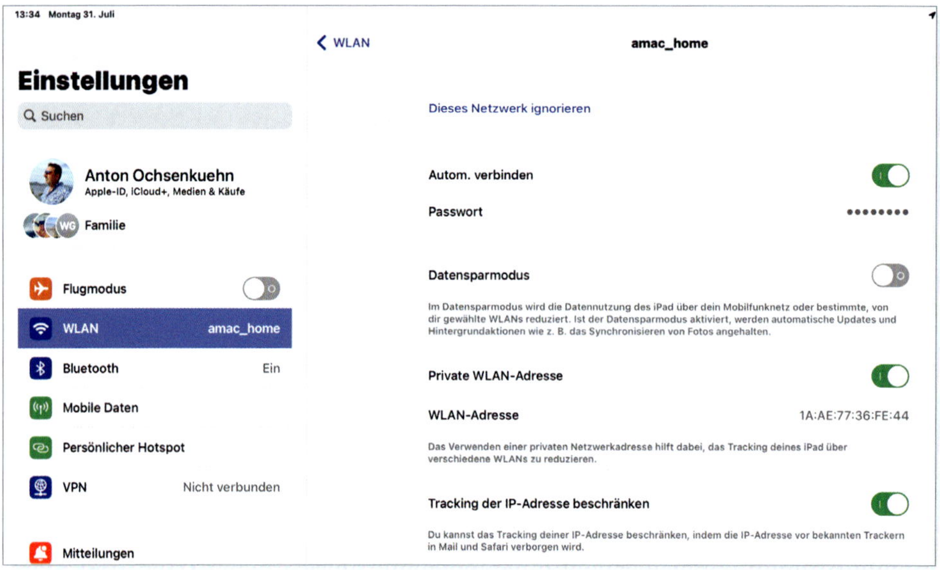

Aktivieren Sie zusätzlich „Tracking der IP-Adresse beschränken" sowie „Private WLAN-Adresse" für noch mehr Schutz in WLAN-Netzwerken.

Zwei-Faktor-Authentifizierung für die Apple-ID

Die Apple-ID ist der wichtigste Pass für die Nutzung des iPads, der Stores und der iCloud-Dienste. Dementsprechend sollte sie auch ganz besonders gesichert werden. Die Apple-ID ist normalerweise durch ein Kennwort geschützt. Das Kennwort selbst muss zwingend mindestens eine Ziffer und einen Großbuchstaben enthalten. Dadurch wird es schon ziemlich sicher. Allerdings kann es doch passieren, dass Angreifer Ihr Kennwort herausfinden und dann damit uneingeschränkt Zugang zu Ihrem iCloud-Account haben und sogar in den diversen Stores einkaufen können.

Apple stellt aus diesem Grund eine Zwei-Faktor-Authentifizierung, kurz 2FA, für die Apple-ID zur Verfügung.

Wenn Sie die 2FA einrichten, registrieren Sie ein oder mehrere vertrauenswürdige Geräte. Ein vertrauenswürdiges Gerät ist ein von Ihnen verwendetes Gerät, das Bestätigungscodes über den Dienst *Wo ist?* oder per SMS empfangen kann. Allerdings muss mindestens eine SMS-fähige Rufnummer angegeben werden.

Sobald die 2FA aktiv ist, müssen Sie immer, wenn Sie sich anmelden, um Ihre Apple-ID zu verwalten, oder wenn Sie von einem neuen Gerät aus einen Einkauf im iTunes Store, App Store oder Book Store tätigen, zur Bestätigung Ihrer Identität sowohl Ihr Kennwort als auch einen sechsstelligen Bestätigungscode eingeben, der an das vertrauenswürdige Gerät geschickt wird.

! Die 2FA wird übrigens auch benötigt, wenn Sie mit einer Apple Watch Ihren Mac entsperren wollen.

! Wenn Sie mehr über 2FA erfahren wollen, dann finden Sie hier ein Gratis-E-Book zum Thema:

http://www.amac-buch.de/2fa-epub

Ortungsdienste

In den anderen Kapiteln wurden bereits sehr oft die Ortungsdienste erwähnt. Die Ortungsdienste werden für die Standortbestimmung verwendet. Wenn eine App also den aktuellen Standort benötigt, werden die Ortungsdienste dafür herangezogen. Die Ortungsdienste verwenden die eingebaute GPS-Ortung, das Mobilfunknetz und WLAN-Netze, um den genauen Standort des iPads zu ermitteln.

> **!** iPads mit Wi-Fi + Cellular verfügen über eine sehr gute GPS-Ortung, Wi-Fi-Modelle hingegen nutzen WLAN, um ihren Standort zu definieren.

Wenn Sie keine Standortbestimmung auf Ihrem iPad haben wollen, dann können Sie die Ortungsdienste ausschalten. Sie können aber auch ganz individuell einstellen, welche Apps die Ortungsdienste nutzen dürfen.

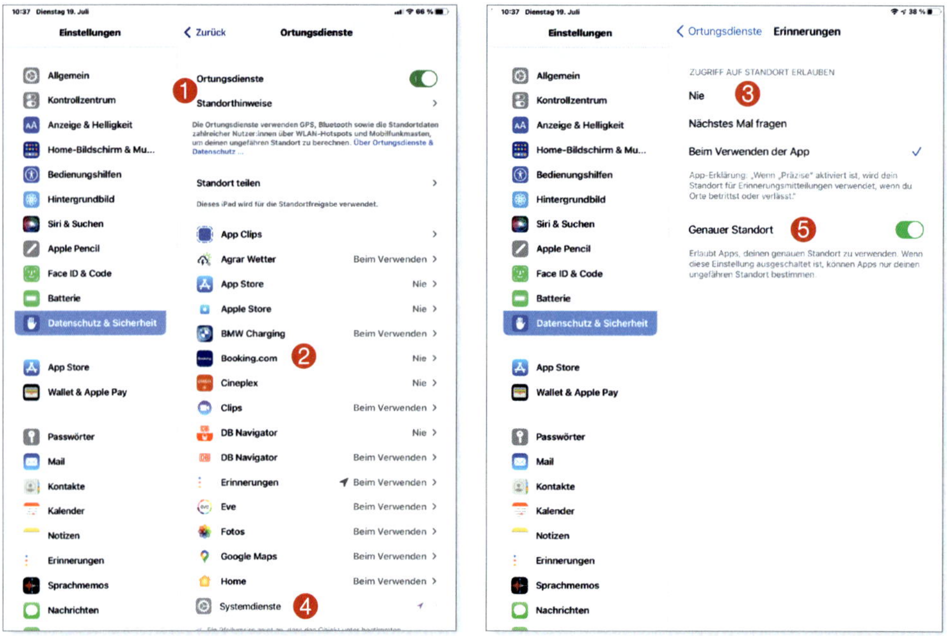

Die „Ortungsdienste" können für alle Apps ausgeschaltet werden (links) oder nur für spezielle Apps (rechts). Ebenso kann nun die Ortsbestimmung nur ungefähr erfolgen („Genauer Standort"). Für z. B. Wetter-Apps etc. reicht das ja vollkommen aus.

Unter *Einstellungen –> Datenschutz & Sicherheit –> Ortungsdienste* finden Sie den Schalter ❶, um die Ortung zu deaktivieren. Dort sind auch alle Apps aufgelistet, die die Standortfreigabe nutzen können ❷. Wenn Sie auf eine der Apps tippen, können Sie die Freigabe der App ausschalten ❸. Wenn Sie etwas weiter nach unten scrollen, finden Sie den Punkt *Systemdienste* ❹. Dahinter verbergen sich die Funktionen von iPadOS, die die Ortungsdienste nutzen. Sie können dort gezielt verhindern, dass bestimmte Funktionen die Standortbestimmung nutzen, wie z. B. *Ortsabhängige Hinweise*, die in der Karten-App genutzt werden. Zudem können Sie nun seit iPadOS 14 für jede App die Funktion *Genauer Standort* ❺ deaktivieren. Damit erhalten diese Apps nur die ungefähre Position (im Umkreis von einigen km), was für viele Dinge oftmals ausreichend ist.

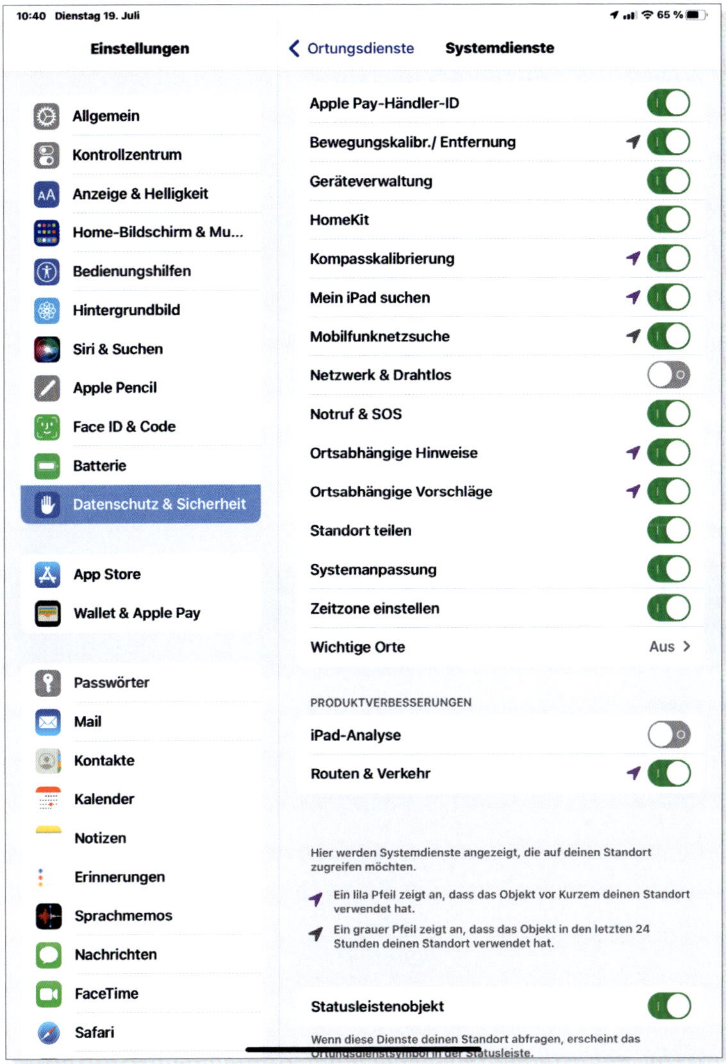

Die „Systemdienste" enthalten die Funktionen von iPadOS, die eine Standortbestimmung nutzen.

Sperrbildschirm

Der Sperrbildschirm ist ein weiteres Einfallstor für Fremde, um an Ihre Daten zu kommen. Er kann standardmäßig sehr viele Dinge anzeigen und öffnen. Um noch mehr Sicherheit zu gewährleisten, können Sie den Sperrbildschirm so konfigurieren, dass bestimmte Dinge nicht angezeigt und damit auch nicht direkt geöffnet werden können.

In den *Einstellungen* bei *Touch ID/Face ID & Code* gibt es einen eigenen Bereich für die Einstellungen des Sperrbildschirms. Dort können Sie die einzelnen Funktionen ausschalten und somit die Sicherheit erhöhen. Zudem können Sie verhindern, dass das *Kontrollzentrum* auf dem Sperrbildschirm genutzt werden kann.

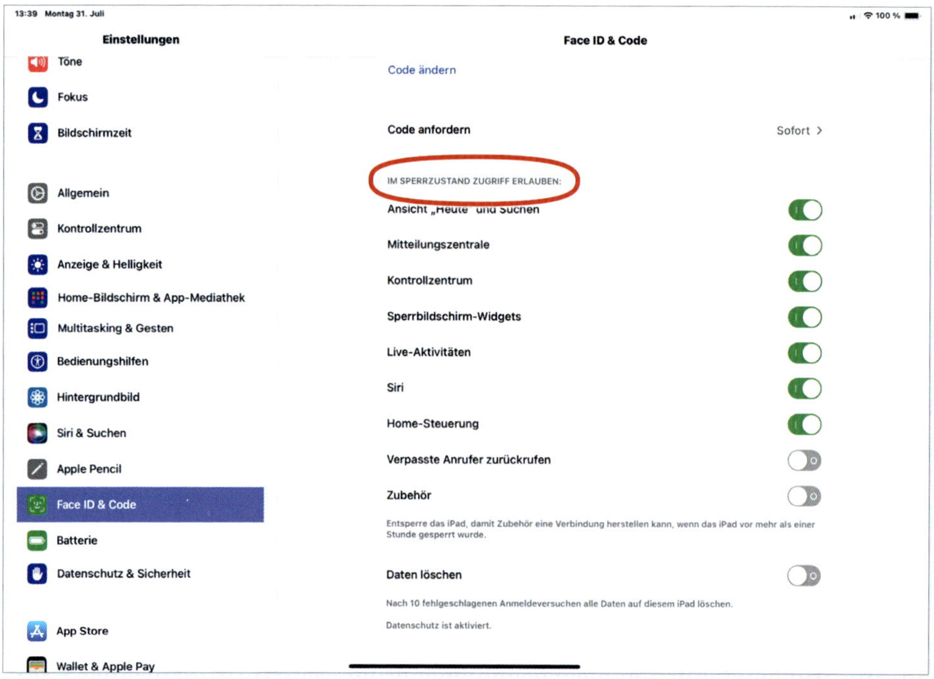

Die Funktionen im „Sperrbildschirm“ können eingeschränkt werden. Wenn Ihr iPad öfter mal „herrenlos“ auf dem Tisch liegen sollte, dann ist es sinnvoll, die Funktionen „Ansicht ´Heute´ und Suchen“, „Mitteilungszentrale“ und „Siri“ zu deaktivieren.

Sonstiger Datenschutz

Neben den bereits erwähnten Funktionen und Einstellungen für den Datenschutz gibt es noch weitere Einstellungen, die Sie vornehmen können. Zum Beispiel können Sie die Nutzung der iPad-Kamera oder des Mikrofons oder der Kontakte durch fremde Apps einschränken bzw. nicht erlauben.

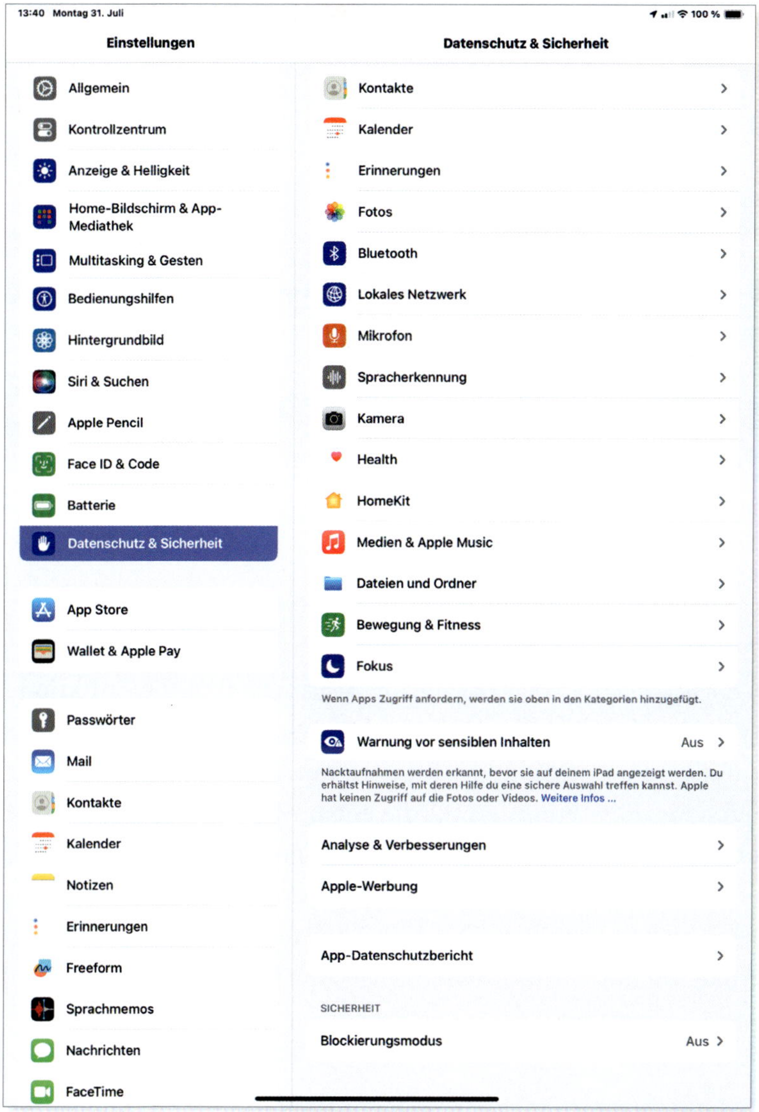

Die Nutzung der diversen iPad-Komponenten und Funktionen durch andere Apps kann eingeschränkt werden. Beachten Sie zudem ganz unten in der Liste den „Blockierungsmodus“.

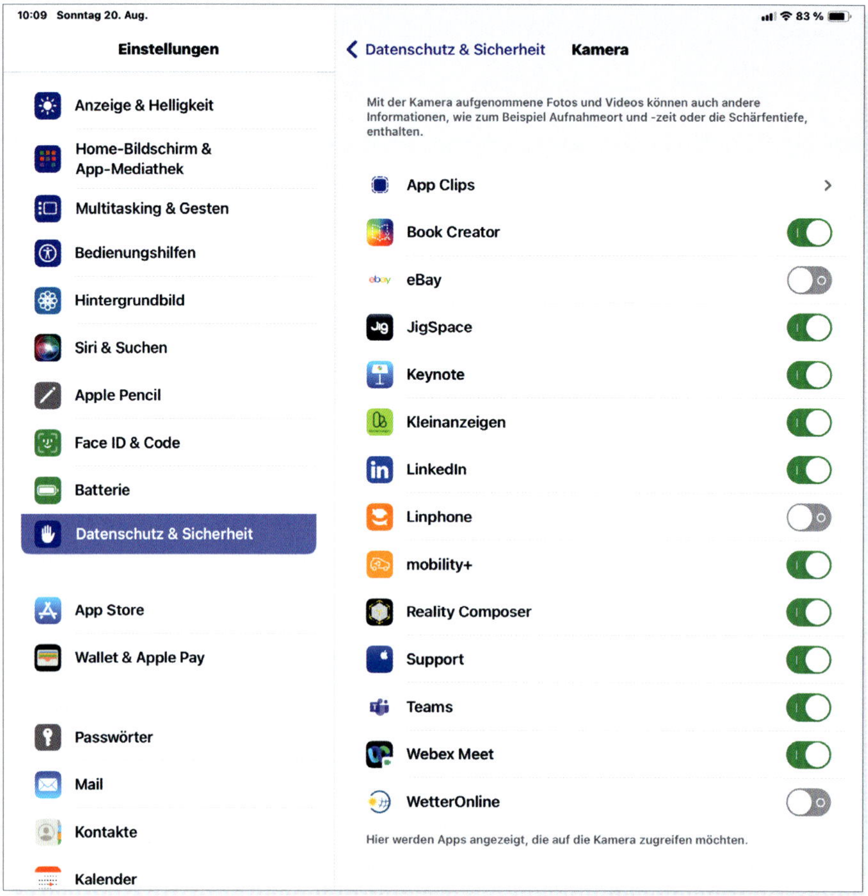

Hier sehen Sie, welche Apps die Kamera nutzen möchten.

Unter *Einstellungen –> Datenschutz & Sicherheit* sind die Funktionen aufgelistet, deren Nutzung Sie einschränken können. Wenn Sie z. B. auf *Kamera* tippen, sehen Sie alle Apps, die die Kamera nutzen. Wollen Sie das verhindern, deaktivieren Sie diese Funktion für die entsprechende App. Über die Funktion *Blockierungsmodus* können Sie Ihr iPad in einen Lockdown bringen. Das kann dann sinnvoll sein, wenn Sie den Verdacht haben, das jemand versucht, an Ihrem Gerät Daten auszuspionieren. Der Sicherheitslevel wird also nochmals erhöht und damit der Schutz Ihrer Daten. Einige Apps funktionieren dann allerdings nicht mehr wie gewohnt.

Mein iPad suchen

Ein besonderes Highlight in Zusammenhang mit iCloud ist das Auffinden von vergessenen, verlorenen oder gestohlenen iPads. Zum Auffinden der Geräte werden beim iPad GPS, das Mobilfunknetz und registrierte WLAN-Hotspots sowie andere in der Nähe befindliche Apple-Geräte verwendet. Allerdings müssen diese richtig vorbereitet sein, damit man sie finden kann.

Vorbereitungen für das iPad

Auf dem iPad müssen Sie zuallererst die *Ortungsdienste* in den *Einstellungen* bei *Datenschutz* aktivieren. Als Nächstes aktivieren Sie noch die Funktion *Mein iPad suchen* unter *Einstellungen –> Ihr Name (Apple-ID, iCloud, Medien & Käufe) –> Wo ist?*. Dort sollten Sie alle Optionen einschalten. Die sogenannte Offline-Suche *(„Wo ist?“-Netzwerk)* verwendet via Bluetooth andere Apple-Geräte, die sich in der Nähe befinden. Die Daten werden natürlich anonymisiert für die iPad-Suche weitergereicht.

Jetzt müssen Sie noch kontrollieren, ob die *Push*-Funktion bei *Einstellungen –> Mail –> Accounts* aktiviert wurde. Ist dies der Fall, steht dem Auffinden des iPads bzw. iPhones über die Web-Applikation von iCloud nichts mehr im Wege.

Das iPad mit der Web-Applikation suchen

Wenn nun der Fall eingetreten ist, dass Sie Ihr iPad wiederfinden müssen, loggen Sie sich mit Ihrer Apple-ID ins Internetportal *www.icloud.com* ein. Nach dem Einloggen stehen Ihnen verschiedene Web-Applikationen zur Verfügung, unter anderem auch *Wo ist?*

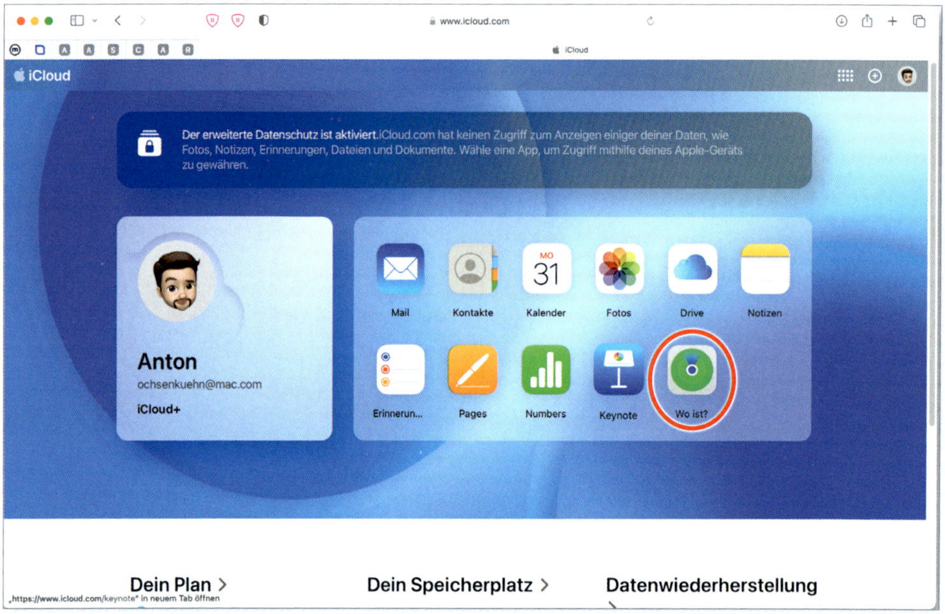

Die Web-Applikationen von „www.icloud.com".

Sobald Sie die Web-Applikation *Wo ist?* öffnen, beginnt die Suche nach Ihren Geräten. Dies kann unter Umständen einige Zeit dauern.

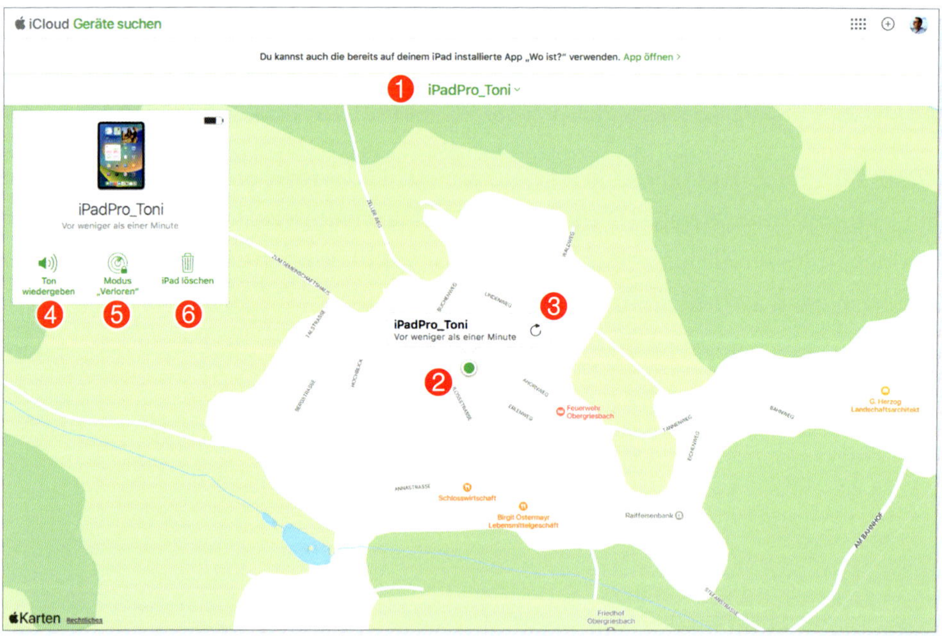

Das iPad wurde lokalisiert.

Oben in der Mitte werden bei *Alle Geräte* ❶ die Geräte aufgelistet, die mit Ihrer Apple-ID registriert wurden. Um eines davon auf der Karte zu sehen, müssen Sie es nur anklicken. Ein grüner Punkt auf der Karte ❷ zeigt den Standort an, und auf der rechten Seite werden die Optionen dafür eingeblendet, wenn Sie auf das Infosymbol ❸ klicken oder im Menü ❶ Ihr Gerät auswählen.

Im Infobereich des Geräts können Sie die folgenden drei Funktionen ausführen:

> **!** Für alle drei Funktionen erhalten Sie nach erfolgreicher Ausführung immer eine E-Mail an Ihre Apple-ID.

- *Ton wiedergeben* ❹: Damit können Sie auf dem Gerät einen Alarmton abspielen lassen. Der Alarmton ist sinnvoll, wenn Sie z. B. das iPad im Haus verlegt haben.
- *Modus „Verloren“* ❺: Damit können Sie das Gerät sperren. Es kann dann nur durch einen vierstelligen Code wieder entsperrt werden, den Sie direkt in der Web-Applikation eingeben müssen. Zusätzlich können Sie eine Nachricht auf dem Gerät anzeigen lassen, in der Sie z. B. den ehrlichen Finder darum bitten, eine zuvor eingegebene Telefonnummer anzurufen, unter der Sie erreichbar sind. Falls Sie auf Ihrem Gerät bereits eine Code-Sperre eingerichtet haben (*Einstellungen –> Allgemein –> Touch ID & Code*), wird zum Entsperren der dort angegebene Code verwendet.
- *iPad löschen* ❻: Damit werden die Daten auf Ihrem Gerät gelöscht. Dabei wird der gesamte Inhalt entfernt, und das Gerät kann nicht mehr verwendet werden. Zum Löschen müssen Sie zuerst Ihre Apple-ID eingeben. Dies ist eine hilfreiche Funktion, wenn Ihr Gerät gestohlen wurde.

Insgesamt gesehen ist *iPad-Suche* eine hervorragende Funktion, um verlorene, verlegte oder gestohlene Geräte wiederzufinden oder vor unerlaubtem Zugriff auf Ihre Daten zu schützen.

> **!** Seit iOS 7 ist es für Diebe wesentlich schwerer geworden, ein gesperrtes bzw. gelöschtes iPad weiterzuverwenden. Man benötigt nämlich unbedingt die Apple-ID und das Passwort, mit denen das iPad registriert ist. Nur wer diese Informationen besitzt, kann ein gestohlenes bzw. gefundenes iPad entsperren und weiterverwenden. Wenn Sie zudem die Zwei-Faktor-Authentifizierung verwenden (siehe Seite 225), ist das iPad für fremde Personen vollkommen nutzlos.

Übrigens gibt es sowohl für das iPad als auch für das iPhone (sowie für macOS Catalina und neuer) eine App namens *Wo ist?*, mit der ebenfalls die oben genannten Funktionen ausgeführt werden können.

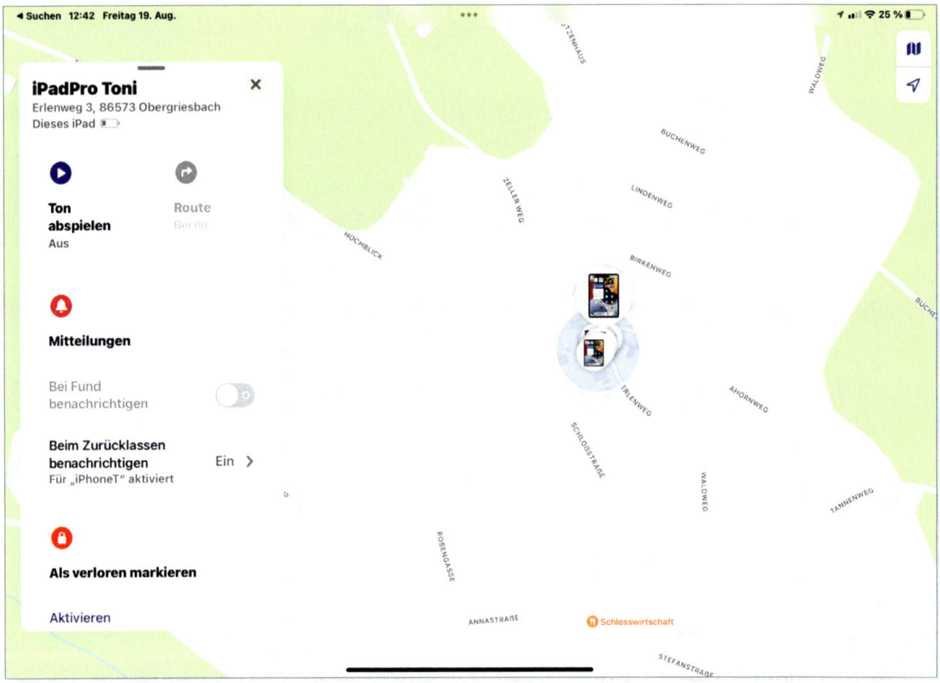

Die App „Wo ist?" kann ebenfalls auf entfernte Geräte zugreifen.

Strom sparen

Es gibt Maßnahmen, die Sie ergreifen können, um die Akkulaufzeit Ihres iPads zu verlängern. Zuerst stellen Sie fest, welche App wie viel Energie verbraucht. Dazu öffnen Sie *Einstellungen –> Batterie*. Sie können ablesen, welche Apps innerhalb der letzten 24 Stunden Ⓐ bzw. letzten Tage Ⓑ den höchsten Stromverbrauch hatten. Um die Akkulaufzeit zu verlängern, können Sie die Nutzung der Apps einschränken.

Im Bereich „Batterienutzung" finden Sie die am häufigsten verwendeten Apps und deren Energiebedarf. Tippen Sie auf „Aktivität anzeigen" Ⓒ, um die Detailinformationen einzusehen. Oder aktivieren Sie den Stromsparmodus Ⓓ, um die Akkulaufzeit signifikant zu verlängern. Diesen Modus können Sie optional auch über das Kontrollzentrum aktivieren.

Mit einigen Maßnahmen können Sie aktiv die Akkuleistung verlängern. Dazu gehören vor allen Dingen jegliche Kommunikationsarten des iPads mit der Außenwelt. Wenn Sie z. B. keine externen Bluetooth-Geräte mit dem iPad ansteuern, dann ist es sinnvoll, diesen Dienst auszuschalten. Das Gleiche gilt z. B. für das WLAN. Wenn Sie unterwegs sind und kein WLAN benötigen, dann schalten Sie diese Funktion aus. Auf diese Weise wird die Akkulaufzeit verlängert.

Folgende Funktionen bzw. Dienste können Sie deaktivieren, damit der Akku des iPads länger durchhält:

- Bluetooth und WLAN über das Kontrollzentrum
- Ortungsdienste
- kürzeres Zeitintervall für die automatische Sperre verwenden (*Einstellungen –> Anzeige & Helligkeit*)
- Push-Funktion für E-Mail-Postfächer ausschalten (*Einstellungen –> Mail –> Accounts*)
- *Mobile Daten und 5G/4G* (nur bei iPads mit Wi-Fi + Cellular): Wenn Sie unterwegs keine Internetverbindung benötigen, dann können Sie diesen Dienst ausschalten. Zusätzlich können Sie die 5G- oder 4G-Verbindung deaktivieren, denn die benötigt mehr Akkuleistung als die Kommunikation über das 3G-Netz. Beide Funktionen können Sie unter *Einstellungen –> Mobile Daten* ändern. Dort finden Sie einen Schalter für *Mobile Daten* ❶, und bei *Datenoptionen* ❷ und dann bei *Daten* lässt sich das schnelle mobile Netz ausschalten.

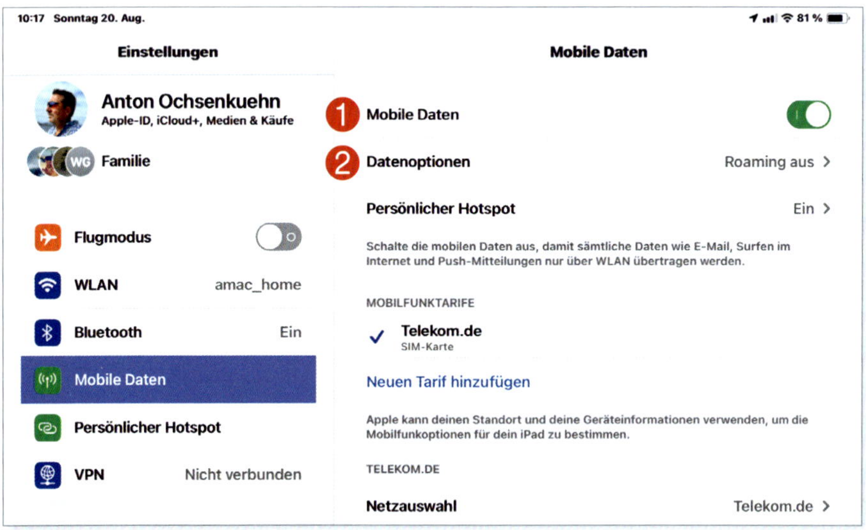

Diese Einstellungen für die „Mobilen Daten" beeinflussen die Akkulaufzeit.

- *Persönlicher Hotspot* (nur bei iPads Wi-Fi + Cellular): Die Funktion *Persönlicher Hotspot* (*Einstellungen –> Persönlicher Hotspot*) macht das iPad zu einem WLAN-Router. Das iPad generiert damit ein eigenes WLAN, in dem sich andere Geräte (z. B. das iPhone oder ein Notebook) anmelden und den Internetzugang nutzen können. Die Aufrechterhaltung eines WLANs nimmt sehr viel Akkuleistung in Anspruch. Aus diesem Grund sollten Sie diese Funktion nicht permanent aktiviert lassen.
- *Flugmodus einschalten:* Wenn Sie den *Flugmodus* über das Kontrollzentrum einschalten, wird jegliche Kommunikation blockiert. WLAN, Bluetooth, GPS und das Mobilnetz sind damit mit einem Rutsch ausgeschaltet. Wenn Sie also z. B. mit dem Zug oder dem Auto unterwegs sind und das iPad nicht benötigen, dann können Sie den Flugmodus aktivieren, um Strom zu sparen.
- *Parallaxeffekt und Animationen:* Weiterere Stromfresser sind der Parallaxeffekt (die 3D-Darstellung des Home-Bildschirms) und die Animationen, die beim Öffnen und Wechseln von Apps ausgeführt werden bzw. die Effekte, die die Nachrichten-App senden und empfangen kann. Diese beiden Funktionen können Sie also auch deaktivieren, um den Energieverbrauch zu senken. Unter *Einstellungen –> Bedienungshilfen* müssen Sie dazu die Option *Bewegung* ansteuern.
- *Displayhelligkeit:* Auch die Helligkeit des iPad-Displays hat Einfluss auf die Akkuleistung. Wenn Sie sie also über das *Kontrollzentrum* reduzieren, lässt sich die Akkulaufzeit erhöhen.
- *Hintergrundaktualisierung:* Eine weitere Funktion, die die Akkuleistung negativ beeinflusst, ist die *Hintergrundaktualisierung* unter *Einstellungen –> Allgemein*. Ist diese Funktion aktiviert, können die Apps selbstständig im Hintergrund Inhalte bzw. Daten herunterladen. Das beste Beispiel dafür sind Nachrichten-Apps. Und da jede Nutzung des mobilen Netzes ein Stromfresser ist, können Sie auch diese Funktion ausschalten.

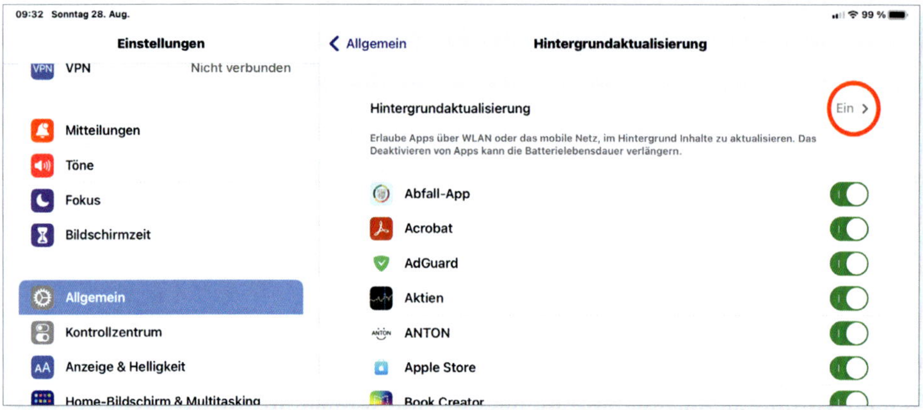

Die „Hintergrundaktualisierung" kann hier deaktiviert („Aus") oder auf WLAN beschränkt werden.

- *Ausschalten:* Wenn das iPad vollständig ausgeschaltet ist, verbraucht es natürlich auch keinen Strom. Sie können das iPad ausschalten, wenn Sie den Ein-/Aus-Schalter am Gehäuse einige Sekunden drücken oder Sie öffnen *Einstellungen –> Allgemein –> Ausschalten*.

Wie Sie sehen, gibt es eine ganze Menge Möglichkeiten, die Akkulaufzeit des iPads zu erhöhen. Was natürlich am besten funktioniert, ist das Ausschalten des iPads. Denn eins ist sicher: Ein abgeschaltetes iPad verbraucht gar keinen Strom.

Kosten und Strom sparen beim iPad Wi-Fi + Cellular

Da das iPad inkl. SIM-Karte auch mobil das Internet nutzen kann, sollten Sie einige Einstellungen prüfen, um nicht ungewollt hohes mobiles Datenaufkommen zu erzeugen:

- *Einstellungen –> Bücher –> Mobile Daten:* Verwenden Sie die App Bücher intensiv, dann können via *Mobile Daten* Informationen wie Lesezeichen bzw. Notizen genauso wie Sammlungen synchronisiert werden. Im Zweifelsfalls sollten Sie das deaktivieren. Ähnliche Einstellungen gibt es auch in anderen Apps wie bei *Musik*, *Podcasts*, *iTunes U*, *TV*, *Safari*, etc.

- *Einstellungen –> Mobile Daten –> WLAN-Unterstützung:* Diesen Eintrag finden Sie ganz unten in der Liste. Er dient dazu, bei schlechtem WLAN-Empfang auf das mobile Netz auszuweichen. Ich empfehle, diese Funktion zu deaktivieren, da Sie bei vielen Usern unzuverlässig funktioniert und deshalb hohes Datenaufkommen nach sich ziehen kann.
- *Einstellungen –> App Store –> Mobile Daten:* Auch diese Funktion *(Automatische Downloads)* sollte deaktivert sein, weil damit bisweilen Updates mit großen Datenmengen unversehens mobil geladen werden.
- *Einstellungen –> Mobile Daten –> Mobile Daten:* Hier sehen Sie alle installierten Apps, die das mobile Datennetz nutzen. Sie können hier entscheiden, welche App sich auch unterwegs mit frischen Daten versorgen darf. Damit Ihnen die Entscheidung leichter fällt, sind jeweils angefallene Datenmengen aufgelistet. Ganz unten finden Sie die Funktion *Statistiken zurücksetzen*, um die Datenverbrauchsmessung erneut zu starten.
- *Einstellungen –> Persönlicher Hotspot*: Deaktivieren Sie diese Funktion, damit nicht z. B. der Computer über Ihr iPad versehentlich Daten mit dem Internet austauscht und so Ihr Datenkontingent aufbraucht.

Troubleshooting

Das iPad läuft zwar recht stabil, aber trotzdem kann es einmal vorkommen, dass eine App das System beeinflusst und es einfriert oder abstürzen lässt. In einem solchen Fall sollten Sie wissen, wie man das iPad neu startet bzw. eine App beendet. Außerdem ist es wichtig zu wissen, wie man das iPad komplett löscht, wenn Sie es z. B. verkaufen oder komplett neu installieren wollen.

Neustart, wenn das iPad nicht mehr reagiert

Falls Ihr iPad einfriert, also auf keine der Eingaben reagiert, dann müssen Sie einen Neustart durchführen. Meistens liegt es an einer App, wenn das iPad einfriert. Kommt es öfter dazu, sollten Sie die installierten Apps überprüfen und bei Bedarf vom iPad löschen (siehe Kapitel 6).

Einen Neustart können Sie durchführen, wenn Sie die *Home-* und *Standby-*Taste gleichzeitig einige Sekunden gedrückt halten, bis das Display dunkel wird und das Apple-Logo eingeblendet ist. Dann können Sie die Tasten wieder loslassen. Das iPad führt nun einen Neustart durch.

Bei iPad-Modellen mit Face ID halten Sie die obere Taste und eine der Lautstärketasten gedrückt, bis *Ausschalten* zu sehen ist. Bewegen Sie dann den Schieberegler und halten die obere Taste gedrückt bis das Apple-Logo erscheint.

Wenn Sie die *Home-* und *Standby-*Taste noch etwas länger gedrückt halten, dann verlangt Ihr iPad nach iTunes, denn es befindet sich im *Wiederherstellungsmodus*. Nun kann das iPad wiederhergestellt oder auch aktualisiert werden. Bei letzterem wird versucht, iPadOS neu auf das iPad zu übertragen. Dabei bleiben alle Daten und Einstellungen erhalten.

Eine App beenden

Wenn eine App nicht mehr reagiert, dann sollten Sie versuchen, die App gewaltsam zu schließen und danach wieder zu öffnen. Apps können jederzeit im *Multitaskingmenü* des iPads geschlossen werden. Das Multitaskingmenü erhalten Sie, wenn Sie zweimal kurz hintereinander auf die *Home-Taste* drücken bzw. bei iPad-Modellen mit Face ID mit einem Finger vom unteren Bildschirmrand bis in die Bildmitte streichen. Suchen Sie die App, die ein Problem hat, und schieben Sie sie nach oben aus dem Menü. Dadurch wird die App geschlossen. Drücken Sie nun einmal auf die *Home-Taste*, um zum Hauptbildschirm zurückzukehren, und starten Sie die App erneut.

Über den App Switcher kann eine App gezielt geschlossen werden. Verwenden Sie mehrere Finger, um in einem Schritt gleich mehrere Apps zu beenden.

!

Falls Sie das Gefühl haben, dass der Akku Ihres iPads sehr schnell leer wird, sollten Sie über das Multitaskingmenü die Apps beenden. Viele Apps verrichten im Hintergrund einige Tätigkeiten, z. B. nehmen sie eine Standortbestimmung vor. Diese Tätigkeiten verbrauchen Akkuleistung. Genauso verbrauchen Apps, die noch nicht an das aktuelle iPadOS angepasst sind, unter Umständen auch mehr Energie. Wenn Sie die Apps also beenden, können Sie dem hohen Energieverbrauch einen Riegel vorschieben.

Das iPad löschen

Wenn Sie Ihr iPad verkaufen oder es komplett neu einrichten bzw. installieren wollen, sollten Sie alle Daten auf dem Gerät löschen. In den *Einstellungen* bei *Allgemein* finden Sie am Ende der Liste die Funktion *iPad übertragen/zurücksetzen*. Dort gibt es mehrere Möglichkeiten, das iPad zu löschen:

- *Alle Inhalte & Einstellungen löschen:* Mit dieser Funktion wird das komplette iPad gelöscht – nicht nur die Einstellungen, sondern auch alle Apps, Fotos und sonstige Daten, die auf dem iPad gespeichert sind. Das iPad wird praktisch in den Lieferzustand zurückversetzt. Diese Funktion sollten Sie verwenden, wenn Sie das iPad verkaufen oder neu einrichten wollen.

- *Zurücksetzen:* Dort finden Sie folgende weitere Einträge:
  - *Netzwerkeinstellungen:* Falls Sie Probleme haben, sich bei einem WLAN anzumelden, sollten Sie die Netzwerkeinstellungen löschen. Damit wird nicht nur die Liste mit den bekannten WLANs entfernt, sondern es werden auch alle Zugangsdaten zu den Netzen gelöscht.
  - *Accountdienste*: Macht Ihr iCloud-Account Probleme, dann sollten Sie diese Funktion mal ausprobieren.
  - *Tastaturwörterbuch:* Damit lassen sich alle Wörter löschen, die Sie bei der Eingabe über die Tastatur für die Rechtschreibprüfung erstellt haben.
  - *Home-Bildschirm:* Mit dieser Option wird der *Home-Bildschirm* in den Lieferzustand zurückversetzt. Dabei werden Apps, die nicht zum Home-Bildschirm gehören, auf eine andere Bildschirmseite verschoben und die Standard-Apps (*Mail*, *Safari*, *Nachrichten*, *Kalender* etc.) neu angeordnet.
  - *Standort & Datenschutz:* Hiermit können Sie alle Einstellungen löschen, die die Standortbestimmung und den Datenschutz betreffen.

Aufnahmen vom Display

Eine wichtige Hilfe bei Problemen auf dem iPad, kann die Weitergabe von Bildschirmfotos an den Support sein. Der Support kann dann das Problem auf dem iPad wesentlich besser eingrenzen.

Auf dem iPad gibt es zwei Möglichkeiten, um die aktuelle Darstellung auf dem Display zu sichern: Sie können entweder ein Bildschirmfoto machen oder die Tätigkeiten am iPad als Video aufzeichnen. Egal welche Art von Aufnahme Sie erstellen, das Bildschirmfoto oder das Video wird immer in der App *Fotos* im Album *Aufnahmen* gespeichert.

Das Bildschirmfoto gibt es schon sehr lange. Wenn Sie die Home-Taste und den Ein-/Ausschalter gleichzeitig drücken, wird die aktuelle Darstellung abfotografiert (Bei iPads ohne Home-Taste drücken sie den Ein-/Ausschalter und dazu die Lauter- oder Leisertaste). Danach können Sie das Bildschirmfoto sofort mit Markierungen versehen und sogar verschicken.

Alternativ aktivieren Sie die Funktion „Mit Finger von Ecke aus streichen", um Bildschirmfotos erstellen zu können (Einstellungen –> Multitasking & Gesten)

Sobald Sie ein Bildschirmfoto gemacht haben, wird es links unten auf dem Display als Miniatur angezeigt ❶. Wenn Sie diese Miniatur antippen, wird sie in einer eigenen Umgebung geöffnet. In dieser Umgebung können Sie anschließend das Bildschirmfoto mit Markierungen versehen ❷. Mit den Anfassern an den Ecken und Seiten ❸ kann das Bild zugeschnitten werden. Wenn Sie es dann verschicken wollen, verwenden Sie dazu die *Teilen*-Funktion ❹. Ihre Arbeitsschritte können Sie links unten auch wieder rückgängig machen ❺. Wenn Sie die Bearbeitung abgeschlossen haben, tippen Sie links oben auf *Fertig* ❻ und speichern das Bild in der App Fotos.

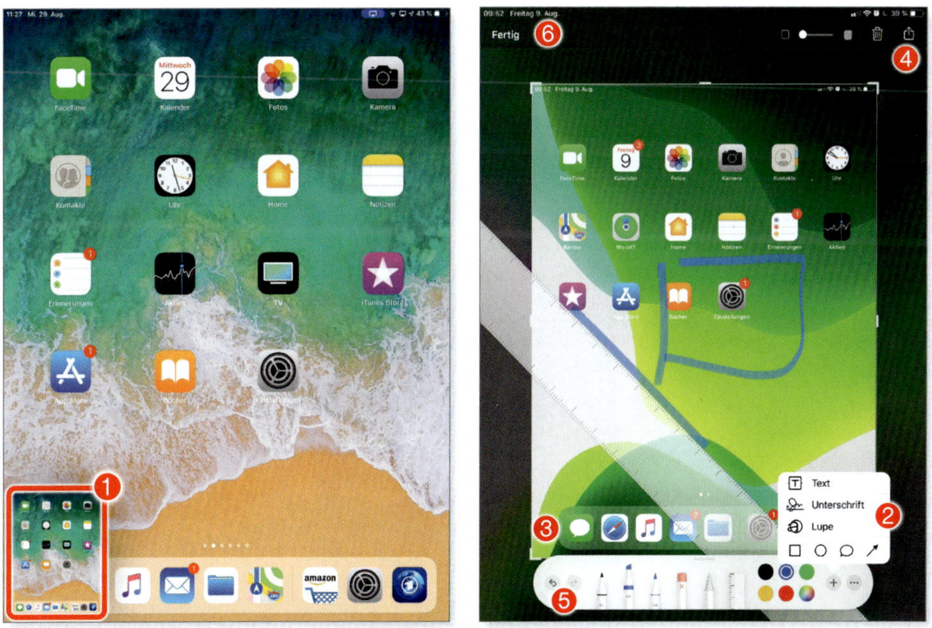

Bildschirmfotos können direkt nach der Aufnahme mit Markierungen versehen werden.

> **!** Wenn Sie einem Bildschirmfoto keine Markierungen zuordnen wollen, dann verschieben Sie die Miniatur ❶ einfach nach links oder warten einige Sekunden, bis sie von selbst verschwindet.

Natürlich können Sie die Bildschirmfotofunktionalität auch dazu verwenden, Screenshots von interessanten Dingen zu machen und diese an die Dateien-App, die Notizen-App oder an andere Apps zu übertragen.

Wenn Sie ein Foto von einer Webseite schiessen, bekommen Sie ganz oben noch eine Auswahl präsentiert.

Eine andere Möglichkeit, um den aktuellen Inhalt des Bildschirms zu speichern, ist die Aufnahme eines Videos, um Ihre Tätigkeiten am Bildschirm aufzeichnen. Dazu müssen Sie allerdings zuerst die Funktion *Bildschirmaufnahme* im *Kontrollzentrum* ausführen. Wie man diese Funktion dem Kontrollzentrum hinzufügt, können Sie in Kapitel 2 ab Seite 31 nachlesen.

Wenn Sie das Symbol für die Bildschirmaufnahme Ⓐ etwas länger drücken, öffnen sich die erweiterten Einstellungen, von wo aus Sie die Aufnahme starten und das Mikrofon ein- und ausschalten können. Nach einem Countdown von drei Sekunden werden die Tätigkeiten auf dem iPad aufgezeichnet.

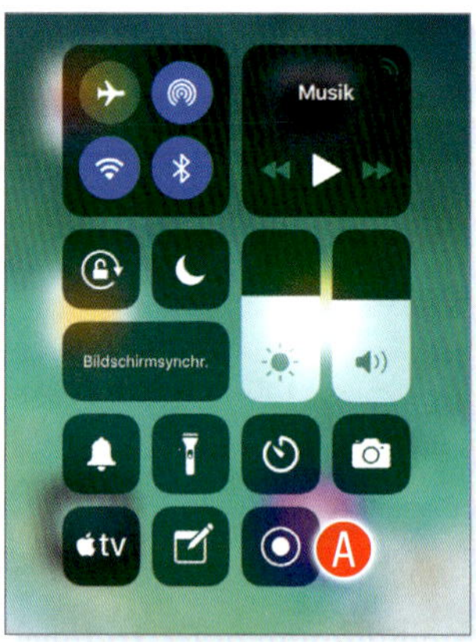

Über das Kontrollzentrum kann eine Bildschirmaufnahme gestartet werden.

Während der Aufzeichnung sehen Sie rechts oben ein Aufnahmesymbol **B**. Wenn Sie ihn antippen, können Sie die Aufzeichnung stoppen und das Video speichern. Den Film finden Sie dann im Album *Videos* in der App *Fotos*.

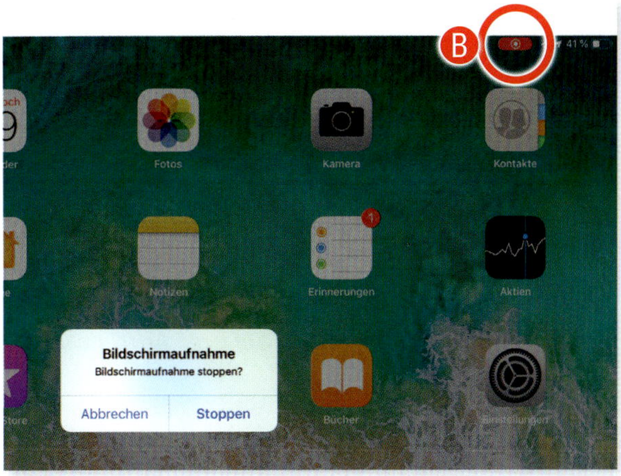

Der rote Balken steht für eine laufende Aufzeichnung. Über ihn kann die Aufzeichnung gestoppt werden.

System aktualisieren

Apple entwickelt iPadOS permanent weiter und bereinigt Fehler oder fügt neue Funktionen hinzu. Damit Sie immer auf dem aktuellen Stand sind, sollten Sie ab und zu überprüfen, ob es ein Systemupdate gibt und dieses gegebenenfalls installieren. In den *Einstellungen* bei *Allgemein* gibt es den Eintrag *Softwareupdate*. Wenn Sie diese Funktion öffnen, überprüft das iPad, ob es ein neues Update gibt. Wenn das der Fall ist, wird es angezeigt und kann sofort installiert werden.

! Mit einem Systemupdate werden keinerlei Einstellungen oder Apps vom iPad gelöscht. Sie müssen also nachträglich keine Apps erneut installieren oder irgendwelche Einstellungen kontrollieren.

Ein Update für das iPad kann direkt installiert werden. Diese Vorgehensweise nennt man OTA („over the air"). Selbst ein automatisches Update kann nun definiert werden.

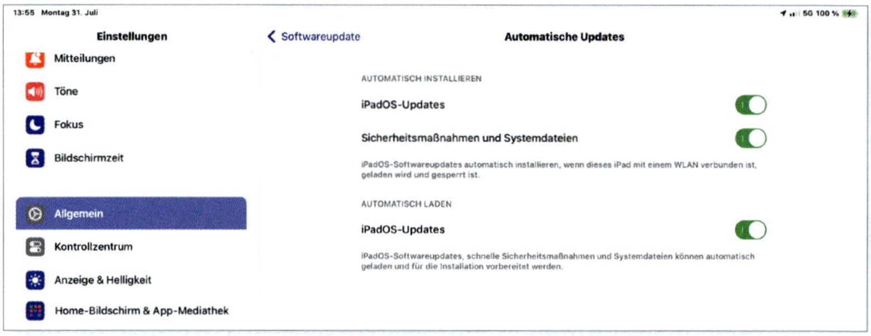

Via „Automatische Updates" können Sie drei Automatismen nutzen.

iPadOS-Update über einen Computer

Es gibt noch einen zweiten Weg, ein Systemupdate durchzuführen, und zwar mithilfe von iTunes. Wenn Sie iTunes auf Ihrem Rechner öffnen und das iPad per USB-Kabel anschließen, sollten Sie die *Übersicht* öffnen. Dort finden Sie auf der rechten Seite die Funktion *Nach Update suchen* für das Systemupdate. Falls es ein Update gibt, können Sie es direkt in iTunes herunterladen und auf das iPad übertragen.

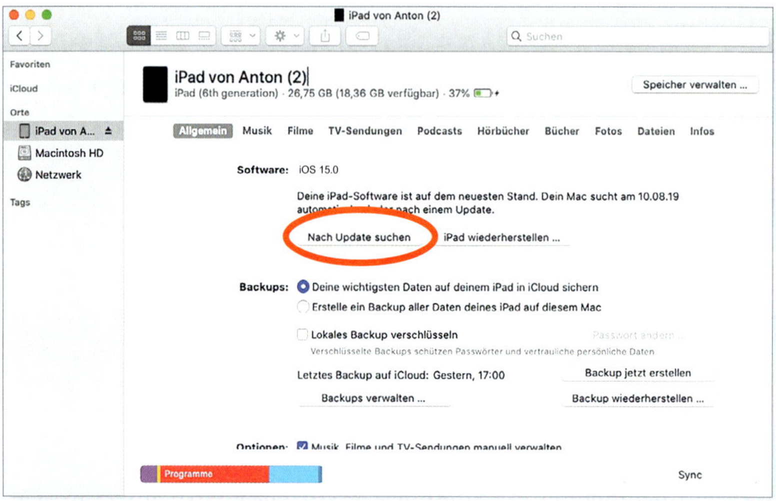

Wenn Sie macOS Catalina oder neuer haben, dann finden Sie das iPad in der Seitenleiste des Finders bei „Orte". Unter „Allgemein" kann hier nach Updates gesucht werden.

Index

L

M

N

iPhone iOS 17 Handbuch

iPhone iOS 17 Handbuch + Videokurs
PREMIUM-Videobuch
ISBN 978-395431-096-8, € 24,50
amac-buch Verlag

Apple Betriebssystem macOS

macOS Sonoma - Handbuch + Videokurs
PREMIUM Videobuch
ISBN 978-395431-097-5, € 36,50
amac-buch Verlag

iCloud & Apple-ID

iCloud & Apple-ID
Sicherheit für Ihre Daten im Internet
ISBN 978-395431-085-2, € 22,50
amac-buch Verlag